KB265742

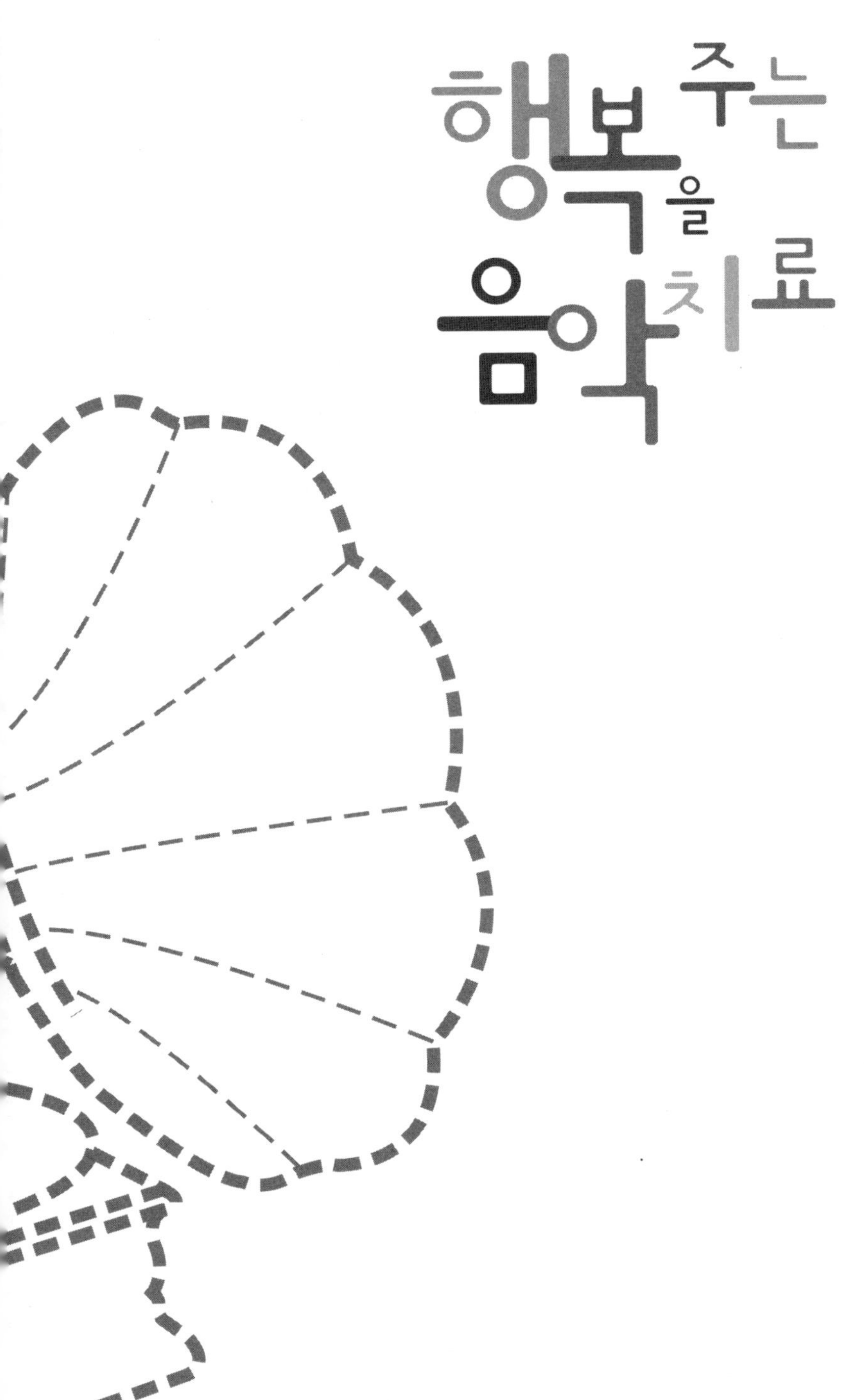

행복을 주는 음악치료

행복을 주는 음악치료

초판 제 1쇄 발행   2003. 4. 25.
초판 제11쇄 발행   2019. 3. 5.

지은이   김 종 인
펴낸이   김 경 희
펴낸곳   (주)지식산업사
　　　　본사 ● 10881, 경기도 파주시 광인사길 53 (문발동)
　　　　　　전화 (031)955-4226~7 팩스 (031)955-4228
　　　　서울사무소 ● 03044, 서울시 종로구 자하문로6길 18-7 (통의동)
　　　　　　전화 (02)734-1978 팩스 (02)720-7900
　　　　누리집   www.jisik.co.kr
　　　　전자우편   jsp@jisik.co.kr
　　　　등록번호   1-363
　　　　등록날짜   1969. 5. 8.

책값은 뒤표지에 있습니다.

이 책에 대한 문의는 지식산업사로 해 주시길 바랍니다.

행복을 주는 음악치료

김종인

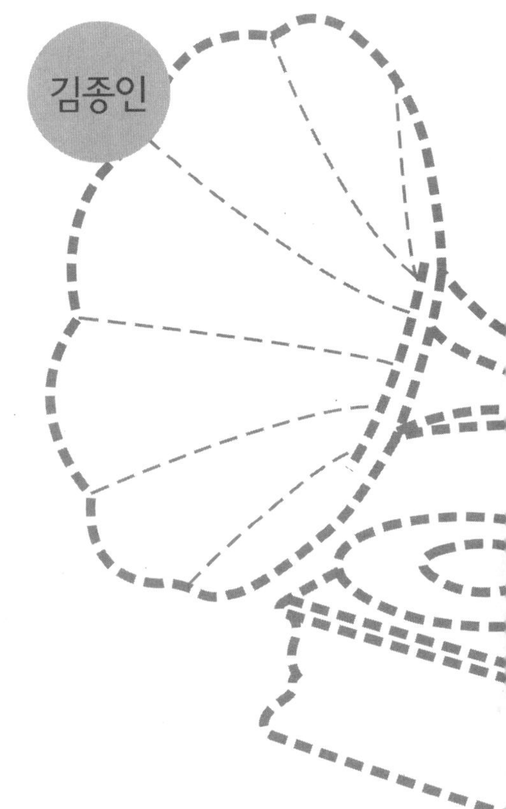

지식산업사

머리말

이 책은 저자가 지금까지 짧게나마 음악치료를 접해오면서 참관실
습, 임상실습, 인턴십, 개별치료의 과정을 거치는 동안 틈틈이 모아 정
리한 내용이다. 많은 사람들이 음악이 가지는 힘을 충분히 느끼고 있
고, 그러한 음악의 영향력이 학문적 과학적으로 정립되어 이제 음악치
료는 결코 낯설지 않은 단어가 되었다. 그러나, 여러 가지 이유로 아직
까지 폭넓게 다양한 영역으로 보급되지 못하고 있다.

이런 가운데서도 최근 들어 음악치료 관련 이론서와 번역서가 출간
되어 국내의 대학원생들이나 임상전문가들에게는 말할 것도 없고, 음
악치료에 관심 있는 이들이 음악치료를 이해하는 데도 큰 도움을 주고
있다. 그러나 실제로 음악치료를 임상에 적용하기에는 어려움이 있었
다. 외국에서는 음악치료 활동 안내서가 각 치료 영역별로 체계적으로
출간되어 있으나, 국내의 경우는 그렇지 못한 것이 현실이다. 이와 같
은 이유로 이 《행복을 주는 음악치료》를 출간하게 되었다.

이 책은 음악치료사만을 위한 활동 안내서라기보다는 임상분야에 있

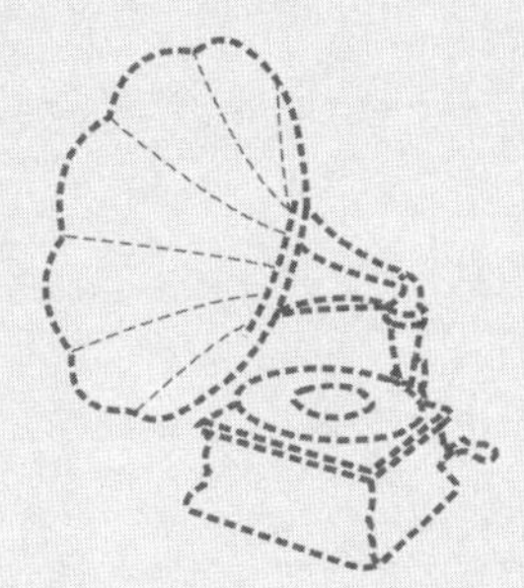

는 의료 관계자들이 각 임상영역의 환자들을 대상으로 사용할 수 있고, 음악교육 관련인들이 음악의 개념 이해와 연주불안 해소를 위해 사용할 수 있으며, 또한 자녀들의 정서순화와 부모들과의 의사소통을 자연스럽게 하는 도구 역할을 할 수 있을 것이다. 앞으로 음악치료의 임상 적용이 활발해짐에 따라 더욱 구체적이고 세세한 장애영역별 안내서들이 많이 나올 수 있기를 바라는 마음이다.

2003년 4월 김 종 인

차 례

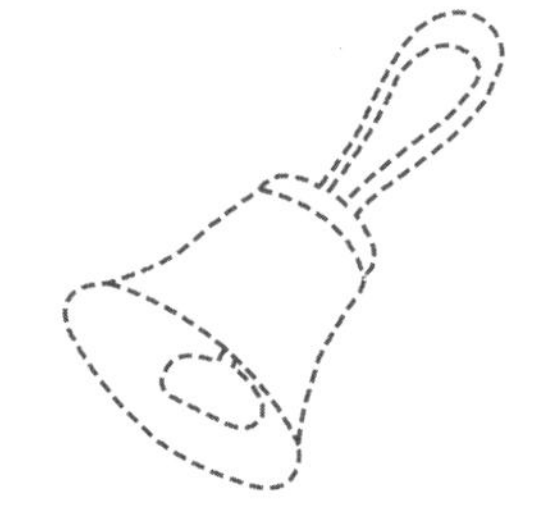

제3부 음악치료 넓게보기 _ 213

제1장 활동제언 · 214

부 록 _ 375

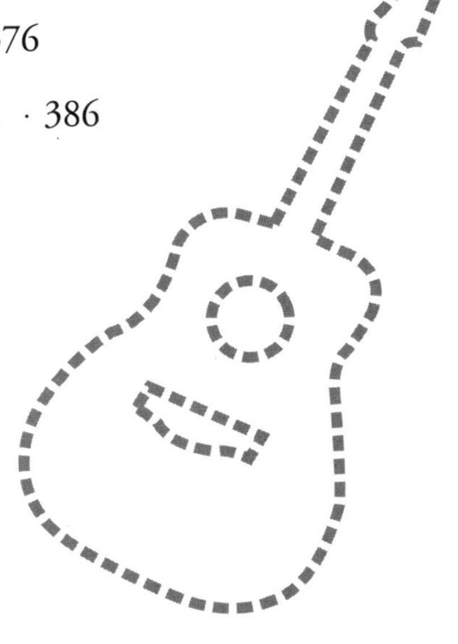

이 책을 사용하는 방법

'**제1부 음악치료 이해하기**'에서는 음악치료 사용의 기본이 되는 이론적 배경을 설명하였고, 주요한 음악치료 모델인 행동주의 음악치료 관점과 심리분석적 음악치료 관점에 대해 기술하였다. 또한 다양한 음악치료 적용기술을 자세히 소개하였으며, 환자와 첫 만남에서부터 치료, 평가, 종결에 이르기까지 음악치료 과정에 대한 이해와 내담자의 현재 상태에 대한 평가방법 등을 함께 기술하였다.

'**제2부 음악치료 적용하기**'에서는 음악치료 영역을 다섯 가지로 나누어 각각 20여 종류의 전형적인 음악치료 활동을 소개하였다. 이 형식은 음악치료 임상에서 사용하는 음악치료 적용계획서 양식에 준한 것이다. 활동제목, 목적, 세부 목표, 사용된 기술, 도구, 상세한 활동과정과 응용, 그리고 그 활동에 사용된 악보나 그림 설명 등의 순으로 배열하였다.

음악치료 활동을 실제로 적용하기에 앞서 한 가지 언급해야 할 점은, 2부에서 다루는 다양한 음악치료 활동의 적용영역이 한 부분에만 국한되지 않는다는 것이다. 왜냐하면 노래만들기 활동(song writing)의 경우, 이것이 인지발달에 관여하기도 하지만, 자긍심 향상이나 의사소통기술 향상, 사회교류기술 향상에도 충분히 연결되기 때문이다. 따라서 이 책

의 활동을 활용하는 모든 진행자들은 음악활동이 가지고 있는 다양한 음악 외적인 영향력을 인지하고 있어야 할 것이다. 아울러, 2부에서 소개되는 음악치료 활동들은 모든 영역의 음악치료 방법을 총망라했다기보다는 우선적으로 적용하기 쉬운 치료방법들을 일부 발췌하여 재구성했다는 점을 밝혀둔다.

'제3부 음악치료 넓게보기'에서는 '활동제언'이라는 제목으로, 음악치료 활동을 시행하는 데 활동인도자의 직관과 능력을 향상시키기 위한 총 72개 주제의 다양한 글을 덧붙였다. 또한 음악치료에 사용되는 여러 악기를 사진과 함께 상세히 설명하였으며, 경우에 따라 악기 연주방법을 덧붙여 설명하였다. 그리고 각종 리듬 패턴, 즉 룸바, 콩가, 볼레로, 차차차, 맘보, 구아라차, 삼바, 보사노바 등의 리듬을 제시하여 실제 세션에서 사용할 수 있도록 하였으며 활동에서 자주 사용하는 피아노, 기타 반주 패턴과 즉흥연주를 위한 간단한 화음진행법과 치료사를 위한 성악레슨을 첨부하였다.

끝으로 '부록'에서는 음악치료 관련 서적과 논문, 그리고 음악치료 관련 사이트를 담아 놓았다.

제1부 음악치료 이해하기

제1장 음악치료의 이론적 배경

　다양한 음악활동은 사람의 행동뿐만 아니라 심리상태에도 여러 가지 반응을 일으
킨다. 박자가 일정하고 리듬이 강한 음악은 춤을 추고 싶게 만들고, 부드러운 멜로
디의 부드럽고〔레가토적〕 서정적인 음악은 평화롭고 아름다운 장면을 연상시킨다.
군악대에 맞추어 군대가 행진하는가 하면, 여러 사람들이 모여서 합창을 할 때도 음
악은 사람들 사이의 새로운 유대관계를 자연스럽게 형성한다. 이렇듯 음악은 인간
의 생리적 심리적 사회적 반응을 유발시킨다. 다음의 내용은 이 점에 근거하여 각
음악치료기관 · 협회들이 제시한 나름대로의 음악치료 정의와 음악의 영향력을 기술
한 것이다.

음악치료의 정의

■ 음악치료는 치료를 목적으로 즉 정신과 신체 건강을 복원, 유지시키
거나 향상시키기 위해 음악을 사용하는 행위이다. 이것은 치료하는 환
경에서 치료 대상자의 행동을 바람직한 방향으로 변화시키기 위한 목
적으로 음악치료사가 음악을 단계적으로 사용하는 것이다.

___ 미국음악치료협회(American Music Therapy Association)

■ 음악치료는 음악활동을 체계적으로 사용하여 사람의 신체와 정신 기능을 향상시켜 개인 삶의 질 향상을 추구하고 더 나은 행동의 변화를 가져오게 하는 음악활동의 전문분야이다.

― 한국음악치료학회(Korean Music Therapy Association, 1997)

■ 음악치료는 다양한 음악 경험을 통해, 특정한 역할관계 속에서 환자의 문제해결을 위한 방법을 찾고 건강에 관한 잠재력 향상을 돕는 치료사와 환자의 대인관계 형성과정이다(1984).

또한 그는 《음악치료의 정의》(*Defining Music Therapy*, 1989)라는 책에서 음악치료를 다음과 같이 정의하고 있다. "음악치료는 치료사가 환자를 도와 건강을 회복시키기 위해 음악적 경험과 관계들을 통해 역동적인 변화를 이끌어내는 체계적인 치료의 과정이다."

― 브루시아(Kenneth E. Bruscia, 1984, 1989)

■ 음악치료는 음악과 치료의 혼합물이다. 음악이 변화의 요인으로서 치료적 관계 형성과 인간의 성장, 발전 그리고 자아실현을 돕는 도구로서 사용될 때, 그 일련의 과정을 음악치료라고 한다.

― 박실(E. Hillman Boxill, 1985)

■ 음악치료는 개인의 신체적, 심리적, 정서적 통합을 돕고 병과 결함을 치료하는 데 음악을 사용하는 것이다. 이것은 다양한 치료형태를 가지고 모든 연령의 환자영역에 적용된다. 음악은 비언어적 속성을 지니고 있지만 언어와 소리 표현에서는 광범위한 기회를 제공한다.

― 캐나다음악치료협회(Canadian Association for Music Therapy)

■ 음악치료는 치료의 한 형태로서, 이를 통해 환자의 현재조건에 치료를 가하여 변화를 일으키는 치료사와 환자 상호간의 관계 형성과정이다. 치료사는 다양한 환자군과 함께 일하게 되는데, 정서적 신체적 정신적 심리적인 결함을 지닌 아동이나 성인 모두를 그 대상으로 한다. 임상적 상황에서 음악을 독창적으로 사용함으로써, 치료사는 환자의 상태에 따라 설정된 치료 목적의 달성을 위해 음악적 경험이나 활동을

나누고 관계를 형성해 나간다.

___ 영국전문음악치료사협회(Association for Professional Music Therapists in Great Britain)

■ 음악치료는 심리치료적인 관계(psychotherapertic relation)형성을 위해 음악과 소리를 사용하는 것이다.

___ 프랑스음악치료협회(French Association for Music Therapy, 1984)

■ 음악치료는 신체적 정신적 정서적 장애를 가진 아동과 성인들의 치료, 복원, 교육, 훈련을 위한 음악의 조건적 사용과정이다.

___ 앨빈(J. Alvin, 1975)

음악이 인간에게 끼치는 영향

1. 생리적 반응

음악적 경험을 통하여 혈압, 맥박의 속도, 호흡, 피부반응, 뇌파, 그리고 근육 반응 등에 변화를 가져온다는 것이 여러 연구를 통해 밝혀지고 있다. 도겔(Dogiel, 1880)은 음악이 혈액순환, 심장박동뿐만 아니라 호흡에까지 영향을 준다는 것을 증명하였으며, 와스코(Wascho, 1933)는 여러 가시 형태의 음악이 연주될 때, 맥박수나 혈압의 변화를 관찰한 바가 있다. 이는 정확한 리듬과 선율을 가진 음악은 좀더 뚜렷한 생리적인 변화를 가져온다는 것이다. 이런 자율신경의 변화는 결국 심리적인 현상으로 재반영되는데, 이러한 신체의 변화를 가져오는 요소들에 대한 연구가 지난 수십여 년 동안 진행되어 왔다.

최근에 들어서는 '녹색음악(Green Music)'이라고 하여 식물뿐 아니라 동물의 성장 정도에까지 영향을 끼치는 음악의 힘에 대한 연구도 활발해지고 있으며, 음악의 개념을 이용하여 학습에 대한 집중력을 높이는 기구도 선보이고 있는 실정이다. 그와 더불어서 음악치료는 임산부의 출산과정을 돕는 수단으로, 종말기 환자를 위한 정신적 또는 신체적인 도움을 위해 사용되며, 심지어는 암환자를 포함한 일반인들의 면역물질을 활성화하는 수단으로도 사용되고 있다. 이러한 면역활성화요법으로서의 음악치료 영향력에 대해 김종인(2001)은, 음악활동이 인체면역 글로불린(IgM)의 변화에 상당한 영향을 미친다는 것을 밝혀내었다. 정신신체생리학의 발달로 음악치료의 효과를 직접 측정하고 더 정확한 데이터를 얻을 수 있게 되었다.

2. 심리적 반응

음악회에 앉아 있다고 상상해 보자. 오케스트라 지휘자가 열심히 지휘를 하고 있다. 그런데 곡의 마지막 종지 부분에서 1분을 계속해서 이끔음인 '시(B)'음만 내고 으뜸음인 '도(C)'음으로 진행하지 않는다고 하자. 이때 우리의 느낌은 어떠한가? 아마도 뭔가 해결되지 않는 감정으로 괴로워할 것이다. 이것은 우리가 이전에 들었던 많은 곡들을 통해 종지에서는 당연히 V화음에서 I화음으로 진행되어야 한다는 일종의 훈련이 되어 있기 때문이다.

음악이 인간의 감정, 정서에 영향을 미친다는 것은 보편적인 사실이다. 음악 자체가 특정한 감정을 유발한다기보다는 음악을 듣는 사람의 그 음악과 관련된 과거 경험이나 문화적 배경, 선호도와 음악교육 정도 등이 음악을 들을 때의 정서적 반응과 관계가 있다는 것이 여러 연구에서 밝혀지고 있다. 그러나 음악적 요소의 특징, 즉 멜로디, 리듬, 강세 등과 화성적 구조 등도 음악을 듣는 사람에게 개인적이고 특정한 경험을 하도록 어느 정도는 결정한다.

음악의 성격은 크게 '흥분이나 자극을 시키는 음악'과 '안정과 침체를 유도하는 음악'으로 나눌 수 있다. 최병철(1996)은 흥분시키는 음악의 특징은 스타카토·당김음·강세가 많으며, 조성의 변화가 급격하고 음역의 폭이 넓으며, 다음에 이어질 내용을 예측할 수 없다는 특징이 있다. 반면, 안정을 유도하는 음악의 특징은 레가토적인 멜로디를 가지며, 조성의 변화가 거의 없고 음역의 폭이 좁고, 급격한 멜로디의 변화가 많이 없으며 형식적으로는 반복이 많다고 하였다.

이러한 음악은 대상 환자군에 따라 다르게 사용되어야 하며, 환자의 선호도와 개인적인 반응을 충분히 고려하여 선택해야 한다.

3. 사회적 반응

음악이 없는 세상을 상상할 수 있을까? 음악이 없는 광고방송을 상상할 수 있을까? 찬송가가 없는 예배, 행진음악이 없는 축하 퍼레이드, 댄스음악 없이 하는 에어로빅 체조 등등. 인간은 음악을 통해 자신의 소속과 신념을 표현해 왔다. 각급 학교, 사회 여러 단체나 기관, 국가들은 그들만의 고유한 설립 목적이나 이념을 노래를 통해 나타낸다. 또, 종교의식에서도 성가를 통해 그들의 신앙을 확인하고 신을 찬양하는 수단으로서 음악을 사용해 왔다. 뿐만 아니라 음악은 각 시대가 가지는 문화현상들을 대변하는 역할을 하기도 하였다.

이처럼 음악은 가장 오래되고 가장 자연스러운 의사소통과 자기표현의 수단이다. 음악은 비언어적인 의사소통 수단으로서, 특별히 언어사용 능력이 제한된 환자라도 치료사와 함께 연주하면서 분노나 기쁨과 같은 자신의 감정을 음악으로 표현할 수 있다. 그 감정은 음악을 통해 치료사에게 전달되고, 치료사가 치료 도중에 보내는 음악적인 지지는 감정적으로 환자와 강한 연대감을 형성하는 것이다. 거의 말을 하지 않는 자폐성 아동도 음악을 통해 치료사와 관계를 맺을 수 있으며, 음악적 관계는 사회적 관계로 발전하게 된다. 따라서 말로 표현하기 힘든 내면의 문제들을 음악을 통해 이야기하고, 집단 속에서 새로운 사회적 교류로 이어지게 된다. 이에 대해 메리암(A. P. Merriam, 1964)은 음악의 다음 열 가지 기능을 통해 사람들이 음악을 사용하는 이유와 음악의 사회문화적인 기능을 좀더 잘 이해할 수 있다고 주장했다.

- 음악은 말로 표현하지 못하는 감정을 쉽게 표현하도록 해 준다.
- 음악은 미적인 즐거움을 더해 준다.
- 음악은 오락의 방법으로 제공된다.
- 음악은 커뮤니케이션의 방법으로 이용된다.
- 음악은 상징적 표현으로 제공된다.
- 음악은 신체적 반응을 유발시킨다.
- 음악은 사회규범과 관련된다.
- 음악은 사회기관과 종교의식을 확인시킨다.

- 음악은 사회와 문화의 연속성에 기여한다.
- 음악은 사회의 통합에 기여한다.

음악치료의 장점

다음은 최병철(1999)이 제시한 음악치료의 장점을 정리한 것이다.

- 음악치료는 적극적인 치료방법으로서 신체적 인지적 사회적인 기능에 강한 영향력을 지닌다.
- 음악치료는 고통과 스트레스를 조절하는 효과적인 비약물 치료방법이다.
- 음악치료는 치료받는 자들의 내면세계를 잘 확립시켜 외부세계에 이를 표현하도록 만든다.
- 음악치료는 사람과의 관계를 맺어주고 사회적인 기능을 극대화시킬 수 있는 방법이다.
- 음악치료는 치료받는 자들의 학문적 사회적 음악적 훈련배경에 제약을 받지 않으면서 치료 목적을 달성하도록 한다.
- 음악치료는 치료받는 자들의 생활 환경을 보존하면서 치료 목적을 달성하게 하는 가장 경제적인 치료 방법이다.
- 음악치료는 치료를 거부하거나 저항하는 사람에게도 안전하며 긍정적인 치료 환경을 마련하며 치료 목적을 달성하도록 한다.

음악치료의 두 가지 모델

1. 행동주의적 관점

'행동주의적 음악치료 모델'은 '심리 분석적 음악치료 모델'과 함께 음악치료의 커다란 두 가지 조류가 되어 왔다. 이 모델의 핵심은 한 유기체의 행동은 자극과 반응의 과정을 거치면서 강화된다는 행동주의적 관점(behavioral model)을 음악치료에 적용시킨 것이다. 따라서 이 모델에서는 관찰될 수 있는 '인간의 행동'을 대상으로 하며, 인간의 모든 행동은 반드시 측정할 수 있다는 견해를 가지고 있다. 또 치료를 할 때 환자 행동에 따라 구체적인 치료 목적과 목표를 가지게 된다.

　행동주의적 관점에서 음악의 역할은 환자의 신체생리적 반응을 불러 일으킬 뿐 아니라 심리상태의 변화까지도 관여하는 것이다. 예를 들어 특정 정보를 전달하는 도구로서의 역할, 특정 행동에 대한 강화제로서의 역할, 환자의 정서를 자극하는 역할, 다른 활동을 위한 보조수단으로서의 역할을 담당하게 된다. 이 모델은 주로 미국 캔자스대학 등을 중심으로 발달하였다.

2. 심리 분석적 관점

　치료사와 환자의 관계 형성 과정을 중요시하는 심리 분석적 모델 (analytical model)은 음악치료방법 가운데 하나인 음악심상기법(GIM : Guided Imagery and Music)과 같이 의식수준뿐만 아니라 무의식수준의 다양한 음악적 경험과 치료사와 나눈 대화를 소재로 한다. 일반적으로 치료는 환자 과거의 억압된 감정과 경험을 현재의 의식수준으로 끌어 올리는 데 음악이 관여함으로써 이루어진다. 이 모델에서 음악은 치료 사와 환자를 안전하게 연결시켜주는 매개체와 같은 역할을 한다. 음악 적인 경험 그 자체가 환자의 행동과 심리상태의 변화를 일으키기도 하지만, 음악을 배경으로 치료사와 대화를 함으로써 환자의 내관(insight) 을 형성하기도 한다. 그 밖에도 다양한 즉흥연주를 포함하는 이 모델은 주로 뉴욕대학 등을 중심으로 발달하였다.

제2장 음악치료의 적용기술

여기서 소개하는 적용기술들은 음악치료세션의 시작부터 마침까지의 구체적인 과정 속에서 이루어지는 치료사와 환자 사이의 다양한 교류를 설명해 준다. 또한, 그러한 교류를 통하여 치료사가 목표로 하는 환자의 행동과 심리 변화를 위한 모든 과정을 보여준다. 다음 내용은 스탠들리(Standley, 2002)가 제시한 음악치료 기술을 뼈대로 정리, 첨가한 것이다.

음악치료의 적용기술 소개

- 동조하기(Accompanying) : 내담자의 활동에너지 수준을 맞추는 기술.
- 인정하기(Approving) : 강화의 일환으로 내담자의 과제 수행 과정을 인정하고 피드백(feedback)하는 것.
- 연결하기(Chaining) : 여러 동작이나 노래소절을 연결시키는 기술.
- 자료 수집(Collecting data) : 활동이 진행되는 동안 치료사는 내담자의 행동이 그 활동 목표에 적합한가를 살펴, 평가를 위한 자료를 수집하는 것.
- 작곡하기(Composing) : 치료사가 활동에 필요한 곡이나 리듬 등을 스스로 작곡할 수 있는 기술.

■ 지휘하기(Conducting) : 그룹성악 연주나 기악 연주를 지휘하는 기술.

■ 역전이 현상(Countertransference) : 내담자와 함께 하는 정서적 활동으로부터 치료사가 거꾸로 영향을 받는 현상.

■ 분노 조절(Controling anger) : 분노를 조절할 수 있도록 부적절한 감정에 대한 정보를 교환하고, 활동을 적용시키는 기술.

■ 수정하기(Correcting) : 환자들의 잘못된 과제 수행을 적합하게 할 수 있도록 수정하는 기술.

■ 지시하기(Cuing) : 노래나 악기활동 시작 부분에서 ‘시작’이라는 말을 사용하는 대신 몸짓을 사용하여 시작을 알리는 방법.

■ 의사 결정(Decision making) : 의사 결정을 하도록 돕는 기술.

■ 긴장이완 유도(Directing relaxation routine) : 내담자들이 편안하게 긴장이완할 수 있도록 이끄는 기술.

■ 음악 듣고 그림 그리기(Drawing to music) : 들리는 특정 음악을 따라 그림을 그리거나, 음악을 배경으로 그림 그리기.

■ 드럼치기(Drumming) : 리듬이나 노래에 맞추어 드럼을 치는 것.

■ 리듬동조 현상(Entrainment) : 외부의 리듬 자극에 내담자의 내부 신경시스템이 스스로 반응하는 현상.

■ 평가(Evaluating) : 활동의 적재적소에서 평가를 수행하는 기술.

■ 역할 줄이기(Fading) : 활동 초반부에서 주가 되었던 활동치료사의 역할이, 활동이 진행되어 가면서 점점 줄어드는 것.

■ 집단토론 인도(Focused group discussion) : 내담자들이 서로 자유롭게 토론할 수 있도록 이끄는 기술.

■ 지시 따르기(Following direction) : 내담자들이 활동치료사의 지시를 따르도록 하는 기술.

■ 기초 세우기(Grounding) : 즉흥연주를 하는 동안 내담자와 치료사 사이에 적절한 일치가 없을 경우, 치료사가 의도적으로 일정한 형태의 박이나 연주를 해줌으로써 새로운 일치를 모색하도록 하는 기술.

■ 집단지도력 훈련(Group leadership exercise) : 집단 구성원들을 대상으로 특정 과제를 원활히 수행할 수 있도록 하는 기술.

■ 계획적 원조(Guided assistance): 음악을 사용하여 내담자 집단 구성원들끼리 적극적으로 교류할 수 있도록 돕는 기술.

- 인지된 상(Imagery) : 프로그램화된 음악을 통해 이미지를 떠올리는 기술.
- 모방(Imitation) : 내담자의 목소리나 악기소리, 몸짓 등을 동시에 따라하는 기술.
- 악기연주 기술(Instrument playing skill) : 악기를 자유롭게 연주하는 기술.
- 토론 인도(Leading discussion) : 토론을 이끌어 전개해 나가는 기술.
- 음악 감상하기(Listening) : 음악감상 기술.
- 시선접촉 지속하기(Maintaining eye contact) : 활동이 진행되는 동안 치료사는 내담자와 눈 마주침을 지속해야 함.
- 주의집중력 지속하기(Maintaining attention) : 내담자의 주의를 집중시켜 지속하는 기술.
- 시범 보이기(Modeling) : 치료사는 악기 연주나 특정 활동에 앞서 환자들에게 미리 시범을 보여야 함.
- 놀이기술(Playing skills) : 내담자들이 편안한 분위기에서 즐겁게 참여할 수 있도록 하는 기술.
- 과잉행동 축소하기(Reducing hyperactivity) : 과잉행동 성향을 감소시키기 위한 기술.
- 반영/반사(Reflection) : 내담자의 목소리나 악기소리, 몸짓 등을 보고 똑같이 또는 비슷한 형태로 연주하는 기술.
- 역할 분석(Role analysis) : 역할을 분석하는 기술.
- 역할놀이(Role-playing) : 치료사와 내담자가 서로 역할을 정하여 역할극을 진행하거나 환자들끼리 역할극을 수행할 수 있도록 돕는 기술.
- 지속적인 관찰하기(Scanning) : 활동이 진행되는 동안 내담자들의 반응을 지속적으로 살펴 그에 대처하는 기술.
- 음악에 맞춰 노래부르기(Singing to music) : 음악에 따라 노래부르기.
- 노래 인도하기(Song leading) : 내담자들이 처음 듣는 노래를 가르치기 위해 치료사가 먼저 노래부르며 이끄는 기술.
- 집단상호작용 자극하기(Stimulating group interaction) : 집단 내에서 활발한 상호교류가 일어날 수 있도록 치료사가 자극하는 역할을 수행하는 기술.

- 배경음악에 따른 내재된 활동(Synchronized activity to background music) : 배경음악을 사용하여 활동을 전개해 나가는 기술.

- 과제 분석하기(Task analyzing) : 치료사는 활동이 진행되는 동안 그 진행순서가 명료하고 점진적으로 구성되도록 분석하는 기술.

- 활동단계 가르치기(Teaching an action step) : 목표로 하는 특정 행동을 세분화하여 수행할 수 있도록 하는 기술.

- 상호교류기술 가르치기(Teaching an interpersonal skill) : 내담자 상호간의 사회교류기술을 습득할 수 있도록 돕는 기술.

- 부적절한 행동조절기술 가르치기(Teaching incompatible response) : 활동목표에서 벗어나는 행동을 할 경우, 그것이 옳지 않다는 것을 내담자에게 여러 가지 방법을 통하여 알리는 기술.

- 전이 현상(Transference) : 내담자의 잠재된 정서가 외부 대상물에 옮겨가는 현상.

- 행동 단계화(Using action steps) : 내담자의 문제행동을 감소시킬 수 있도록 행동을 단계화시키는 기술.

제3장 음악치료의 과정

사람들이 저마다의 모습과 개성을 지니고 있듯이, 그 사람 고유의 음악성도 가지고 있다. 이것은 어떤 특정인들이 가지는 음악적인 소양이나 자질과는 다른 개념이다. 브루시아(K. E. Bruscia)는 'Music Child'라는 용어로서 사람, 특히 아동들이 가지는 생득적인 음악에 대한 갈망과 선호를 설명하고자 했다. 이 때문에 사람은 소리에 대해 다르게 반응하고 음악에 대해 각자 다른 견해를 보일 뿐만 아니라 개인이 선호하는 음악의 장르가 다르다는 것이다. 따라서 음악치료의 과정은 장애의 정도에 구애받지 않고 치료 대상자에게 잠재되어 있는 고유한 음악성을 일깨워서 외부세계와 교류하도록 돕는 과정이다. 이를 통해 환자가 자신의 환경과 놓인 현실에 대해 더 나은 인지를 하도록 도와주며, 이러한 과정에서 환자는 내관 형성이나 사고발달, 감정 순화·강화, 자긍심 형성 등이 가능해진다.

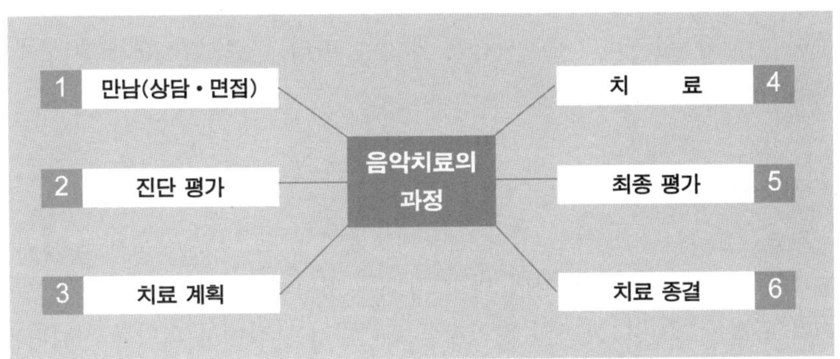

■ **만남(상담 · 면접)**

의사나 특수교사, 일반교사, 상담심리사 또는 부모의 방문, 추천, 또는 의뢰를 받고서 1차 만남을 갖는다.

■ **진단 평가**

이 단계에서는 환자의 과거와 현재상태, 장점, 단점 등을 환자나 부모와 인터뷰를 하거나, 또는 병상기록이나 실제 그룹세션을 통해 평가하게 된다. 이때의 평가항목은 환자의 장애종류에 따라 달라진다. 오른쪽 예시자료는 진단평가보고서를 서술식으로 작성한 예이다.

■ **치료 계획**

이 단계는 환자를 위한 치료 목적과 세부 목표를 세우는 과정으로서, 가장 주요한 문제행동을 밝혀내어 그에 가장 적절한 처치를 계획한다. 또한 환자의 문제행동 특성을 고려하여 개인세션 또는 집단세션 시행여부를 결정한다. 대개 이 시기에 음악치료사는 각 세션을 위한 〈음악치료 적용계획서〉를 작성한다. 이 계획서는 다음 장에서 자세히 살펴보기로 한다.

■ **치료**

이 단계는 치료사가 진단평가를 통해 이루어진 환자에 대한 이해를 바탕으로 계획된 세션을 실제로 시행하고 적용하는 단계이다. 환자에 대한 정확한 진단이 정확한 치료를 가능하게 한다. 따라서 환자의 가장 주된 문제행동을 파악하고, 그가 선호하는 음악의 형태와 장르를 고려하여 음악치료 활동을 적용하게 된다. 이때 집단치료와 개인치료로 나누어 시행할 수 있다. 세션시간은 개인에 따라 다르지만 대개 20분에서 50분 정도이다.

■ **최종 평가**

치료과정에서 치료사는 환자의 문제행동에 대한 다양한 형태의 평가를 하는데, 이를 통해 환자의 변화 정도를 평가하게 된다. 이 단계는 세션을 종결할 것인지 계속할 것인지를 판단한다는 점에서 의미를 지닌다.

〈예시자료〉 진단평가보고서(서술식)

내담자의 이름	최 ○ ○	음악치료사의 이름	김 종 인
성 별	여 자	진단평가일자(기간)	시작: 2001년 3월 일
나 이	만 12세		종료: 2001년 3월 일
병 명	ADHD성향(부적응아)	보고서 작성일자	2001년 3월 일

아동에 대한 일반적 진술

최는 주의력결핍·과잉행동장애(Attention Deficit Hyperactivity Disorder :ADHD)성향을 보이는 6학년 여자아동으로서 5학년때부터 학습현장에서 부적응적 행동을 보이기 시작했다. 주요한 특성으로는 주의가 산만하여 집중시간에 문제가 있었으며, 비판을 받으면 과도하게 민감한 반응을 나타내기도 하였다. 최는 부모님의 직업적인 사정때문에 부모님과 떨어져 할아버지댁에 거주하고 있다. 부모님과 주 1회 함께 시간을 보내고 있지만, 부모님과의 교류는 비교적 양호한 듯 하다. ADHD성향을 지닌 아동을 판단하는 주요한 특성지표로서 부주의행동, 충동성, 과잉행동 등을 들 수 있는데, 이러한 순서에 따라 최의 ADHD적 성향을 기술하고자 한다.

부주의행동(inattention behavior)

부주의행동 면에서는 최는 대체로 양호한 편이지만 몇 가지 점에서 이상행동을 보였다.

최는 다른 사람의 말을 주의해서 듣지 않고 행동과업을 순서대로 잘 처리하지 못하는 모습을 보였다. 예를 들면 첫 세션이었던 song writing 시간에 각자 자신에 관한 이야기를 표현하는 활동은 금방 싫증을 느껴 다른 활동을 하자고 원하였다. 따라서 최는 아주 짧은 시간밖에 주의집중을 하지 못하고 있으며, 특정한 일이 주어졌을 때 쉽게 싫증을 내는 성향을 보였다.

치료사의 지시를 따르는 데 있어서 최는 다소 어려움을 보인다. 예를 들어, 치료사가 낱말 리듬카드를 통해 오르프 악기를 연주하도록 지시했을 때, 최는 아무런 반응이 없었고 낱말 리듬카드를 응시하지 못하고 이리저리 두리번거리며 앉아 있었다.

행동 및 학업기술

최는 말과 행동이 비교적 짜임새가 있어서 자신의 의견을 솔직하게 잘 표현하지만 충동적으로 행동하고 과격한 말투로 이야기하여 주위 아동들을 괴롭히기도 하였다. 불평, 불만이 심하고 부정적인 이해와 언행이 심한 특징을 보인다. 또한 다른 아동들과도 자주 다투며 남의 말이 끝나기도 전에 참지 못하고 불쑥 나서거나 심하게 큰 소리로 악을 쓰듯 말하며, 주의집중을 요구하는 행동은 대체로 싫어하는 경향을 보였다. 예컨대 song writing 세션에서 최는 배경음악을 들으며 자신이 가장 소중하다고 여기는 것을 종이에 5분 동안에 걸쳐 그리는 동안 잘 집중하지 못하고 옆에 앉은 다른 아동들과 이야기하는 반응을 보였다.

음악치료에서 일반적으로 보여지는 기능의 정도

최에게 음악은 효과적인 동기유발제로서의 역할을 하고 있는 듯 하다. 최는 음악에 대해 전반적으로 호의적인 태도를 보인다. 특히 패들 드럼에 큰 관심을 가지는 경향을 보였다. 최가 선호하는 음악적 스타일은 대체로 빠르고 경쾌한 스타카토적인 선율의 음악이며 악기로 연주할 때도 빠르고 경쾌하게 연주하는 특징을 보인다. 특별히 회피하는 음악적 스타일은 보이지 않았지만, 너무 느리고 진부한 음악에 대해서는 큰 흥미를 느끼지는 못하였다. 최는 음악적 상황에서 특히 치료사가 지시하는 내용을 비교적 잘 따라하는 듯 하다. 예를 들어 리듬박스를 배경으로 하여 낱말 리듬카드를 보여주고 악기로 그 제시된 리듬을 치는 활동에서는 관심을 가지고 적극적으로 참여하였다.

내담자의 강점·약점

◈ 내담자의 강점	◈ 내담자의 약점
1. 최는 솔직하게 자신을 표현한다.	1. 최는 다른 아동들과 자신의 소유물을 잘 나누려 하지 않는다.
2. 최는 다른 사람을 돕는 일에 앞장선다.	2. 최는 주위 사물에 대해 과도하게 민감하게 반응한다.
3. 최는 음악활동에 대해 대체로 호의적이다.	3. 최는 말투가 거칠어서 친구들과 다툼이 잦다.
4. 최는 논리적으로 말을 구사하는 능력이 있다.	4. 최는 쉽게 화를 낸다.

제언

최는 대체적으로 산만한 편이어서 그에 대한 행동수정요법 가운데 차별강화(differential reinforcement) 내지는 악기를 통한 세세한 강화제를 사용하는 노력이 요구된다. 예컨대 자신의 차례를 지켜 잘 활동했을 경우 최가 선호하는 패들 드럼을 친구들 앞에서 연주하게 한다거나 흔들 수 있는 기회를 준다든지 하는 적극적인 강화제의 사용이 요구된다. 최의 가장 부족한 기능적 문제는 충동적인 행동성향에 있는 만큼, 다양하고 구조화된 음악적 틀 속에서 자시의 차례를 지켜 행동하게 한다거나 과격한 말투나 행동을 감소시키는 데 그 치료 목적을 두어야 할 것이다.

치료 목적

집중력·지속력 증진

치료 목표

1. 주어진 리듬악기와 치료사의 지시에, 아동은 치료사가 지시할 때마다 리듬악기를 정확히 연주하기를 3번 시도에 3번 한다.
2. 지시하는 내용이 포함된 노래와 오르프 악기를 준비하고, 내담자는 악기소리를 듣고 치료사의 행동지시에 따라 악기를 알아맞히기를 3번 시도에 3번 한다.
3. 편안한 느낌의 배경음악과 오선 드럼을 준비하고, 내담자는 배경음악을 들으며 치료사가 행동과 악기로 지시할 때마다 자신의 악기를 연주하거나 행동하기를 5번 시도에 3번 한다.
4. 내담자는 치료사가 행동과 리듬스틱으로 지시할 때마다 자신의 악기를 연주하거나 행동하기를 5번 시도에 5번 한다.

■ **치료 종결**

　지금까지 환자가 보이던 문제행동이 더 이상 나타나지 않거나, 다른 이상 소견을 보일 경우 부모와 상담 후 음악치료 세션을 종결하게 된다. 치료 종결을 위한 세션을 준비하고, 필요하다면 다른 치료 영역을 소개하며, 환자의 사회 적응도에 대한 지속적인 관심을 기울이는 일 등이 종결단계에 포함될 수 있다.

제4장 음악치료 적용을 위한 계획

음악치료 적용 계획을 세우는 이 단계는 음악치료의 전 과정에 걸쳐 상당히 중요한 의미를 지닌다. 이는 환자에게 가장 적합한 음악치료를 실제로 적용하기 위해 치료사가 사전에 구체적으로 활동을 계획하는 것을 의미하는데, 치료사의 각별한 통찰력이 요구되는 부분이다. 왜냐하면 모든 환자들에게 똑같은 음악치료 활동을 적용할 수는 없기 때문이다. 다음은 임상에서 실제로 활용될 수 있도록 〈음악치료 적용 계획서〉의 각 단계를 설명한 것이다. 이것은 교수학습계획서(lesson plan), 활동계획서(activity plan), 치료계획서(treatment plan)라고도 부른다.

대상(subject)

우선 음악치료 계획을 세우기 위해서는 대상영역을 구체화해야 한다. 여기서 말하는 '대상'이란 음악치료를 시행하는 환자집단을 의미한다. 예컨대 학습장애아동, 정신분열증 환자, 우울증 환자, 비행청소년, 5세 아동 등으로 기술한다.

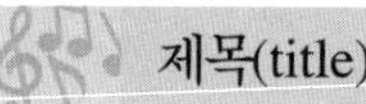

제목(title)

활동을 가장 잘 설명할 수 있는 활동제목을 정한다. 예컨대 핸드벨 그룹연주, 노래 만들기, 즉흥연주, 음악감상 활동 등으로 기술한다.

목적(goals)

환자한테서 보이는 가장 주요한 문제행동을 더 바람직한 방향으로 변화시키기 위한 아래의 목표 개념보다 넓게 목적을 세운다.
예) 자긍심 향상, 침체된 정서 고양, 자기표현력 향상 등

목표(objectives)

여기서 목표란 치료 전반에 걸친 환자의 문제행동에 대한 목적을 성취하기 위해 설정한 각 세션마다의 세부 목표를 의미한다. 세부 목표는 다음 네 가지 요소를 포함한다.

- **환자(client)**

각 세션의 수혜자인 환자를 일컫는다. 목표를 기술하기 위해서는 먼저 환자를 언급해 주어야 한다. 이때 환자는 단수로 기술하는 것이 일반적이다. 예) 환자는, 클라이언트는, 아동은 등.

- **조건(condition)**

조건이란 각 세션에 처치된 치료사를 비롯한 악기, 악보 등의 다양한 자료를 일컫는다. 예) 주어진 리듬악기와 치료사의 지시에 등.

- **수락기준(criterion)**

수락기준이란 환자가 기대되는 표적행동을 어느 정도 성취하는가를 가늠하는 잣대의 역할을 한다. 예)1번 시도에 1번을, 3절까지 정확히 등.

■ **표적행동(target behavoir)**

치료사가 환자한테서 기대하는 행동을 의미한다. 이때 언급한 행동이
란 장애 그 자체를 기술한 것이라기보다는 그 장애행동을 대변해 주는
음악활동 과정 속에서의 대체행동을 의미한다. 예) 치료사의 지시에 따
라 북을 친다(대근육 운동능력 향상), 색깔악보에 따라 핸드벨을 연주
한다(집중력, 지속력 향상) 등.

방법(method)

음악활동을 자세히 순서대로 기술하되, 치료사를 주체로 하여 적는다.

도구(materials)

각 세션에 필요한 악기를 비롯한 자료 등을 의미한다. 예) 오르프 악
기, 기타, 악보, 녹음기, 카세트 테이프 등.

응용(applications)

치료사가 의도한 대로 환자가 반응하지 않을 때를 대비해서, 치료사는
환자의 기능이 우수할 때와 그렇지 못할 때를 예상하여 활동을 준비한
다.

시간(time)

환자의 특성에 따라 다르지만 대개 20분에서 40분 정도 지속된다.

음악의 치료적 역할(music as a therapist)

음악치료 활동이 시행되는 원리와 이론적 배경 등을 풀이해서 적는다.

　　다음의 계획서는 인간조형(body shaping)이라는 활동제목을 가지고, 저자가 임상실습을 했던 정신병동에서 정신질환자를 대상으로 시행한 자아 존중감 향상을 위한 세션이었다. 음악의 치료적 역할 항목은 대개의 경우 생략되어 제시되는 경우가 많으며, 아래의 계획서는 하나의 예시일 뿐 전형적인 형식은 아님을 밝혀둔다.

〈예시자료〉 치료적용 계획서

대　상	정신질환자
제　목	인간 조형(body shaping)
목　적	자아 존중감 향상(성공적인 연주경험을 통하여 성취감을 얻음)
목　표	내담자는 분위기 있는 음악을 들으며 걷다가 치료사가 지시할 때마다 다른 사람을 조형하기를 2번 시도에 2번 한다.
방　법	1) 반기는 노래로 내담자를 맞이한다. 2) 치료사는 내담자에게 배경음악을 들으며 하는 활동임을 소개한다. 3) 치료사는 내담자에게 배경음악을 듣고 천천히 걷도록 한다. 4) 치료사는 내담자에게 음악이 멈추면 같이 멈추도록 설명한다. 5) 치료사는 내담자에게 음악을 들려주고 멈추고 하기를 여러 번 반복한다. 6) 치료사는 이제 내담자에게 음악이 멈췄을 때 만나는 상대와 가위바위보를 해서 승패를 가리도록 한다. 7) 치료사는 내담자에게 이제 다른 음악이 제시될 때, 이긴 사람이 진 사람을 여러 가지 모양으로 조형해 보도록 한다. 8) 치료사는 내담자에게 음악 한 곡이 끝나게 되면 서로 역할을 바꿔서 조형해 보도록 지시한다. 9) 치료사는 위의 과정을 한 번 더 반복한 뒤, 음악을 멈추고 내담자를 제자리에 앉도록 한다. 10) 치료사는 내담자와 함께 활동에 대한 느낌을 토의한다. 11) 헤어지며 부르는 노래를 모두 함께 불러보고 세션을 끝맺는다.
도　구	조용하고 편안한 성격의 배경음악, 피아노 등
응　용	1) 내담자가 위와 같은 활동을 잘 수행하면 좀더 어려운 자세를 하도록 지시한다. 2) 내담자가 위의 활동을 수행하기에 기능이 부족할 때는 6)번부터 10)번까지의 내용을 생략할 수도 있다.
시　간	30분
음악의 치료적 역　할	부드럽고 반복적인 리듬을 지닌 배경음악은 내담자에게 차분하고 안정된 분위기에서 활동할 수 있도록 도움을 준다. 또한 다른 사람을 조형해 보는 경험은 내담자에게 사회적으로 허용된 상태에서 남을 조형해 보는 경험을 가지는 기회를 주며, 다른 사람에 의해 자신이 조형되는 경험은 남의 생각과 행동을 받아들이고 이해하는 능력을 증가시키는 데 도움을 준다.

제5장 음악치료의 평가

평가는 음악치료를 통해서 나타난 환자행동의 변화를 관찰하고 측정하여 음악의 영향력을 밝히고, 차후 치료를 위한 기준이 된다. 음악치료의 평가에서 간과해서는 안 될 중요한 요점은 음악치료는 환자의 바람직하지 못한 행동이나, 정서적 반응에 대해 합당한 교육과정에 의해 훈련받고, 임상에서 경험을 쌓은 치료사가 구체적인 목표를 가지고 그것을 성취하기 위해 음악과 음악활동을 개입시키는 지속적인 과정이지, 병과 치료약의 처방이라는 일회적 요법행위가 아니라는 것이다. 음악치료는 브루시아(K. E. Bruscia)가 정의한 것처럼 '체계적인 과정'인 것이다. 치료사는 환자와 만남을 통해 그를 진단하고 그 결과에 따라 치료 목표를 설정한다. 그리고 그 치료 목표에 따라 구체적 치료계획(session plan)을 짜고 치료에 임하게 된다. 따라서 환자행동 변화에 대한 객관적 자료수집과 평가방법을 소개하면 다음과 같다.

자료수집법

환자의 문제행동 변화에 대해 더 객관적인 평가를 위해 치료사는 그 환자에게 보이는 문제행동의 특성과 상황, 행동의 성격, 목적에 맞는 기록방법을 사용해야 한다. 그 관찰방법이나 성격에 따라 크게 분석보고기록, 성과관찰기록, 행동표본관찰기록으로 나누어지며, 그에 따르는 구체적인 자료수집법과 설명은 다음의 표와 같다.

	성격	기록방법	설 명	행동의 측면
1	분석 보고 기록	관찰기록법 (anecdotal reports)	대상자의 행동을 계속 관찰하면서 어떤 행동이 발생할 때마다 그 성격, 발생빈도, 지속시간을 그때마다 관찰하여 기록하는 것.	기록
2	성과 관찰 기록	성과측정법 (permanent product recording)	행동의 과정이 아닌 대상자가 남긴 학습의 결과를 검토하고 측정하는 것.	업적
3	행동 표본 관찰 기록	빈도기록법 (event recording)	일정한 시간 동안에 어떤 행동이 몇 번이나 발생했는지 그 횟수를 기록하는 것. 사건횟수기록법이라고도 한다.	숫자
		동간격기록법 (interval recording)	정해진 관찰시간을 동일한 단위시간 간격으로 작게 나누어 그 단위시간에 행동이 발생했는지 또는 얼마나 지속되었는지 등을 확인하는 관찰법.	
		시간표집기록법 (time sampling)	관찰자가 특정한 시간의 길이를 정하고 이 길이를 일정한 간격으로 나누어 이 기간 동안 표적행동이 발생했는지를 기록.	
		지속시간기록법 (duration recording)	대상자가 요구된 표적행동을 얼마나 오래 지속하였는지 그 길이를 측정.	시간
		반응시간기록법 (latency recording)	대상자가 요구된 표적행동을 행하기까지 걸리는 시간을 측정. 잠복시간기록이라고도 한다.	

위 자료수집법 가운데 실제 음악치료 임상에서 가장 많이 사용되고 있는 방법은 '행동표본관찰기록'이다. 이 방법을 다섯 가지 예를 들어 설명하면 다음과 같다.

빈도기록법은 치료현장에서 가장 많이 사용하는 자료수집방법으로서, 자폐성 아동의 자기상해행동과 같이 비교적 짧은 시간에 일어났다가 사라지는 행동을 측정하기 위해 사용되는데, 일정한 시간 동안에 특정한 행동이 몇 번이나 발생했는지 그 횟수를 기록하는 방법이다. 사건횟수기록법이라고도 한다.

예시자료) 자폐아동의 각 세션 당 자해행동횟수를 빈도 기록하는 경우

내용 \ 날짜	3월 1일	3월 3일	3월 5일	3월 7일	3월 9일	3월 11일	3월 13일
자해행동	13회	17회	12회	7회	5회	6회	3회
상동행동							

동간격기록법

정해진 관찰시간을 동일한 단위시간 간격으로 작게 나누어 그 단위시간에 행동이 발생되었는지 또는 얼마나 지속되었는지 등을 확인하는 관찰법이다. 행동발생 유무는 일반적으로 ○, ×로 표시하게 된다.

예시자료) 눈 마주침 향상을 목적으로 5분간 관찰 기록하는 경우

내용 \ 간격	0~5분	5~10분	10~15분	15~20분	20~25분	25~30분
눈 마주침	○	○	×	○	○	×

시각표집기록법

'시각표집기록법'은 '동간격기록법'과 같이 일정한 시간을 같은 간격으로 나누어서 그 단위시간 동안에 환자의 특정 행동 발생빈도를 기록

하는 것은 동일하나, 관찰자가 특정한 시간의 길이를 정하고 이 길이를
일정한 간격으로 나누어 단위시간이 시작되는 시점 즉, 특정 시각에 표
적행동이 발생되었는지, 발생되지 않았는지를 기록하는 방법이다. 이
자료수집법은 '시간표집기록법'이라고 하나, 엄격히 말하면, 시간의 개
념보다는 시각의 개념에서 이해되어야 한다.

예시자료) 한 세션을 5분 간격으로 나누어 문제행동을 관찰하는 경우

시간 내용	1:00	1:05	1:10	1:15	1:20	1:25	1:30	1:35	1:40
자해행동	○	○	×	○	○	×	○	○	×
부정적 용어사용	×	○	○	×	○	○	×	○	○

지속시간기록법

지속시간기록법은 치료 중에 대상자가 미리 설정된 표적행동을 얼마
나 오래 지속했는지 그 길이를 측정하는 방법을 말한다. 예컨대, 눈 마
주침을 잘 하지 못하는 장애아동이 치료사와 눈 마주침이 시작된 그
시점부터 종결되는 시점까지의 시간을 기록하는 것을 의미한다.

예시자료) 자폐성 장애아동의 착석행동 지속시간을 기록하는 경우

날　짜	지속시간	
	관찰자 1	관찰자 2
3월　5일	95분	95분
3월　7일	93분	90분
3월　9일	96분	95분
3월　11일	10분	10분

대상자가 요구된 표적행동을 행하기까지 걸리는 시간을 측정하는 방법이다. 잠복시간기록이라고도 한다.

예시자료) 치료사가 착석행동을 지시한 후 착석하기까지 걸린 시간을 측정하는 경우

지시회기	반응시간	
	관찰자 1	관찰자 2
1회기	12초	11초
2회기	4초	4초
3회기	2초	2초
⋮	⋮	⋮

♣ 참고

환자의 행동을 관찰 기록하면서 치료사가 직접 관찰하고 기록하는 것이 보통이지만, 제2의 관찰자를 두고 대신 관찰하게 할 수도 있고, 두 명이 함께 관찰하여 관찰자간의 일치도를 객관적으로 측정하기도 한다. 최근에는 비디오카메라를 이용하여 더 정확한 행동의 측정을 꾀하기도 한다.

제2부 음악치료 적용하기

인지발달

(Concept Development)

▶ 소리지각(Auditory perception)

▶ 시각지각(Visual perception)

▶ 학습개념(Academic concept)

▶ 집중력/지속력(Attention span)

▶ 기억력(Memory)

▶ 자긍심 발달(Self-esteem)

	활동 제목	소리지각	시각지각	학습개념	집중력/지속력	기억력	자긍심 발달
1	노래 만들기 I					●	●
2	노래 만들기 II						●
3	노래 만들기 III						●
4	노래 만들기 IV						●
5	노래 만들기 V						●
6	소리식별 활동 I	●	●	●	●		
7	소리식별 활동 II	●		●	●		
8	소리식별 활동 III	●		●	●		
9	소리식별 활동 IV	●		●	●		
10	리듬론도	●		●	●		
11	1, 2, 3, 4	●		●	●		
12	인지 활동 I	●		●		●	
13	인지 활동 II	●		●		●	
14	인지 활동 III	●		●		●	
15	인지 활동 IV	●	●	●		●	
16	인지 활동 V	●		●		●	
17	인지 활동 VI	●		●		●	
18	리듬카드 활동 I	●	●	●	●	●	
19	리듬카드 활동 II	●	●		●	●	
20	춤! 춤! 춤!						●
21	움직임 활동 I						
22	움직임 활동 II						
23	움직임 활동 III						
24	긴장이완기법 I						
25	긴장이완기법 II						
26	온음음계!		●	●	●		●
27	오음음계!		●	●	●	●	●
28	리듬감 익히기 활동 I	●	●	●		●	
29	리듬감 익히기 활동 II			●			
30	리듬감 익히기 활동 III			●		●	
31	리듬감 익히기 활동 IV	●		●		●	
32	리듬감 익히기 활동 V	●		●			
33	즉흥연주 음악치료 I	●					●
34	즉흥연주 음악치료 II						●
35	즉흥연주 음악치료 III	●					●
36	즉흥연주 음악치료 IV						
37	감정표현 활동 I						●

	활동 제목	소리지각	시각지각	학습개념	집중력/지속력	기억력	자긍심 발달
38	감정표현 활동Ⅱ						●
39	감정표현 활동Ⅲ						●
40	감정표현 활동Ⅳ						●
41	그림으로 자기표현!		●				●
42	리듬창작 활동Ⅰ			●		●	
43	리듬창작 활동Ⅱ			●		●	
44	리듬창작 활동Ⅲ			●		●	
45	가락창작 활동Ⅰ			●		●	
46	가락창작 활동Ⅱ	●		●			
47	가락창작 활동Ⅲ	●		●			
48	거울자아기법!		●		●		●
49	핸드벨 그룹악기연주 활동	●	●		●		
50	패들 드럼 연주 활동Ⅰ	●	●		●		
51	패들 드럼 연주 활동Ⅱ	●	●		●		
52	소그룹 작곡 활동	●	●	●		●	
53	노래 따라 부르기 활동	●			●	●	
54	개방화음	●				●	
55	리듬합주 활동Ⅰ		●	●	●		
56	리듬합주 활동Ⅱ		●	●	●		
57	리듬합주 활동Ⅲ		●	●	●		
58	리듬합주 활동Ⅳ		●	●	●		
59	콰이어 차임		●	●	●		
60	자기이름표현 활동						●
61	활력을 위한 리듬 사용Ⅰ						
62	활력을 위한 리듬 사용Ⅱ						
63	달크로즈 음악활동Ⅰ	●		●	●		
64	달크로즈 음악활동Ⅱ	●		●	●		
65	음악감상 활동	●					
66	음악심상기법(GIM)	●					●
67	배경음악을 이용한 활동Ⅰ	●					
68	배경음악을 이용한 활동Ⅱ	●					
69	배경음악을 이용한 활동Ⅲ	●					
70	노래 배우기 활동	●					
71	오락으로서의 음악활동Ⅰ				●		
72	오락으로서의 음악활동Ⅱ					●	
73	오락으로서의 음악활동Ⅲ					●	
74	오락으로서의 음악활동Ⅳ	●			●		

노래 만들기 I

> ■ **목적** • 자긍심 향상
>
> ■ **목표** • 자신의 생각을 넣어 부를 수 있는 노래와 치료사의 기타반주에, 내담자는 정해진 부분에서 자신이 생각한 낱말을 넣어 부르기를 1번 시도에 1번 한다.

■ **적용기술**

- 작곡기술
- 시범 보이기
- 인정하기
- 상호교류기술

- 노래인도기술
- 지시하기
- 지시 수용

■ **도구**

- 기타/피아노
- 종이 약간

- 노랫말 적힌 괘도

■ **활동순서**

1) 반기는 노래로 내담자를 맞이한다.
2) 치료사는 내담자에게 지금 부른 노래를 배울 것이라고 설명한다.
3) 치료사가 노래를 부르고 내담자는 한 마디씩 따라 부른다.
4) 치료사는 내담자와 함께 처음부터 끝까지 함께 몇 번 불러본다.
5) 치료사는 내담자들끼리만 노래를 부르도록 한다.
6) 치료사는 특정 부분이 가려진 노랫말을 보여주면서 함께 읽는다.
7) 치료사는 내담자에게 종이를 한 장씩 나눠 주고 괴롭고 힘들 때 내담자 자신을 지켜주는 것에 대해 생각해 보고 그 가운데 두 가지를 적게 한다.
8) 치료사는 한 내담자가 정한 낱말을 넣어 다른 내담자들이 노래를 부르게 한다. 마지막 한 소절은 그 내담자가 부르도록 한다.
9) 헤어지며 부르는 노래를 모두 함께 불러보고 세션을 끝맺는다.

■ **응용**

1) 내담자가 위 활동을 잘 수행하면 다른 악기 반주로 노래해 본다.

2) 내담자수가 많아 시간이 부족하면 원하는 사람을 우선으로 한다.

3) '고향'과 관계된 노래를 부르고 각자 고향 '이름'을 넣어 부르거
   나 '가보고 싶은 곳'과 관련 노래에 장소를 넣어 부를 수도 있다.

■ **음악의 치료적 역할**

조용하고 레가토적인 멜로디는 내담자가 안전한 감정을 느낄 수 있게 하며, 목표로 하는 활동에 편안하게 참여할 수 있도록 도움을 준다. 또한 자신이 생각한 노랫말을 넣어 부르는 활동으로 내담자는 자신의 문제에 대한 내관(insight)을 형성할 수 있으며, 이를 통하여 문제해결에 대한 방법을 찾도록 도움을 준다.

노래 만들기 Ⅱ

- **목적** • 자긍심 향상 • 사회교류기술 향상
- **목표** • 내담자는 익숙한 노래 안에 꽃 이름과 자신에 대한 다른 사람들의 칭찬을 넣어 노래부르기를 1회 시도에 1회 한다.

■ 적용기술
- 작곡기술
- 노래인도기술
- 시범 보이기
- 지시하기
- 인정하기

■ 도구
- 기타/피아노
- 노랫말 적힌 괘도
- 꽃말이 적힌 카드

■ 활동순서
1) 반기는 노래로 내담자를 맞이한다.
2) 치료사는 내담자와 함께 '칭찬 노래'를 함께 불러본다.
3) 치료사는 내담자에게 카드 가운데 한 장을 뽑도록 한다.
4) 치료사는 내담자가 카드에 적힌 꽃 이름을 읽도록 한다.
5) 치료사는 카드를 뽑은 내담자를 다른 내담자들이 칭찬하도록 한다.
6) 치료사는 이와 같은 방법으로 모두 한 번씩 서로에게 칭찬하도록 한다.
7) 치료사는 카드의 꽃 이름과 다른 내담자들의 칭찬 가운데 적당한 단어를 노래에 넣어 부르도록 한다.
8) 헤어지며 부르는 노래를 모두 함께 불러보고 세션을 끝맺는다.

■ **응용**

  1) 내담자가 위의 활동을 잘 수행하면 자신이 생각하는 자신만의 장점을 넣어서 불러본다.

  2) 꽃 이름을 소재로 사용하는 대신 내담자가 잘할 수 있는 부분, 즉 '요리법 소개', '자신이 좋아하는 노래' 등을 소재로 하여 진행할 수 있다.

■ **음악의 치료적 역할**

노래의 친숙한 멜로디는 내담자가 더욱 친근한 감정을 갖도록 도움을 준다. 노래 안에 내담자 서로의 칭찬을 넣어 부르는 활동은 평소에 말로는 하기 힘든 서로에 대한 칭찬을 좀더 쉽게 할 수 있도록 하며, 더 안전한 환경에서 분위기를 형성하는 데 도움을 준다. 또한 서로에 대한 칭찬을 주고받음으로써, 그룹간의 일체감을 주며 내담자의 자긍심을 높이는 역할을 한다.

노래 만들기 Ⅲ

> ■ **목적**　• 자긍심 향상　　　　　• 사회교류 증진
> ■ **목표**　• 상대방에 대한 칭찬 노랫말을 넣어 부를 수 있는 노래에서 아동은 자기 차례에서 상대방을 칭찬하는 노랫말을 넣어 부르기를 1번 시도에 1번 할 수 있다.

■ **적용기술**

- 작곡기술
- 노래인도기술
- 시범 보이기
- 지시하기
- 인정하기
- 지시 수용
- 상호교류기술

■ **도구**

- 기타/피아노
- 노랫말 적힌 괘도

■ **활동순서**

1) 반기는 노래로 아동을 반긴다.

2) 치료사는 '친구에게'라는 노래의 칭찬 부분을 불러준다.

3) 치료사는 한 소절씩 악보를 보며 불러보도록 한다. 익숙해질 때까지 여러 번 불러본다.

4) 치료사가 먼저 오른쪽 아동의 장점을 다른 사람들에게 물어 본다.

5) 치료사는 악보에 아동의 장점을 적고 나서 함께 불러본다.

6) 치료사는 이번에 칭찬을 받은 사람이 칭찬해 준 사람들에게 불러주는 답변노래 부분을 불러준다.

7) 치료사는 칭찬 받은 사람이 답변노래 부분을 불러보도록 한다.

8) 순서대로 돌아가면서 4)~7)번의 과정을 다른 아동에게도 불러주고 답변노래를 듣는다.

9) 느낌을 함께 나누고, 헤어지며 부르는 노래를 모두 함께 불러보고 세션을 끝맺는다.

■ **응용**

1) 노래의 빈 칸을 더 늘려 토의한 후 노랫말을 채워 넣을 수도 있다.

2) 음악적인 배경이 있는 그룹일 경우, 노랫말을 함께 만들어 본 다음 멜로디를 만들어 불러보도록 할 수 있다.

3) 의미 있는 기존의 곡을 함께 불러본 다음 그 노랫말에 대한 토의를 해볼 수 있다. 예를 들어, '얼굴'이라는 노래를 부르고 나서, 가장 생각나는 사람에 대해 의견과 생각을 함께 나눌 수도 있다.

■ **음악의 치료적 역할**

친숙한 멜로디는 내담자가 친근한 감정을 갖도록 도움을 준다. 내담자 서로간의 칭찬을 넣어 부르는 활동은 평소에 말로 하기 힘든 서로에 대한 칭찬을 좀더 쉽게 할 수 있도록 하여 그룹간의 일체감을 주며, 더 안전한 환경에서 분위기를 형성하는 데 도움을 준다.

노래 만들기 Ⅳ

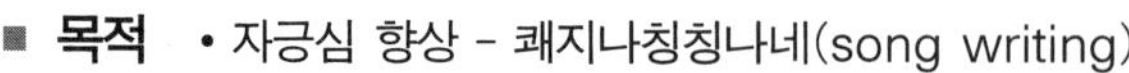

- **목적** • 자긍심 향상 – 쾌지나칭칭나네(song writing)
- **목표** • 자신의 말을 넣어 부를 수 있는 노래와 치료사의 장구반주에, 내담자는 해당되는 부분에 자신이 생각한 단어를 넣어 노래부르기를 3번 시도에 3번 한다.

■ **적용기술**

- 노래인도기술
- 시범 보이기
- 인정하기
- 작곡기술
- 지시하기
- 지시 수용

■ **도구**

- 기타/피아노
- 소고/장구
- 노랫말 적힌 괘도

■ **활동순서**

1) 반기는 노래로 내담자를 맞이한다.
2) 치료사는 내담자에게 오늘 활동에서는 〈쾌지나칭칭나네〉 노래를 부른다고 설명한다.
3) 치료사는 내담자와 함께 〈쾌지나칭칭나네〉 노래를 불러본다('산'을 내용으로 함, 노랫말이 이미 있는 악보 준비).
4) 치료사는 내담자와 함께 〈쾌지나칭칭나네〉 노래에 다른 소재를 가지고 불러본다(예를 들어 '바다', 노랫말이 이미 있음).
5) 치료사는 내담자에게 다른 소재를 생각하도록 한다(예를 들어 부엌이나 시장, 외국, 꽃집, 가게 등).
6) 치료사는 내담자에게 정해진 소재에 맞는 특정한 단어를 생각해 보도록 한다.
7) 치료사는 내담자에게 자신이 선택한 단어를 넣어 〈쾌지나칭칭나네〉 노래를 불러보도록 한다.

8) 치료사는 내담자에게 다른 내용의 단어를 넣어서 불러보게 한다.

9) 헤어지며 부르는 노래를 모두 함께 불러보고 세션을 끝맺는다.

■ 응용

1) 내담자가 위와 같은 활동을 잘 수행하면 팀별로 대항하는 게임
   형식으로 진행한다.

2) 내담자가 위 활동순서 6)의 내용을 수행하는 데 인지기능이 부족
   할 경우에는 치료사가 소재를 정해 준다.

쾌지나칭칭나네

	바다에는 (멀　치)도 많고
쾌지나칭칭나네	바다에는 (꽁　치)도 많고
	바다에는 (　　　)도 많네
	시장에는 (시금치)도 많고
쾌지나칭칭나네	시장에는 (　　　)도 많고
	시장에는 (　　　)도 많네
	꽃집에는 (　　　)도 많고
쾌지나칭칭나네	꽃집에는 (　　　)도 많고
	꽃집에는 (　　　)도 많네
	부엌에는 (　　　)도 많고
쾌지나칭칭나네	부엌에는 (　　　)도 많고
	부엌에는 (　　　)도 많네
	산에 가면(　　　)도 많고
쾌지나 칭칭나네	산에 가면(　　　)도 많고
	산에 가면(　　　)도 많네

■ 음악의 치료적 역할

자신의 생각을 넣어 부르는 노래활동은 내담자가 안전한 환경에서
자신을 표현할 수 있도록 함으로써, 그들의 자긍심을 높이는 데 도움을
준다. 또한 내담자에게 익숙한 가락은 그들의 흥미를 자극하여 좀더 자
신감을 가지고 활동에 참여할 수 있도록 돕는다.

노래 만들기 V

■ **목적**	• 표현기술 향상　　　　• 자긍심 향상
■ **목표**	• 주어진 녹음음악을 듣고 내담자는 치료사의 노래에 대한 질문에 대답하기를 1번 시도에 1번 답한다.

■ **적용기술**

- 음악감상기술
- 노래인도기술
- 인정하기
- 시범 보이기
- 지시하기
- 노랫말토의기술

■ **도구**

- 녹음음악 CD
- 기타
- CD 플레이어

■ **활동순서**

1) 반기는 노래로 내담자를 맞이한다.

2) 치료사는 오늘의 활동에 대해 언급한다.

3) 치료사는 준비된 녹음음악(엘가의 〈사랑의 인사〉)를 제시한디(반대로 경쾌한 음악 〈아름다운 세상〉이란 노래를 부를 수 있다).

4) 치료사는 녹음음악을 들은 후 내담자의 느낌에 대해 질문한다.

5) 치료사는 내담자의 대답에 대해 동의하며 긍정적인 강화를 한다.

6) 치료사는 내담자에게 녹음음악의 배경을 설명한다.

7) 치료사는 녹음음악을 다시 한번 감상하며 활동을 끝맺는다.

8) 헤어지며 부르는 노래를 모두 함께 불러보고 세션을 끝맺는다.

■ **응용**

1) 내담자의 대답에 대하여 여러 동료들과 좀더 깊이 있는 토론의 시간을 가지면서 대답과 연관되는 내담자의 기억들을 함께 나눈다.

2) 〈아름다운 세상〉이라는 경쾌한 노래를 부르고 나서, 함께 토의하
   는 시간을 갖는 것도 의미가 있다.

■ 음악의 치료적 역할

오케스트라 음악의 다양한 음색들은 내담자를 자극하여 다양하고
새로운 경험을 제공한다. 또한 이 활동에 제시된 음악 〈아름다운 세상〉
가 가지고 있는 경쾌한 리듬과 빠른 템포, 변화 있는 역동성은 내담자
에게 흥미를 유발시킴과 동시에 삶의 생동감을 느끼게 한다. 이러한 음
악은 노인 대상자들이 삶에 대하여 긍정적인 자세를 갖도록 힘을 발휘
할 것이다.

소리식별 활동 I

■ **목적** • 집중력 및 자기 표현력 향상 - 여러 가지 모양의 소리

■ **목표** • 내담자는 치료사가 제시하는 모양카드를 보고 리듬악기와 말로 표현하기를 3번 시도
에 3번 한다.

■ **적용기술**

- 시범 보이기　　　　　　• 지시하기
- 인정하기　　　　　　　• 지시 수용
- 의사결정기술

■ **도구**

- 리듬악기(귀로/카바사/마라카스/우드 블록/패들 드럼/핸드 드럼/오
션 드럼/쉐이커/봉고 드럼/크로우 사운드 등)
- 여러 가지 모양카드　　　• 기타/피아노

■ **활동순서**

1) 반기는 노래로 내담자를 맞이한다.
2) 치료사는 내담자에게 녹음된 소리를 들려준다.
3) 치료사는 내담자에게 소리가 녹음된 장소를 알아맞혀보게 한다.
4) 치료사는 내담자에게 여러 가지 모양이 그려져 있는 카드를 보
여준다.
5) 치료사는 내담자에게 소리를 들려주면 모양카드 가운데 들려주
는 소리와 비슷한 카드를 선택하게 한다.
6) 치료사는 내담자에게 상자 속에서 번호를 하나 고르게 한다.
7) 치료사는 내담자에게 그 번호에 해당하는 모양카드를 보고 악기
로 표현해 보도록 한다.
8) 치료사는 내담자 한 사람씩 돌아가며 연주하도록 기회를 준다.
9) 치료사는 내담자와 함께 몇 개의 모양카드를 보며 연상되는 생

각들을 함께 나눈다.

10) 치료사는 내담자에게서 악기를 회수한다.

11) 헤어지며 부르는 노래를 모두 함께 불러보고 세션을 끝맺는다.

■ **응용**

1) 내담자가 위와 같은 활동을 잘 수행하면 위 활동순서 7)번의 내용을 목소리로 흉내내게 해본다.

2) 내담자가 위의 활동을 수행하기에 기능이 부족할 때는 위 활동순서 9)번의 내용을 생략할 수도 있다.

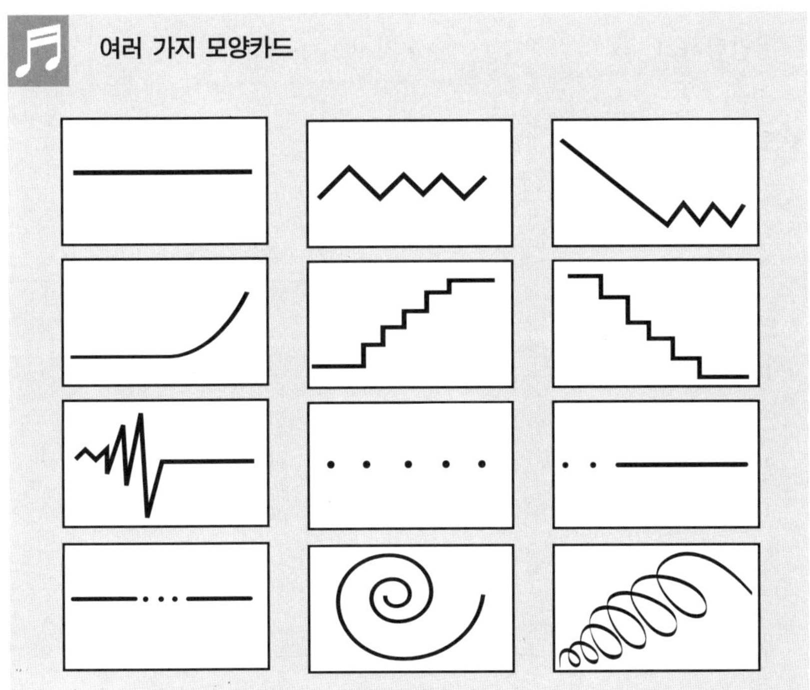

■ **음악의 치료적 역할**

소리를 듣고 내용을 알아맞히는 활동은 내담자의 소리에 대한 변별력을 증강시켜 줄 뿐만 아니라, 집중력 향상에도 도움을 준다. 또한 그림을 보고 악기로 느낌을 표현하는 활동은 내담자가 가지는 상상력을 자극할 뿐 아니라 자기 자신을 안전한 환경에서 표현하도록 돕는다.

소리식별 활동 Ⅱ

> ■ **목적** • 집중력 향상   • 인지력 향상
>
> ■ **목표** • 주어진 음높이가 다른 악기소리에 맞춰 아동은 자신의 목소리로 주어진 소리를 따라하
> 기를 7번 시도에 5번 수행한다.

■ **적용기술**

- 시범 보이기   • 지시하기
- 인정하기   • 지시 수용

■ **도구**

- 기타/피아노
- 가락악기(피아노, 철금(메탈로폰), 실로폰 등)

■ **활동순서**

1) 반기는 노래로 아동을 맞이한다.
2) 치료사는 아동에게 소리에 관한 놀이를 할 것임을 말한다.
3) 치료사는 아동에게 간단한 소리를 내어 보인다.
4) 치료사는 아동이 치료사가 내는 소리를 따라하도록 한다.
5) 치료사는 소리의 음역을 점차 넓히면서 아동에게 이를 따라하도록 한다.
6) 치료사는 아동의 수행이 잘될 경우, 녹음된 음높이가 다른 음에 맞춰 아동이 신체로써 음의 높이를 표현하도록 한다.
7) 헤어지며 부르는 노래를 모두 함께 불러보고 세션을 끝맺는다.

■ **응용**

주어지는 치료사의 소리나 녹음음악 대신 치료사가 직접 특정 악기의 소리로 음을 제시하여 아동에게 여러 악기의 음색을 경험하고 음색에 반응토록 한다.

■ **음악의 치료적 역할**

우리 주위에 흩어져 있는 소리를 이용하여 쉽고 재미있는 놀이를 함으로써 아동에게 음의 기본 요소인 음정을 습득하게 해 준다. 또한 음높이에 따른 소리의 변화는 아동에게 흥미와 재미를 느끼게 하여 집중력을 가지고 세션에 동참하게 한다.

 **지휘 따라 부르기**

- **목적** : 집중력 향상/사회교류기술 향상
- **목표** : 치료사의 지휘에 따라 즐겁게 노래부를 수 있다.
- **활동순서** :
  1) 반기는 노래로 아동을 반긴다.
  2) 치료사는 아동에게 정확한 자세를 가르치고 간단히 발성연습을 시킨다.
  3) 치료사는 함께 부를 곡을 아동과 불러본다.
  4) 치료사는 지휘에 맞춰 부르는 연습을 여러 번 한다.
  5) 치료사는 지휘에 맞춰 합창곡을 다양한 방법으로 불러본다.
     - 속도를 달리하여 불러보기
     - 느낌을 달리하여 불러보기
     - 음색을 달리하여 불러보기
     - 스타카토를 넣어서 불러보기
  6) 그 외에 더 재미있게 부를 수 있는 방법을 아동에게 질문한다.
  7) 아동이 제시한 방법으로 불러본다.
  8) 모두 일어서서 한 번 불러본다.
  9) 헤어지며 부르는 노래를 모두 함께 불러보고 세션을 끝맺는다.

소리식별 활동 Ⅲ

■ **목적** • 인지능력 향상 – 악기소리 식별 활동

■ **목표** • 지시하는 내용이 포함된 노래와 오르프 악기를 준비하고, 내담자는 악기소리를 듣고 악기를 알아맞히기를 3번 시도에 3번 한다.

■ **적용기술**

- 노래인도기술
- 시범 보이기
- 지시하기
- 인정하기
- 지시 수용
- 악기연주기술

■ **도구**

- 기타/피아노
- 노랫말 적힌 괘도
- 리듬악기(귀로/카바사/마라카스/우드 블록/패들 드럼/핸드 드럼/오션 드럼/쉐이커/봉고 드럼/크로우 사운드 등)
- 카세트

■ **활동순서**

1) 반기는 노래로 내담자를 맞이한다.
2) 치료사는 내담자에게 오늘 활동이 악기소리를 알아맞히는 활동임을 설명한다.
3) 치료사는 내담자와 함께 〈눈물 젖은 두만강〉을 익숙해질 때까지 부른다.
4) 치료사는 내담자에게 악기의 소리를 자세히 비교하며 들려준다.
5) 치료사는 노래를 개사하여 내담자와 함께 다시 불러본다.
6) 치료사는 내담자에게 곡 중에 지시하는 부분에서 악기소리를 들려준다.
7) 치료사는 내담자에게 치료사가 제시하는 2개의 악기 가운데 들려준 악기소리와 같은 악기를 선택하도록 한다.

8) 치료사는 내담자에게 7)과정에서 악기를 바꿔가며 3번 반복하게 한다.

9) 치료사는 내담자에게 맘에 드는 악기를 가지고 노래에 맞추어 합주하게 한다.

10) 치료사는 내담자에게서 악기를 회수한다.

11) 헤어지며 부르는 노래를 모두 함께 불러보고 세션을 끝맺는다.

■ 응용

내담자가 위와 같은 활동을 잘 수행하면 세 가지 악기 중에서 선택하도록 한다.

■ 음악의 치료적 역할

소리를 듣고 내용을 알아맞히는 활동은 내담자의 소리에 대한 변별력을 향상시켜 줄 뿐만 아니라 집중력 향상에도 도움을 준다. 또한 들은 악기소리를 성공적으로 알아맞히는 경험은 내담자의 낮은 자긍심을 향상시키도록 도우며, 이를 위해 쓰인 익숙한 노래의 리듬과 멜로디는 내담자가 심리적인 안정감을 갖도록 한다.

소리식별 활동 Ⅳ

- **목적** ・집중력 향상　　・소리 인지
- **목표** ・내담자는 연주를 지시하는 노래에서 제시하는 4종류의 악기를 찾아 연주하기를 4번 시도에 3번 이상 연주한다.

■ 적용기술

- ・노래인도기술
- ・시범 보이기
- ・지시하기
- ・인정하기
- ・지시 수용
- ・악기연주기술

■ 도구

- ・기타/피아노
- ・노랫말 적힌 괘도
- ・옴니코드
- ・리듬악기(귀로/카바사/마라카스/우드 블록/패들 드럼/핸드 드럼/오션 드럼/쉐이커/봉고 드럼/크로우 사운드 등)

■ 활동순서

1) 반기는 노래로 내담자를 맞이한다.
2) 치료사는 특정한 소리를 표현하는 악기에 관한 노래를 기타 반주에 맞춰 부른다.
3) 치료사는 노래 가운데 노랫말에서 제시하는 악기를 들고 연주하는 시범을 보이면서 노랫말을 다시 한번 확인한다.
4) 치료사는 내담자가 노래 속에서 자신의 이름이 불려질 때 악기를 찾아 연주하도록 한다.
5) 치료사는 준비된 나머지 세 종류의 악기를 2, 3, 4번과 같은 방법으로 제시하여 내담자가 연주하도록 한다.
6) 치료사는 내담자의 과제 수행에 따라 칭찬이나 내담자가 치료사와 함께 옴니코드를 연주하는 것을 강화제로 사용한다.

7) 치료사는 네 종류의 악기를 표현하는 노래와 함께 악기를 한 가지씩 다시 한번 확인시킨다.

8) 치료사는 내담자가 노래 속에서 자신의 이름이 불려질 때 네 가지 악기 가운데 치료사가 지시하는 악기를 찾아 연주하도록 한다.

9) 치료사는 다시 한번 활동하면서 사용된 악기를 한 가지씩 연주하며 어떤 소리가 나는지 아동에게 질문한다.

10) 헤어지며 부르는 노래를 모두 함께 불러보고 세션을 끝맺는다.

■ 응용

이 활동에 사용된 악기 외에 여러 가지 악기를 준비하여 내담자들에게 악기에서 느끼는 표현을 노랫말에 넣어 부르면서 활동을 진행한다.

■ 음악의 치료적 역할

순차적으로 진행하는 멜로디와 악기의 특징을 잘 표현한 노랫말, 쉼표를 잘 이용한 노래 진행은 내담자가 쉽게 노래에 집중할 수 있도록 도움으로써 과제 수행을 쉽게 한다. 또한 활동에서 사용한 네 가지 종류의 리듬악기는 음색과 모양이 독특하여 내담자의 흥미를 유발시키는 데 중요한 역할을 하고, 활동에 적극 참여하도록 유도한다.

 **소리의 진원지 찾기**

• **목적** : 집중력 향상
• **목표** : 내담자는 눈을 감은 채 여러 가지 악기소리 중에서 특정한 악기소리 찾기를 1번 시도에 1번 정확히 한다.
• **활동순서** :
  1) 반기는 노래로 내담자를 반긴다.
  2) 치료사는 내담자에게 다양한 악기소리를 들려준다.
  3) 치료사는 내담자에게 여러 가지 악기의 소리를 잘 살펴보도록 한다.
  4) 치료사는 내담자 한 사람의 눈을 가리고 특정한 악기의 소리를 찾아가도록 한다.
  5) 치료사는 다른 내담자들에게 자신이 가지고 있는 악기를 소리내어 눈을 가린 내담자에게 특정 악기(예: 카바사) 찾기를 방해하도록 한다.
  6) 눈을 가린 내담자가 특정 악기를 찾으면 그 악기를 가지고 있던 내담자가 다시 눈을 가리고 다른 악기를 찾도록 한다.
  7) 헤어지며 부르는 노래를 모두 함께 불러보고 세션을 끝맺는다.

음악
치료 10 리듬론도(리듬 덧붙이기)

- **목적** • 집중력 향상 – 리듬 덧붙이기　　　　• 상호작용 향상
- **목표** • 아동은 치료사가 지시할 때마다 이전에 제시된 리듬카드의 바로 옆에 붙여 연주하기를 2번 시도에 2번 한다.

■ **활동순서**

1) 반기는 노래로 아동을 맞이한다.

2) 치료사는 4명이 한 그룹이 되게 한다.

3) 치료사는 아동 4명 가운데 한 명이 리듬카드를 한 장 집어서 펼쳐 놓도록 한다.

4) 치료사는 4명 전체가 자신이 선택한 리듬카드에 맞추어 리듬악기로 연주하게 한다.

5) 치료사는 한 명의 아동이 제시한 리듬카드에 다른 아동이 선택한 리듬카드를 바로 옆에 붙인 후 리듬악기로 연주하게 한다.

6) 치료사는 5)번과 같은 방법으로 4명 모두가 리듬카드를 붙여서 연주해 보도록 한다.

7) 헤어지며 부르는 노래를 모두 함께 불러보고 세션을 끝맺는다.

▶ **리듬카드(4가지)**

   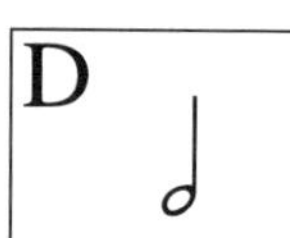

▶ **예시 자료**

	4분의 2박자		4분의 4박자
아동1	♩ ♩	아동1	♩♫♩♩
아동2	♩♩/♩ ♫	아동2	♩♫♩♩/♩♫♩♫
아동3	♩♩/♩ ♫/♩♪	아동3	♩♫♩♩/♩♫♩♫/♩♪♩♩
아동4	♩♩/♩ ♫/♩♪/♩	아동4	♩♫♩♩/♩♫♩♫/♩♪♩♩/♩♩

■ **응용**

리듬악기로 리듬카드를 연주할 수 있고 손뼉을 통해서, 또는 온몸을
이용해서 연주해볼 수도 있다.

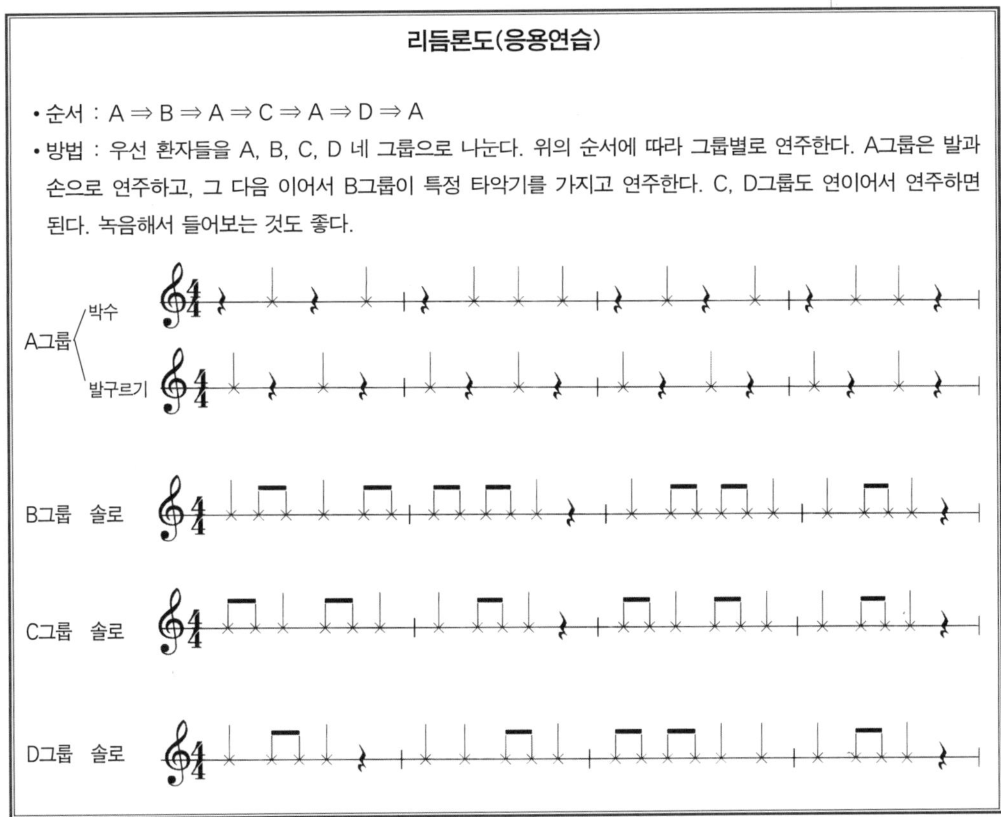

론도 형식(Rondo form)

서양음악에서 순환 부분을 가진 악곡형식. 그냥 론도라고도 한다. 주제부 A 사이에 삽입부 B, C를 끼고 되풀이 되는 형식으로, 이 형식은 17세기 프랑스의 클라브생악파의 롱도(rondeau)에서 발달하여, 18세기에는 독주용 소나타·교향곡·협주곡의 끝악장에 쓰이게 되었다. 또 이 형식으로 독립된 악곡도 있다. ABA/C/ABA의 형식 을 취하는 것이 원칙으로 되어 있으나, 이 기본형을 바탕으로 여러 가지 변형(확대나 생략)도 이루어진다. 이 중 간부 C에 중점이 두어져 소나타형식의 전개부처럼 다루어진 것은 론도 소나타형식이라고 한다. 론도의 초기의 예는 에마누엘 바흐와 크리스티안 바흐, 하이든 등의 소나타에서 볼 수 있다. 빈고전파의 협주곡 끝악장은 거의 이 형식에 따르고 있으며, 베토벤의 피아노소나타 끝악장에도 많이 쓰이고 있다. 슈베르트, 슈만, 브람스 등 낭만 파 음악에서는 흔히 자유롭게 변형되고 복잡화되어 있다. 19세기 말부터 한때 쇠퇴했으나, 현대음악에서 다시 부활하고 있다.

(출처: 두산세계대백과 EnCyber)

1, 2, 3, 4

■ **목적**	• 숫자 인지 - 레크레이션 응용　　　• 집중력 향상
■ **목표**	• 내담자는 경쾌한 노래에 맞추어 손을 잡고 돌면서 치료사가 지시하는 숫자대로 다른 내담자와 함께 모이기를 5번 시도에 5번 한다.

■ **적용기술**

- 노래인도기술
- 시범 보이기
- 지시하기
- 인정하기
- 지시 수용

■ **도구**

- 기타/피아노
- 노랫말 적힌 쾌도

■ **활동순서**

1) 반기는 노래로 내담자를 맞이한다.

2) 치료사는 내담자와 함께 경쾌한 노래를 불러본다.

3) 치료사는 모두 함께 일어서서 옆사람과 원을 그리며 손을 잡도록 한다.

4) 치료사는 노래를 부르며 오른쪽으로 돌아보도록 한다.

5) 치료사가 '멈춰'라고 외치면 모두 노래와 움직임을 멈추고 선다.

6) 치료사는 '계속'이라고 외치면 다시 오른쪽으로 손을 잡고 돈다.

7) 이번에는 치료사가 '멈춰'라고 한 다음, '3'이라고 외치면 세 명씩 모여 선다.

8) 세 명씩 모이고 남아 있는 사람은 원 가운데로 들어가 앉게 한다.

9) 치료사는 숫자를 달리하면서 여러 번 5)~8)번의 과정을 되풀이 한다.

10) 헤어지며 부르는 노래를 모두 함께 불러보고 세션을 끝맺는다.

■ **응용**

　다양한 응용활동이 있을 수 있다. 대표적인 예로는 신체발달을 위한 활동으로서, 2인이 한 조가 되어 서고 두 사람이 가위바위보로 승패를 갈라서 진 사람이 이긴 사람의 허리를 잡는다. 이렇게 만들어진 줄끼리 다시 가위바위보를 하여 같은 방법으로 진 팀이 이긴 팀의 허리를 잡아서 두 팀으로 긴 줄이 만들어지면 서로 꼬리잡기 활동을 할 수 있다.

인지 활동 I

> ■ **목적** • 인지영역 향상 – 노인치매환자들의 기억력 유지를 위한 세션
>
> ■ **목표** • 내담자는 잘 알려진 노래의 음절리듬에 맞추어 패들 드럼 치기를 노래가 끝날 때까지 100% 수행한다.

■ **적용기술**

- 악기연주기술
- 시범 보이기
- 인정하기
- 과제분석기술
- 지시하기
- 지시 수용

■ **도구**

- 패들 드럼
- 기타
- 녹음음악 CD
- 멜럿
- 카세트

■ **활동순서**

1) 반기는 노래로 내담자를 맞이한다.
2) 치료사를 따라 2분간 긴장이완을 위해 음악에 맞추어 간단히 몸을 움직이도록 한다.
3) 치료사는 내담자에게 패들 드럼과 멜럿을 나누어 준다.
4) 치료사는 잘 알려진 익숙한 노래(달달 무슨 달)를 내담자와 함께 한번 부른다(노래는 대상자의 연령에 따라 결정).
5) 치료사가 노래를 부르며 음절에 맞추어 패들 드럼을 치는 시범을 보인다.
6) 치료사는 내담자와 함께 노래를 부르면서 패들 드럼을 연주한다.
7) 치료사는 각 내담자와 함께 활동에 관한 이야기를 나눈다.
8) 헤어지며 부르는 노래를 모두 함께 불러보고 세션을 끝맺는다.

■ **응용**

1) 노래를 부르지 않고 음절에 맞추어 패들 드럼을 연주하도록 할
   수도 있다.

2) A, B 두 그룹으로 나누어 치료사의 지시에 따라 패들 드럼을 연
   주하도록 한다.

3) 원을 따라 돌다가 특정한 음악형식이 나오면 제자리에 서서 자
   신의 악기를 연주하도록 할 수 있다.

달 달 무슨 달

C   C   G

달 달 무슨 달 쟁반같이 둥근 달

C   G   G

어디 어디 떴나 남산 위에 떴지

■ **음악의 치료적 역할**

익숙한 노래는 기억을 자극하여 회고하는 데 도움을 주며, 음절에
맞추어 패들 드럼을 연주하는 것은 집중력 향상에도 도움을 준다. 또한
리듬은 나이, 성별에 관계없이 동기유발을 일으키고, 일체감을 느끼도
록 하며 즐거움을 제공한다.

13 인지 활동 Ⅱ

> ■ **목적** • 인지영역 향상 – 노인치매환자들의 기억력 유지를 위한 세션
>
> ■ **목표** • 내담자는 선택한 카드에 쓰여 있는 1960~1970년대 유행했던 노래들의 제목을 알아 맞히고, 모두가 선호하는 노래 한 곡을 선택하여 그 곡에 대해 토의한 내용을 넣어 부르기를 1번 시도에 1번 한다.

■ **적용기술**

- 노랫말분석기술
- 시범 보이기
- 인정하기

- 과제분석기술
- 집단토론 인도
- 지시 수용

■ **도구**

- 기타/피아노
- 노랫말 적힌 괘도

■ **활동순서**

1) 반기는 노래로 내담자를 맞이한다.
2) 치료사를 따라 5분간 긴장이완을 위해 음악에 맞추어 간단히 몸을 움직이도록 한다.
3) 치료사가 준비한 1960~1970년대 유행했던 노래들의 번호가 적혀 있는 괘도를 보여주고 내담자에게 번호 1개를 선택하게 한다.
4) 치료사는 내담자가 선정한 번호의 노래를 키보드 반주에 맞추어 노래를 한다.
5) 치료사는 내담자가 노래의 반주를 듣고 무슨 곡인지 이야기하게 한다.
6) 치료사는 내담자에게 3)번의 방법으로 차례로 들려지는 7곡의 노래를 듣고 내담자는 무슨 곡인지 맞히게 한다.
7) 치료사는 7곡 가운데에서 가장 선호하는 곡을 내담자들이 그룹별로 정하여 그 곡과 관련된 이야기를 나누도록 한다.

8) 치료사는 그룹토의에서 나온 내용이나 감정들을 문장으로 만들어 그 곡에 넣어 노래를 부르도록 한다.

9) 치료사는 각 내담자와 함께 활동에 관한 이야기를 나눈다.

10) 헤어지며 부르는 노래를 모두 함께 불러보고 세션을 끝맺는다.

■ 응용

1) A, B 두 그룹으로 나누어 토의한 내용을 서로 노래 속에 넣어 부르도록 한다.

2) A, B 두 그룹으로 나누어 토의한 내용을 A그룹은 노래로 부르고, B그룹은 리듬악기를 연주하도록 한다.

 **1960~1970년대 유행 노래들**

추억의 백마강 – 배호

선창 – 고운봉

무인도 – 김추자

눈물 젖은 두만강 – 김정구

신라의 달밤 – 현인

타향살이 – 고복수

섬마을 선생님 – 패티김

황성옛터 – 문주란

비 내리는 고모령 – 현인

홍도야 울지마라 – 문주란

■ 음악의 치료적 역할

과거 젊은 시절 유행했던 곡들은 음악적 자극을 일으켜 동기유발을 촉진시키며, 기억의 효과를 높이고, 그 곡들 가운데 가장 선호하는 한 곡을 고르는 것은 사회성 발달에 도움을 준다. 또한, 그 곡과 관련된 이야기를 하는 것은 자신을 돌아볼 수 있고 추억을 더듬는 데 영향을 준다. 이로 말미암아 두 반구의 활동이 활발해지며, 혈관성 치매로 인한 기억력 감퇴에 자극을 준다. 그룹토의를 통해 얻은 내용, 감정 등을 문장으로 만드는 활동은 대인관계를 향상시켜 자긍심을 높이도록 한다.

인지 활동 Ⅲ

■ **목적** • 집중력 향상   • 인지력 향상 – 기억력 향상

■ **목표** • 내담자는 자신이 가지고 있는 옥타브 차임, 실로폰바, 실로폰 등의 악기와 같은 숫자를
　　　　　 숫자악보에서 치료사가 지시할 때 정확히 연주하기를 2번 시도에 2번 연주한다.

■ **적용기술**

- 악기연주기술
- 과제분석기술
- 시범 보이기
- 집단토론 인도
- 인정하기
- 지시 수용

■ **도구**

- 실로폰
- 옥타브 차임
- 멜럿
- 키보드
- 심벌즈
- 윈드 차임

■ **활동순서**

1) 반기는 노래로 내담자를 맞이한다.

2) 치료사는 내담자에게 실로폰바와 차임, 실로폰, 멜럿을 나누어 준다.

3) 치료사는 내담자가 자유롭게 악기를 살펴볼 수 있는 시간을 준다.

4) 치료사는 내담자에게 숫자악보를 보여준다.

5) 치료사는 내담자의 악기에 붙어 있는 숫자와 악보가 일치할 때 연주해 보도록 한다.

6) 치료사는 내담자와 함께 노래를 불러본다.

7) 내담자는 자신이 가지고 있는 악기와 동일한 숫자를 치료사가 짚을 때 해당 악기를 연주한다.

8) 치료사의 지시에 내담자는 역동성을 살려서 연주한다.

9) 치료사는 내담자와 함께 활동에 관한 이야기를 나눈다.

10) 헤어지며 부르는 노래를 모두 함께 불러보고 세션을 끝맺는다.

■ **응용**

1) 내담자 한 사람을 지적하여 치료사의 역할을 맡긴 후 연주하도록 할 수 있다.
2) 치료사의 지시 없이 치료사와 함께 키보드 합주를 한다.
3) 위의 활동을 위해서 치료사는 악기에 붙이는 숫자와 숫자악보가 정확히 일치하는지 면밀히 사전에 검토해야 한다.

■ **음악의 치료적 역할**

잘 알려진 음악은 동기유발을 도우며, 치료사의 지시에 따라 연주해야 하므로 집중력에 도움을 가져다 주며, 함께 하는 합주에서 협동심과 연주를 할 수 있다는 자신감 또한 얻을 수 있다. 반복되는 4분음표의 리듬은 안정감을 가져다 주며 구조화된 음악 속에서 편안하고 흥겹게 활동을 할 수 있는 기회를 마련해 준다.

 **악기 소개**

실로폰(Xylophone)

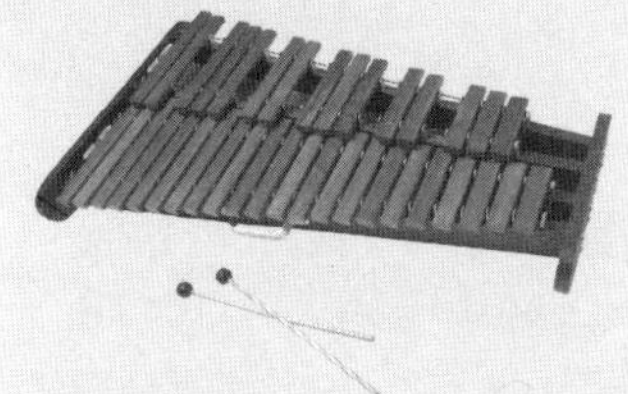

실로폰은 환자들의 다양한 감정을 표현하는 데 가장 유용한 악기의 하나이다. 악기 이름은 'Xylon(나무)'과 'Phone(소리)'이라는 그리스어에서 나왔다. 흔히 목금(木琴)이라고 불리며 나무로 만들어진 여러 개의 잘 조율된 음판이 피아노 건반처럼 나열되어 있다. 실제 소리는 악보다 한 옥타브가 높으며 크기는 대형, 중형, 소형으로 나누어진다. 이러한 목판(나무로 된 음판) 아래에 공명통이 붙어 있는 것을 마림바(Marimba)라고 하며 이 공명통은 나무나 금속으로 만들어져 소리를 크고 부드럽게 해 준다.
실로폰은 아시아나 아프리카에서 오래전부터 존재했는데, 15세기경 온음계의 실로폰이 아시아 자바 지방에서 유럽으로 전해졌다.

차임(Chime)
교회 종소리와 비슷한 음색을 가졌다고 해서, 차임 벨(Chime Bell) 또는 튜블러 벨(Tubular Bell)이라고 부른다. 관현악에서 쓰이는 유일한 종(bell)이다. 이 악기를 연주하는 채의 머리 부분은 동물가죽(생피:生皮)으로 덮여 있다. 공명이 다른 악기에 비해 비교적 길기 때문에 속도가 빠른 곡에서는 적합하지 않다.

인지 활동 Ⅳ

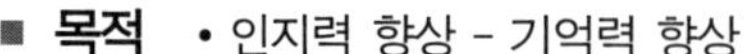

> **■ 목적** • 인지력 향상 – 기억력 향상
>
> **■ 목표** • 치료사는 특정 리듬, 잘 알려진 노래, 색깔악보, 오픈코드 기타를 준비하고, 내담자는 주어진 리듬으로 자신이 가지고 있는 색깔과 동일한 기타 연주하기를 노래 1절이 끝날 때까지 3번 시도에 2번 이상 한다.

■ 적용기술

- 시범 보이기
- 인정하기
- 집단토론 인도
- 지시 수용

■ 도구

- 오픈코드 기타
- 키보드
- 리듬악기
- 색깔악보

■ 활동순서

1) 반기는 노래로 내담자를 맞이한다.
2) 치료사는 내담자에게 오픈코드 기타를 나누어 준다.
3) 치료사는 내담자에게 기타의 일정한 리듬을 준다.
4) 치료사는 내담자가 가지고 있는 악기와 동일한 색깔을 인지시킨다.
5) 치료사는 내담자와 함께 노래를 다같이 불러본다.
6) 내담자는 자신이 가지고 있는 악기색깔과 동일한 색깔을 치료사가 짚을 때 주어진 리듬으로 기타를 연주한다.
7) 치료사는 내담자와 함께 활동에 관한 이야기를 나누도록 한다.
8) 헤어지며 부르는 노래를 모두 함께 불러보고 세션을 끝맺는다.

■ 응용

두 그룹으로 나누어 한 그룹은 기타연주를 하고 다른 한 그룹은 리듬악기를 연주하도록 한다.

■ **음악의 치료적 역할**

　반복되는 리듬은 내담자에게 안정감을 주며, 경쾌한 느낌의 리듬은 그 자체로서 내담자가 동기유발을 하는 데 도움을 준다. 또한 제시되는 리듬을 기억했다가 지시에 따라 연주해야 하므로 기억력, 집중력 향상에 도움을 준다.

🎵 암기를 위한 노래

- **목적** : 기억력 향상 – 아동의 암기력 향상, 인지영역 향상
- **목표** : 여러 가지 내용을 노래를 통하여 암기할 수 있다.
- **활동순서** :
  1) 반기는 노래로 아동을 반긴다.
  2) 치료사는 아동과 함께 즐거운 노래를 부른다.
  3) 암기해야 할 내용을 제시한다.
  4) 노래에 암기할 내용을 적용시켜 노랫말을 만들어 본다.
  5) 치료사는 아동과 함께 암기할 내용으로 개사한 노래를 불러본다.
  6) 헤어지며 부르는 노래를 모두 함께 불러보고 세션을 끝맺는다.

▶ **학습을 위한 노래의 예**
  1. 한국을 빛낸 100인의 위인들
  2. 독도는 우리 땅
  3. ABC노래
  4. 왕이름 외우기(태정태세문단세예선연중…)
  5. 성경이름외우기노래(창출레민신수샷… / 마태마가누가요한…)
  6. 복음성가 대부분이 성구를 이용한 작사(요한3:16, 시편23편)
  7. 그대로 멈춰라
  8. 무엇이 무엇이 똑같아요
  9. 가나다라 노래
  10. 호키포키, Bingo
  11. 열꼬마 인디언, 3·6·9 게임
  12. 각종 의식노래(3·1절 노래 등)

인지 활동 V

- **목적** • 기억력 향상 • 자긍심 향상
- **목표** • 내담자는 제시된 박에 주어진 자신의 악기를 이용해 잘 알려진 민요가 끝날 때 연주하기를 2번 시도에 1번 한다.

- **적용기술**
  - 과제분석기술
  - 인정하기
  - 시범 보이기
  - 지시 수용

- **도구**
  - 키보드
  - 북
  - 꽹과리
  - 징
  - 장고
  - 기타

- **활동순서**
  1) 반기는 노래로 내담자를 맞이한다.
  2) 치료사는 잘 알려진 민요(아리랑)를 2번 부른다.
  3) 치료사는 국악기를 내담자의 연주능력에 맞추어 나누어 준다.
  4) 치료사는 한 사람씩 악기를 가르치는데, 징은 첫 박에, 꽹과리는 세 박에, 북은 첫 박과 끝 박에, 장구는 세마치 장단 전체를 연주하도록 한다.
  5) 치료사는 한 사람씩 제시된 박에 따라 곡을 처음부터 끝까지 연주해 보도록 한다.
  6) 치료사는 내담자에게 다함께 처음부터 끝까지 2번 합주하도록 지시한다.
  7) 치료사는 〈밀양아리랑〉을 같은 방법으로 해본다.
  8) 치료사는 악기를 회수하고 활동을 마무리한다.
  9) 헤어지며 부르는 노래를 모두 함께 불러보고 세션을 끝맺는다.

- **응용**
  1) 자신이 원하는 악기로 다시 한번 하도록 할 수 있다.
  2) 내담자가 위의 활동을 잘 수행하지 못하면, 〈밀양아리랑〉을 부르
     는 것을 생략할 수 있다.

- **음악의 치료적 역할**

  활동 중에 많이 다루었던 세마치 장단의 사용은 심리적인 안정감과
활동에 대한 흥미도를 높이고, 자신만의 박을 연주하게 함으로써 자신
을 표현하는 기회를 가지고 자긍심을 높이는 데 도움을 준다. 또한 음
악구조 속에서의 시작과 마침의 경험은 음악이라는 안전한 환경에서
문제 해결 경험을 하게 함으로써 자긍심을 높인다.

인지 활동 Ⅵ

> ■ **목적** • 집중력 향상 – 소리를 듣고 행동하기 • 소리 지각
> ■ **목표** • 주어진 음높이가 다른 악기소리에 아동은 자신의 목소리로 주어진 소리 따라하기를 7번 시도에 5번 수행한다.

■ 적용기술

- 시범 보이기
- 집중력 지속
- 인정하기
- 지시 수용

■ 도구

- 녹음된 음악
- 피아노

■ 활동순서

1) 반기는 노래로 아동을 맞이한다.
2) 치료사는 아동에게 소리에 관한 놀이를 할 것임을 말한다.
3) 치료사는 간단한 소리를 내본다.
3) 치료사는 아동들에게 치료사가 내는 소리를 따라하도록 한다.
4) 치료사는 소리의 음역을 점차 넓히면서 아동에게 이를 따라하도록 한다.
5) 치료사는 아동의 수행에 적절한 강화를 주는 것을 잊지 않는다.
6) 치료사는 아동의 수행이 잘될 경우, 녹음된 음높이가 다른 음에 맞춰 아동이 신체로써 음의 높이를 표현하도록 한다.
7) 헤어지며 부르는 노래를 모두 함께 불러보고 세션을 끝맺는다.

■ 응용

1) 치료사가 들려주는 실제 악기소리를 듣고 악기를 맞혀 보는 것도 청각식별력이나 인지력 향상에 좋다.
2) 주어진 치료사의 소리나 녹음음악 대신 치료사가 직접 특정 악

기의 소리로 음을 제시하여 아동에게 여러 악기의 음색을 경험
하고 음색에 반응하도록 한다.

3) 치료사는 아동에게 눈을 감게 한 다음, 발소리가 나지 않도록 하
기 위해서 신발을 벗고 교실의 이곳저곳을 돌아다니면, 아동은
치료사의 위치를 눈을 감은 채 계속 맞혀 보도록 한다.

4) 치료사는 아동에게 악기를 잘 살펴보게 한 다음, 아동의 눈을 가
린 채 악기소리를 들려주고 안대를 벗고서 여러 악기 가운데 악
기를 찾아보게 한다.

 **화음 찾아보기**

- **목적** : 인지영역 향상/화음감 향상
- **목표** : 10명이 동시에 내는 각각 다른 음 속에서, 아동은 어울리는 음들을 찾아서 정확
히 배열한다.
- **활동순서** :
  1) 반기는 노래로 아동을 반긴다.
  2) 치료사는 아동과 함께 즐거운 노래를 부른다.
  3) 치료사는 아동에게 화음의 개념을 인지시킨다.
  4) 치료사는 아동에게 Ⅰ, Ⅳ, Ⅴ화음의 개념에 대해 이야기를 나눈다.
  5) 치료사는 아동에게 3개의 음을 들려주면 그것이 주요 3화음 가운데 어떤 화음인지
  알아맞히도록 한다.
  6) 치료사는 이제 아동 10명이 각기 다른 음을 소리내면 한 아동에게 그 10개의 다른
  음들 가운데에서 서로 어울리는 화음을 3개 또는 그 이상을 찾아내도록 한다.
  7) 같은 방법으로 다른 화음들을 찾아보도록 한다.
  8) 헤어지며 부르는 노래를 모두 함께 불러보고 세션을 끝맺는다.

■ 음악의 치료적 역할

우리 주변에 있는 소리를 이용하여 쉽고 재미있는 놀이를 함으로써
아동에게 음의 기본 요소인 음정을 익히게 해 준다. 또한 음높이에 따
른 소리의 변화는 아동에게 흥미와 재미를 느끼게 하여 집중력을 가지
고 세션에 동참하게 한다.

운동기술 향상

(Motor Development)

▶ 균형감각(Balance)

▶ 민첩성(Agility)

▶ 소근육운동(Fine motor skills)

▶ 대근육 운동능력(Gross motor skills)

▶ 눈 - 손 협응(Eye-hand coordination)

▶ 긴장이완(Relaxation)

활동 제목	균형감각	민첩성	소근육운동	대근육 운동	눈 - 손 협응	긴장이완
1 노래 만들기 I						
2 노래 만들기 II						
3 노래 만들기 III						
4 노래 만들기 IV						
5 노래 만들기 V						
6 소리식별활동 I						
7 소리식별활동 II						
8 소리식별활동 III						
9 소리식별활동 IV						
10 리듬론도			●		●	
11 1, 2, 3, 4						
12 인지 활동 I						
13 인지 활동 II						
14 인지 활동 III						
15 인지 활동 IV						
16 인지 활동 V						
17 인지 활동 VI						
18 리듬카드 활동 I		●	●		●	
19 리듬카드 활동 II		●	●		●	
20 춤! 춤! 춤!	●	●		●		
21 움직임 활동 I	●	●		●		
22 움직임 활동 II	●	●		●		
23 움직임 활동 III	●	●		●		
24 긴장이완기법 I						●
25 긴장이완기법 II						●
26 온음음계!			●		●	
27 오음음계!			●		●	
28 리듬감 익히기 활동 I		●				
29 리듬감 익히기 활동 II		●				
30 리듬감 익히기 활동 III						
31 리듬감 익히기 활동 IV						
32 리듬감 익히기 활동 V						
33 즉흥연주 음악치료 I						
34 즉흥연주 음악치료 II			●			
35 즉흥연주 음악치료 III			●			
36 즉흥연주 음악치료 IV			●			
37 감정표현 활동 I						

	활동 제목	균형감각	민첩성	소근육운동	대근육 운동	눈 - 손 협응	긴장이완
38	감정표현 활동 Ⅱ						
39	감정표현 활동 Ⅲ						
40	감정표현 활동 Ⅳ						
41	그림으로 자기표현!			●			
42	리듬창작 활동 Ⅰ			●		●	
43	리듬창작 활동 Ⅱ			●		●	
44	리듬창작 활동 Ⅲ						
45	가락창작 활동 Ⅰ			●		●	
46	가락창작 활동 Ⅱ			●		●	
47	가락창작 활동 Ⅲ						
48	거울자아기법!						
49	핸드벨 그룹악기연주 활동		●			●	
50	패들 드럼 연주 활동 Ⅰ		●			●	
51	패들 드럼 연주 활동 Ⅱ		●			●	
52	소그룹 작곡 활동						
53	노래 따라 부르기 활동						
54	개방화음			●		●	
55	리듬합주 활동 Ⅰ			●		●	
56	리듬합주 활동 Ⅱ			●		●	
57	리듬합주 활동 Ⅲ			●		●	
58	리듬합주 활동 Ⅳ			●		●	
59	콰이어 차임					●	
60	자기이름 표현 활동						
61	활력을 위한 리듬 사용 Ⅰ	●	●		●	●	
62	활력을 위한 리듬 사용 Ⅱ	●	●		●	●	
63	달크로즈 음악활동 Ⅰ	●			●		
64	달크로즈 음악활동 Ⅱ	●			●		
65	음악감상 활동						●
66	음악심상기법(GIM)						●
67	배경음악을 이용한 활동 Ⅰ						
68	배경음악을 이용한 활동 Ⅱ						
69	배경음악을 이용한 활동 Ⅲ						
70	노래 배우기 활동						
71	오락으로서의 음악활동 Ⅰ						
72	오락으로서의 음악활동 Ⅱ		●				
73	오락으로서의 음악활동 Ⅲ						
74	오락으로서의 음악활동 Ⅳ	●	●		●		

리듬카드 활동 I

■ **목적** ・주의집중력 향상　　　　　　　・소리 인지
■ **목표** ・아동은 치료사가 지시하는 선율 따라하기를 3번 시도에 3번 정확히 한다.

■ **적용기술**
- 리듬동조현상
- 집중력 지속
- 지시 수용
- 시범 보이기
- 인정하기
- 과제분석기술

■ **도구**
- 기타/피아노
- 선율카드
- 패들 드럼

■ **활동순서**
1) 반기는 노래로 아동을 맞이한다.
2) 4박자의 리듬박스를 들으며 치료사의 동작에 따라 행동하게 한다.
3) 2번의 동삭을 여러 번 반복한다.
4) 치료사가 여러 종류의 선율을 입으로 표현하면 아동이 따라한다.
5) 계속해서 치료사가 선율을 입으로 표현하면 아동은 가락악기로 선율을 따라한다.
6) 치료사가 아동에게 선율카드를 보여주며 소리내어 표현하면 아동이 따라 소리내도록 한다.
7) 치료사가 선율카드를 보여주며 소리내면 아동은 그 선율을 악기로 소리낸다.
8) 헤어지며 부르는 노래를 모두 함께 불러보고 세션을 끝맺는다.

■ **응용**

　　1) 아동이 위의 활동을 어려워하면 위 활동순서 6)에서 7)번까지만
　　　수행한다.

　　2) 4분의 4박자를 원칙으로 하지만 4분의 3박자나 그 외의 박자도
　　　시도해볼 만하다.

카드 보고 따라하세요

　　4박자 간격으로 치료사가 먼저 "카드 보고 따라하세요"라고 외친 다음 내담자가 선율
(리듬)카드를 보고 따라 말하게 한다.

　　치료사가 내담자를 향해서 외치면서 선율(리듬)카드를 보여준다. 내담자의 순서에서는
카드를 아래로 내려서 보지 못하게 한다. 이것은 마치 아동들을 위한 영어학습 플래시카드
와 같은 원리이다.

　　내담자의 기능이 낮을 때는 치료사가 4박자 외침(카드 보고 따라하세요)을 한 뒤에도
계속해서 선율(리듬)카드를 보여줄 수 있다.

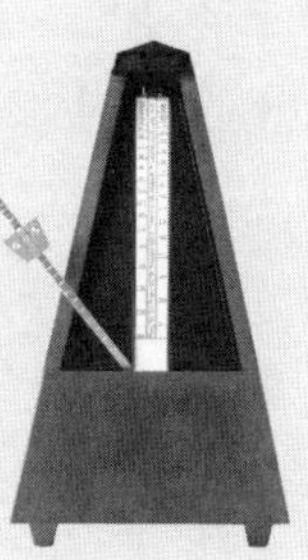

　　이러한 선율(리듬)카드 활동은 다양한 응용이 가능하다. 먼저
속도의 변화를 주어 내담자의 기능 여하에 따라, 또는 발전속도에
따라 점점 더 빠르게 메트로놈을 조정할 수 있다. 또 다른 응용으로
는 메트로놈 대신 경쾌한 배경음악을 사용할 수도 있다. 그 외에도 카
드를 보여줬다가 아래로 내리는 시간의 변화를 줄 수가 있는데, 고도의
집중력을 이끌어내기 위해서는 이 시간이 짧으면 짧을수록 더욱 집중
력을 요한다.

■ **음악의 치료적 역할**

　　분명하고 반복적인 선율과 리듬은 내담자의 신체 운동과 근육 반응
을 자극하는 역할을 한다. 또한 선율카드에 제시된 멜로디와 리듬 패턴
에 따라 소리내고 연주하는 활동은 주의집중력을 높이는 데 도움을 주
며, 그룹간의 일체감을 형성시킨다.

리듬카드 활동 Ⅱ

- **목적** ・집중력 향상   ・소리 지각
- **목표** ・내담자는 치료사가 제시하는 리듬카드에 맞추어 패들 드럼 연주하기를 3번 시도에 3번 이상 한다.

- **적용기술**
  - 악기 연주기술
  - 시범 보이기
  - 인정하기
  - 과제분석기술
  - 상호교류기술
  - 집중력 지속
  - 지시 수용

- **도구**
  - 기타/피아노
  - 리듬카드
  - 패들 드럼
  - 메트로놈

- **활동순서**
  1) 반기는 노래로 내담자를 맞이한다.
  2) 치료사는 내담자에게 오늘은 리듬을 따라하는 활동을 할 것이라고 설명한다.
  3) 치료사는 내담자에게 메트로놈을 소개하고 설명한다.
  4) 치료사는 내담자에게 메트로놈 박자에 맞추어 치료사의 입으로 제시된 리듬을 입으로 따라하게 한다(다양한 리듬 패턴 제시).
  5) 치료사는 내담자에게 패들 드럼으로 리듬을 제시하면 내담자는 입으로 따라한다(다양한 리듬 패턴 제시).
  6) 치료사는 내담자에게 패들 드럼을 나누어 준다.
  7) 치료사는 내담자에게 치료사의 입으로 리듬을 제시하면 패들 드럼으로 따라하게 한다.
  8) 치료사는 패들 드럼으로 내담자에게 리듬을 제시하면 내담자의

패들 드럼으로 따라하게 한다.

9) 치료사는 4)~8)까지의 과정을 리듬카드를 이용하여 실행한다.

10) 치료사는 내담자로부터 패들 드럼을 회수한다.

11) 헤어지며 부르는 노래를 모두 함께 불러보고 세션을 끝맺는다.

■ **응용**

1) 내담자가 위와 같은 활동을 잘 수행하면 조금 더 복잡한 리듬 패턴을 함께 해본다.

2) 내담자가 위의 활동을 수행하기에 기능이 부족할 때는 간단하고 쉬운 리듬만 연습한다.

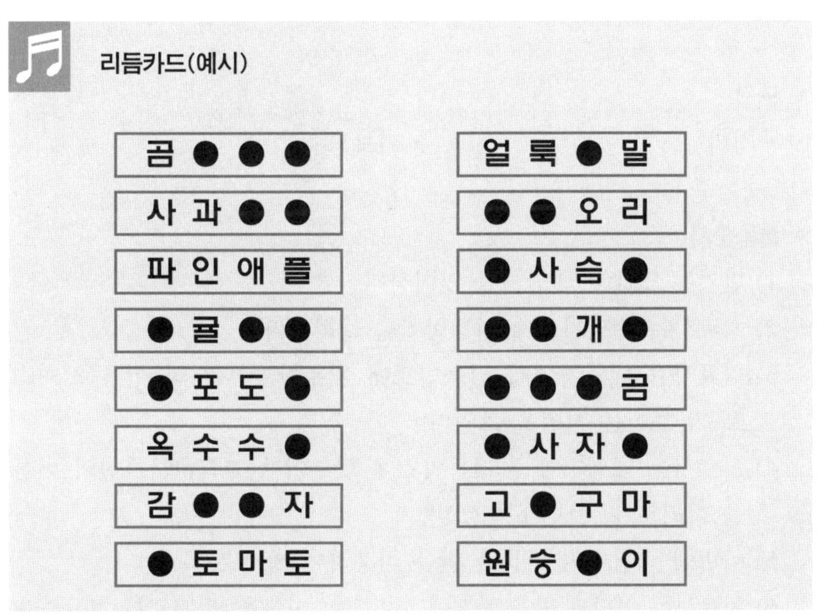

■ **음악의 치료적 역할**

메트로놈을 이용한 리듬카드 활동은 취학 전 아동에게 흥미를 유발시키며 어떠한 활동이든지 그 활동을 좀더 쉽게 수행할 수 있도록 도우며, 리듬카드를 보고 소리로 나타내는 활동을 통해 주의가 산만하기 쉬운 취학 전 아동의 주의력과 집중력 향상에 도움을 준다.

춤! 춤! 춤!

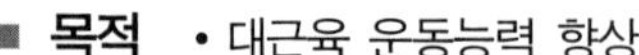

> ■ **목적** • 대근육 운동능력 향상   • 사회교류기술 향상
>
> ■ **목표** • 내담자는 치료사가 자신의 이름을 부를 때 앞으로 나와서, 리듬에 맞추어 자신의 이름을
>   처음은 머리로, 두 번째는 발로 표현하기를 정확히 수행한다.

■ **적용기술**

- 리듬동조현상
- 인정하기

- 시범 보이기
- 지시 수용

■ **도구**

- 기타

- 키보드

■ **활동순서**

1) 반기는 노래로 내담자를 맞이한다.
2) 치료사는 내담자에게 리듬박스를 들려준다.
3) 치료사는 내담자에게 리듬박스에 맞추어 치료사의 이름을 머리로 써 보이는 시범을 보인다.
4) 치료사는 내담자에게 리듬박스에 맞추어 한 사람씩 자신의 이름을 머리로 써 보이도록 한다.
5) 이번엔 내담자의 이름을 발을 이용하여 써 보도록 한다.
6) 치료사는 머리와 발을 동시에 사용하여 이름을 써 보도록 지시한다.
7) 헤어지며 부르는 노래를 모두 함께 불러보고 세션을 끝맺는다.

■ **응용**

1) 내담자의 성격과 취향에 따라 리듬박스를 사용하는 대신 경쾌한 리듬의 유행가를 사용하는 것도 좋다.
2) 세션 초기에 설명을 위해 '엉덩이로 이름 쓰기'를 예로 들 수 있다. 실제로 엉덩이로 이름을 쓰는 활동을 이끌어낼 수도 있다.

■ **음악의 치료적 역할**

　　리듬박스의 경쾌한 리듬 형식은 내담자에게 즐거운 감정을 갖게 하
여 활동에 적극적으로 참여하도록 독려하고, 머리나 발로 자신의 이름
을 남들 앞에서 써 보이는 활동은 간단하고도 안전한 활동틀 안에서
내담자가 활동할 수 있도록 도움을 준다. 아울러 다른 사람들의 행동표
현과 함께, 자신을 다른 사람들 앞에서 내보이는 경험을 통해서 사회
적 교류기술의 향상을 꾀할 수 있다.

움직임 활동 I

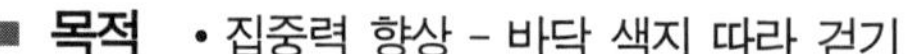

- **목적** • 집중력 향상 – 바닥 색지 따라 걷기　　　• 균형감각 향상
- **목표** • 16마디로 이루어진 녹음음악과 리듬악기를 이용한 음악이 나오면 아동은 자신의 리듬악기로 연주하고 걷기를 음악이 계속되는 동안 정확히 수행한다.

■ **적용기술**

- 리듬동조현상
- 인정하기
- 집중력 지속
- 지시 수용

■ **도구**

- 녹음음악
- 멜럿
- 바닥색지
- 패들 드럼
- 달걀 쉐이커

■ **활동순서**

1) 반기는 노래로 아동을 맞이한다.
2) 치료사는 아동에게 들려줄 녹음음악과 리듬악기를 준비한다.
3) 치료사는 녹음음악을 아동에게 들려준다.
4) 치료사는 녹음음악에서 흘러나오는 16마디의 음악에 아동이 리듬악기로 음악의 박을 따라 연주하도록 한다.
5) 이번에는 아동이 녹음음악에서 특정한 소리가 나오면 그 소리가 나는 수만큼 바닥의 색지를 따라 걷도록 한다.
6) 치료사는 리듬악기를 다양하게 바꾸어가며 3), 4), 5)번의 내용을 같은 방법으로 제시하여 아동이 연주하고 걷도록 한다.
7) 치료사는 아동의 과제 수행에 따라 칭찬하는 말로써 강화하는 것을 잊지 않도록 한다.
8) 헤어지며 부르는 노래를 모두 함께 불러보고 세션을 끝맺는다.

■ **응용**

　녹음음악 대신 치료사 자신이 반주를 하며, 특정 악기 소리로 걸음을 지시하여 아동에게 여러 악기의 음색을 경험하고 음색에 반응하도록 할 수 있다.

■ **음악의 치료적 역할**

　특정한 소리로써 걷도록 지시하는 방법은 아동에게 흥미와 재미를 느끼게 하여 집중력을 가지고 세션에 동참하게 한다. 또한 활동에 사용되는 특정한 소리는 음색이 독특하여 아동들의 활동 참여를 유발시키는 데 중요한 역할을 한다.

움직임 활동 Ⅱ

- **목적** • 창의력, 사회교류기술 향상   • 대근육 운동능력 향상
- **목표** • 내담자는 치료사가 제시하는 동작을 보고 그대로 따라하다가 자신만의 독특한 동작을 창의적으로 만들기를 3번 시도에 3번 한다.

■ 적용기술

- 리듬동조현상
- 시범 보이기
- 인정하기
- 집단토론 인도

- 상호교류기술
- 집중력 지속
- 지시 수용

■ 도구

- 기타
- 키보드

■ 활동순서

1) 반기는 노래로 내담자를 맞이한다.

2) 치료사는 간단한 스트레칭과 준비운동으로 내담자의 긴장을 푼다.

3) 치료사가 시범을 보이면 다함께 그 행동을 따라서 하게 한다.

4) 치료사의 오른쪽 내담자부터 동작을 하면 모두 다함께 그 동작을 따라하도록 한다.

5) 내담자가 위의 활동을 다한 후에 치료사는 한 내담자에게 어떤 동작을 보이며 따라하도록 지시한다.

6) 치료사의 동작을 따라한 내담자가 자신만의 독특한 동작을 만들어 오른쪽에 있는 사람에게 따라하도록 한다.

7) 치료사는 4), 5), 6)번의 과정을 한번 더 반복하여 해본다.

8) 치료사는 활동에 관한 느낌을 함께 나눈다.

9) 헤어지며 부르는 노래를 모두 함께 불러보고 세션을 끝맺는다.

■ 응용

1) 내담자가 몸동작을 따라 행동하는 것이 아니라, 목소리를 이용하여 흉내내고 자신만의 독특한 소리를 만들어가는 것도 추천할 만하다.

2) 몸동작과 목소리를 동시에 따라해 보는 것도 효과적이다(이 활동의 관건은 음악의 적절한 선곡과 치료사의 역동적인 인도이다).

움직임 활동 Ⅲ

- **목적** • 자기 인식, 자기 표현력 증진　　　• 타인과의 관계성 인식
- **목표** • 주어진 긴 천과 민요가락에, 내담자는 치료사가 지시할 때마다 원 안으로 나와서 즉흥적으로 자신 표현하기를 1번 시도에 1번 한다.

■ 적용기술
- 계획적 원조
- 인정하기
- 집단토론 인도
- 시범 보이기
- 지시 수용
- 과제분석기술

■ 도구
- 긴 천
- 기타
- 민요테이프

■ 활동순서
1) 반기는 노래로 내담자를 맞이한다.
2) 치료사는 전체 내담자들이 원을 만들며 서게 한 뒤 긴 천을 나누어 준다.
3) 치료사는 긴 천을 이용해 한 사람씩 공간 속에서 자유롭게 자신의 특성을 표현하는 움직임을 실행하도록 한다.
4) 치료사는 구성원 모두가 3)번의 과정을 끝마치고 난 후, 치료사가 원 안으로 들어가 즉흥적인 동작을 취하면 전체가 따라서 해 보도록 한다.
5) 치료사는 원을 만들고 있는 사람들 가운데 한 사람을 원 안으로 불러들인 후, 즉흥적인 동작을 하다가 치료사는 자리로 돌아간다.
6) 원 안으로 들어온 내담자 또한 다른 한 사람을 원 안으로 데리고 와서 5)번과 같은 과정을 반복한다.

7) 치료사는 이때 다양한 방법으로, 즉흥적으로(계획성 없이) 움직일 수 있도록 격려한다.

8) 치료사는 위의 과정이 다 끝나면, 모두 손을 잡고 둥글게 서도록 한다.

9) 치료사는 〈진도아리랑〉을 부르면서 오른쪽으로 다함께 돌아본다. 같은 방법으로 왼쪽으로 돌아본다.

10) 치료사만 오른손을 놓고 왼쪽으로 돌면서 지나가는 상대에게 인사를 나눈다.

11) 전체가 손잡고 속도를 점점 줄이며 원을 돌면서 마친다.

12) 헤어지며 부르는 노래를 모두 함께 불러보고 세션을 끝맺는다.

진도아리랑

(후렴) 아리아리랑 쓰리쓰리랑 아라리가 났네
아리랑 응응응 아라리가 났네
(사설) 문경 새재는 웬 고개인고
구부야 구부구부가 눈물이로구나.

- 전라도의 민요
- 종류 : 민요
- 구성 : 2행 1연의 짧은 장절 형식
- 설명 : 〈아리랑〉의 별조(別調)로 〈밀양아리랑〉과 비슷하다. 음계는 전라도 특유의 바탕음 위 완전4도음과 장5도의 음으로 이루어졌으며 빠른 자진모리장단으로 부른다. 사설은 "문경 새재는 웬 고개인고 구부야 구부구부가 눈물이로구나. (후렴)아리아리랑 쓰리쓰리랑 아라리가 났네 아리랑 응응응 아라리가 났네"로 이어지는 2행 1연의 짧은 장절형식(章節形式)이다.

(출처 : 두산세계대백과 EnCyber)

 # 긴장이완기법 Ⅰ

- **목적** • 긴장이완　　　　　　　　• 자기인식(Self-awareness)
- **목표** • 미리 녹음된 음악을 감상하고 치료사의 이야기를 들으며, 내담자는 긴장 이완하기를 5분간 한다.

- **적용기술**
  - 긴장이완기술
  - 시범 보이기
  - 인정하기
  - 음악감상기술
  - 집중력 지속
  - 지시 수용

- **도구**
  - 기타
  - 카세트
  - 녹음된 음악

- **활동순서**
  1) 반기는 노래로 내담자를 맞이한다.
  2) 치료사는 내담자에게 눈을 감게 한다.
  3) 치료사는 각자의 맥박을 짚어보게 하고, 맥박을 느껴 보도록 한다.
  4) 치료사는 이야기 구성에 따라 미리 계획된 녹음음악을 들려주면서 이야기를 시작한다(조용하고 나지막한 목소리).
  5) 처음에는 편안하고 안정된 음악으로 시작하여 점점 클라이맥스를 만들어 간다.
  6) 치료사는 음악의 구성에 따라 이야기를 펼쳐 간다.
  7) 치료사는 이야기의 결말 부분에 이르러서는 안정되고 편안한 특성을 가진 음악으로 끝마치게 한다.
  8) 치료사는 내담자와 함께 느낌을 나눈다.
  9) 헤어지며 부르는 노래를 모두 함께 불러보고 세션을 끝맺는다.

■ **응용**

1) 치료사는 내담자에게 1분간 맥박수를 재어 보게 할 수 있다.

2) 음악을 듣는 동안 치료사의 이야기 없이 순수하게 음악감상만
   할 수도 있다.

■ **음악의 치료적 역할**

고전음악의 뚜렷한 박은 내담자에게 일정한 호흡을 느끼게 하여 그
박이 마음속에 내재될 수 있도록 돕고, 정신과 신체가 일치하는 경험을
할 수 있도록 돕는다. 조용한 고전 기악곡의 특성은 내담자 마음에 안
정감을 주어 근육의 긴장을 이완시키는 데 도움을 준다.

긴장이완기법 Ⅱ

> ■ **목적** · 긴장이완 – 신체
>
> ■ **목표** · 내담자는 주어진 녹음음악에 맞춰 치료사가 하는 동작에 따라 움직이기를 곡이 마칠
> 때까지 한다.

■ **적용기술**

- 긴장이완기술
- 시범 보이기
- 인정하기
- 음악감상기술
- 집중력 지속
- 지시 수용

■ **도구**

- 기타
- 카세트
- 녹음음악

■ **활동순서**

1) 반기는 노래로 내담자를 맞이한다.
2) 치료사는 내담자에게 눈을 감게 한다.
3) 치료사는 내담자에게 녹음된 음악을 2~3분간 들려준다.
4) 치료사는 내담자에게 눈을 뜨라고 지시한다.
5) 치료사는 계속해서 음악을 들려주고 내담자는 치료사가 지시하는 대로 몸동작을 하도록 한다.
6) 먼저 치료사는 내담자에게 심호흡을 다섯 차례 하도록 한다.
7) 치료사는 내담자에게 목을 뒤로 젖히도록 지시한다.
8) 내담자의 목에 힘을 세게 주었다가 다시 풀기를 다섯 번 반복한다.
9) 내담자의 귀에 어깨가 붙을 정도로 어깨를 바짝 올리도록 한다.
10) 치료사는 내담자에게 다시 한번 깊게 숨을 들이마셨다가 내쉬도록 지시한다.
11) 헤어지며 부르는 노래를 모두 함께 불러보고 세션을 끝맺는다.

■ 응용

치료사는 다양한 동작으로 내담자의 긴장을 이완시킬 수 있다.

긴장이완

긴장이완(relaxation)을 시행하는 가장 중요한 이유는, 한 유기체가 정신적 신체적으로 가지고 있는 긴장감을 이완시켜 그 능력을 극대화시키고 불안요소를 제거하는 데 있다. 그한 예로서 임산부 체조가 있다. 이는 임신부가 되도록 자연스런 자세로, 고통을 덜 받고분만할 수 있도록 하기 위해 고안된 체조이다. 다시 말해 임산부에게 이러한 긴장이완을위한 체조는 정신적으로는 임신기간 중 분만에 대한 마음가짐을 평온하게 하여 불안을 제거하고, 신체적으로는 임신부가 평소에 체조를 하게 함으로써 근육의 긴장을 풀어주는 데목적이 있다.

온음음계!

- **목적** • 자기표현기술 향상 – 철금연주　　　• 창조적 표현력 증진
- **목표** • 내담자는 음악에 맞추어 주어진 '온음음계'를 가진 가락악기를 이용해 자신을 표현하기를 1번 시도에 1번 한다.

■ 적용기술

- 계획적 원조
- 집중력 지속
- 지시 수용
- 시범 보이기
- 인정하기
- 집단상호작용

■ 도구

- 기타
- 핸드벨
- 철금

■ 활동순서

1) 반기는 노래로 내담자를 맞이한다.

2) 치료사는 철금과 온음을 가진 가락악기를 내담자에게 보여준다.

3) 치료사는 내담자에게 다양한 악기 소리를 내면서 잘 살펴볼 수 있는 시간을 준다.

4) 치료사와 내담자는 다함께 4박자의 경쾌한 노래를 부른다.

5) 치료사는 한 내담자가 철금을 연주하는 동안, 다른 내담자는 리듬악기를 연주하도록 한다.

6) 치료사는 5)의 방법을 순서를 바꾸어 해 본다.

7) 치료사는 철금을 연주하는 내담자가 자유롭게 연주할 수 있도록 격려한다.

8) 치료사는 연주가 끝난 후 내담자와 함께 연주에서 느낀 감정 등을 함께 토의한다.

9) 헤어지며 부르는 노래를 모두 함께 불러보고 세션을 끝맺는다.

■ 응용

온음음계 연주를 위해 철금뿐만 아니라 핸드벨을 가지고 연주할 수도 있다.

 **온음음계(온음구성음계)**

• **온음음계(whole tone scale)**: 음악에서 온음만으로 이루어진 음계.
즉, 1옥타브를 6개의 온음으로 등분한 음계로 6온음음계라고도 한다. 이것은 평균율(平均律) 음조직에서만 볼 수 있는 것으로 옥타브를 12등분한 반음계와 반대가 된다. 이 음계에서는 각 음 사이의 음정간격이 같아 으뜸음으로 해야 할 음이 없고, 또 완전4도, 완전5도를 빠뜨려 버금딸림음·딸림음이 없고, 거기다 반음이 없어서 이끌음도 가지지 않는다. 러시아의 M. I. 글린카가 이것을 사용한 최초의 작곡가이며, 온음음계의 특징을 이용하여 종래의 화성체계를 혁신, 인상파의 독특하고 막연한 부동적인 화성법을 만들어낸 것은 드뷔시이다. 20세기 초에는 매우 애용되었으나 오늘날에는 그 매력이 사라져 그다지 사용하지 않는다.

• **온음(whole tone)**: 온음계를 구성하는 단2도 음정 중에서 장2도를 이르는 말.
이 경우 단2도를 '반음'이라고 한다. 온음을 단위로 하여 2온음·3온음이라고 할 때도 있다. 평균율 음조직 안에서는 온음은 모두 같은 음정(200센트)으로 반음의 2배이지만, 순정률(純正律)에서는 큰온음(204센트)과 작은온음(182센트)의 2종류로 나누기도 한다. 오늘날의 건반악기(피아노·오르간 등)는 모두 평균율에 의하고 있다.

• **온음계(diatonic scale)**: 반음계의 반대 개념으로 서양음악에서 사용되고 있는 가장 기본적인 2종류의 음계인 장음계와 단음계를 가리킨다. 온음과 반음의 위치관계(배열법)에 의해서 온음계에도 여러 가지 종류가 생기나 반음이 2개 계속되는 일은 없다. 넓은 뜻의 온음계는 서양 근대의 장음계와 단음계만이 아니고, 중세 르네상스시대의 교회선법(敎會旋法)이나 한국의 평조음계·계면조음계 등도 포함되며, 좁은 뜻으로는 주로 장음계와 단음계를 가리킨다. 단, 단음계 중에서 온음계에 포함되는 것은 엄밀하게 자연단음계뿐이다. 온음과 반음의 위치관계는 제3음과 제4음 사이, 제7음과 제8음 사이가 반음이고 그 밖에는 모두 온음이다.

(출처 : 두산세계대백과 EnCyber)

오음음계!

- **목적** • 집중력 향상 – 오음계(pentatonic) 오스티나토를 통한 연주 • 자긍심 향상
- **목표** • 미리 오음계로 장치한 악기(실로폰)와 오르프 악기에, 내담자는 노래가 계속되는 동안
  오스티나토 악보에 맞추어 연주하기를 노래가 끝마칠 때까지 정확히 한다.

■ **적용기술**

- 계획적 원조
- 시범 보이기
- 집중력 지속
- 인정하기
- 지시 수용
- 악기연주기술

■ **도구**

- 피아노
- 철금(메탈로폰)
- 목금(실로폰)
- 오스티나토 악보

■ **활동순서**

1) 반기는 노래로 내담자를 맞이한다.
2) 치료사는 오늘 세션에 쓰일 노래(아리랑)를 함께 불러본다.
3) 치료사는 내담자에게 오르프 악기를 연주하며 노래를 불러보도록
   한다.
4) 치료사는 실로폰을 오스티나토 악보에 맞추어 연주하는 것을 시
   범으로 보여준다.
5) 치료사는 내담자에게 실로폰으로 오스티나토를 연주해 보도록 한다.
6) 치료사는 내담자를 네 집단으로 나누어
   집단1은 목금으로 오스티나토 악보를 연주하게 하고,
   집단2은 철금으로 오스티나토 악보를 연주하게 하고,
   집단3은 노래를 부르게 하고,
   집단4는 다른 오르프 악기를 연주하게 한다.
7) 치료사는 활동내용을 바꾸어 다시 한번 연주해 보도록 한다.

8) 헤어지며 부르는 노래를 모두 함께 불러보고 세션을 끝맺는다.

리듬감 익히기 활동 I

> ■ **목적**   • 집중력 향상- 낱말로 이루어진 리듬카드(리듬 따라하기 활동)
>
> ■ **목표**   • 내담자는 치료사가 제시하는 낱말 리듬카드를 보고 목소리와 손뼉으로 따라하기를 3
>   번 시도에 3번 한다.

■ **적용기술**

- 리듬동조현상
- 시범 보이기
- 인정하기
- 과제분석기술
- 집단토론 인도
- 집중력 지속
- 지시 수용

■ **도구**

- 키보드
- 낱말 리듬카드

■ **활동순서**

1) 반기는 노래로 내담자를 맞이한다.
2) 치료사는 내담자에게 신체의 각 부위에 대해 이야기를 나눈다.
3) 치료사는 내담자에게 2박자 리듬을 들려주고 신체의 특정 부위
   두드리기를 하도록 한다(3박자, 4박자 리듬 등).
4) 치료사는 내담자에게 낱말 리듬카드를 보여준다.
5) 치료사는 내담자에게 리듬박스의 특정 리듬(4박자)을 들려주며
   그 리듬에 맞추어 낱말을 읽어 보도록 한다.
6) 치료사는 내담자에게 특정 리듬(4박자)을 들려주며 그 리듬에 맞
   추어 낱말을 손뼉으로 쳐 보도록 한다.
7) 치료사는 속도를 점점 빠르게 하여 내담자에게 낱말을 읽어 보
   도록 한다.
8) 치료사는 내담자에게 안정된 느낌을 위해 속도를 점점 느리게
   하며 낱말 리듬카드를 읽고 손뼉을 치게 한다.

9) 헤어지며 부르는 노래를 모두 함께 불러보고 세션을 끝맺는다.

■ 응용

1) 내담자가 위와 같은 활동을 잘 수행하면 4명씩 카드를 들고 나
   와 카드 순서대로 읽고 손뼉을 치게 한다.
2) 내담자가 위의 활동을 수행하기에 기능이 부족할 때는 읽거나
   손뼉을 치는 것 가운데 한 가지 활동을 생략할 수도 있다.

■ 음악의 치료적 역할

분명하고 반복적인 리듬은 내담자의 신체 운동과 근육 반응을 자극
시키는 역할을 한다. 또한 낱말 리듬카드에 제시된 리듬 패턴을 따라
소리내고 연주하는 활동은 주의집중력을 높이는 데 도움을 주며, 그룹
간의 일체감을 형성시킨다.

리듬감 익히기 활동 Ⅱ

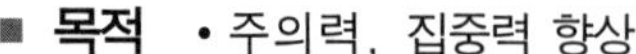

- **목적** • 주의력, 집중력 향상　　　　　• 리듬감 향상
- **목표** • 내담자는 치료사가 키보드로 연주하는 도중에 특정 가락이 나올 때마다 멈추어 서서 스펀지공을 바구니에 던져 넣기를 3번 시도에 2번 이상 성공한다.

■ 적용기술

- 노래인도기술
- 시범 보이기
- 지시 수용
- 집중력 지속
- 인정하기
- 과제분석기술

■ 도구

- 피아노
- 바구니
- 스펀지공

■ 활동순서

1) 반기는 노래로 내담자를 맞이한다.
2) 치료사는 스펀지공이 담긴 바구니를 그룹의 중앙에 놓는다.
3) 치료사는 내담자와 함께 세션에 필요한 노래인 〈소양강 처녀〉를 불러본다.
4) 치료사는 내담자에게 공을 3개씩 나누어 준다.
5) 치료사는 내담자에게 바구니에 공을 넣어 보도록 기회를 준다.
6) 치료사는 내담자에게 〈소양강 처녀〉의 특정 가락인 구음(짜라짠 짜 짜라자라 짠짜) 부분에서 멈추어 서서 바구니에 스펀지공을 넣으라고 설명한다.
7) 치료사는 내담자가 노래를 부르면서 걷다가 특정 가락이 나왔을 때 공을 바구니에 넣을 수 있도록 한다.
8) 헤어지며 부르는 노래를 모두 함께 불러보고 세션을 끝맺는다.

■ **응용**

치료사의 연주에 리듬을 맞춰 몸을 움직이다가, 특정 가락이 나오면 함께 노래를 부른다든지 크게 함성을 질러보아도 좋다.

■ **음악의 치료적 역할**

스타카토가 있는 리듬과 가락은 근육운동 시스템을 활성화시켜 운동력을 강화하고, 정서적으로 흥겨움을 더해 주어 대상자의 적극적인 그룹참여를 자연스럽게 유도한다. 특정 가락이 포함된 음악활동은 내담자에게 주의력을 요구하면서도 부담스럽지 않은 방법으로 성취동기를 제공하고 그에 따른 성취감을 느낄 수 있도록 한다.

인간 도레미

- **목적** : 집중력 향상, 리듬감 형성, 인지영역 향상
- **목표** : 익숙한 노래의 계명을 부르며 아동 자신의 계이름 부분에서 앉았다 일어난다.
- **활동순서** :
  1) 반기는 노래로 아동을 반긴다.
  2) 치료사는 아동과 함께 〈산토끼〉를 반주에 맞춰 부른다.
  3) 치료사는 〈산토끼〉 노래를 계명으로 범창한다.
  4) 아동들은 치료사를 따라 계명으로 불러본다.
  5) 치료사는 아동 한 사람 한 사람마다 계이름을 하나씩 부여한다.
  6) 치료사가 지시하면 자기 계이름을 부르면서 앉는 연습을 한다.
  7) 〈산토끼〉 노래를 계이름으로 부르면서 아동은 자신의 차례(계이름)에서 앉았다 일어나기를 한다.
  8) 7)의 과정을 여러 차례 해본다.
  9) 몸으로 하는 계이름 부르기가 익숙해지면 다른 쉬운 곡을 가지고 연습해 본다. 이때 치료사는 지휘로써 누가 앉았다 일어나야 하는지를 지적해 준다.
  10) 헤어지며 부르는 노래를 모두 함께 불러보고 세션을 끝맺는다.

리듬감 익히기 활동 Ⅲ

> ■ **목적** • 운동기술 향상 – 발자국판을 이용한 활동　　• 리듬감 향상
>
> ■ **목표** • 내담자는 발자국판을 밟으며 주어진 녹음음악을 따라 걷다가 치료사의 탬버린 지시에 멈추기를 3번 시도에 3번 수행한다.

■ **적용기술**

- 계획적 원조
- 시범 보이기
- 인정하기

- 리듬동조현상
- 집중력 지속
- 지시 수용

■ **도구**

- 키보드
- 발자국판

- 녹음음악
- 탬버린

■ **활동순서**

1) 반기는 노래로 내담자를 맞이한다.
2) 치료사는 내담자에게 눈을 감고 음악을 감상하게 한다.
3) 치료사는 내담자가 음악을 들으며 2~3분간 긴장을 이완시킬 수 있도록 한다.
4) 치료사는 내담자에게 오늘의 활동을 설명한다.
5) 치료사는 녹음음악에 따라 내담자가 발자국판을 따라 걷도록 지시한다.
6) 치료사는 내담자가 멈추라는 신호로서 탬버린 소리를 낸다.
7) 치료사가 다시 한번 탬버린 소리를 내면 음악에 따라 발자국판을 밟으며 걷기를 다시 시작하게 한다.
8) 헤어지며 부르는 노래를 모두 함께 불러보고 세션을 끝맺는다.

■ **응용**

  1) 녹음음악 대신 대상자가 선호하는 음악을 치료사가 직접 부르면
     서 노랫말 가운데에서 걷기를 멈출 것을 지시하는 단어를 사용
     하여 활동을 진행시킬 수 있다.
  2) 대상자 가운데 한 사람을 정하여 멈추기를 지시하는 치료사의
     역할을 대신 하게 할 수 있다.

■ **음악의 치료적 역할**

  음악의 리듬은 동작을 자연스럽게 유도하는 데 도움을 주며, 리듬
있는 음악은 불편한 신체의 움직임을 부드럽고 편안하게 하는 데 도움
을 준다. 또한 그룹치료 세션에서는 다른 동료들과 같은 동작을 해야
하므로 일체감을 느끼게 되며, 집중력 또한 향상시킬 수 있다.

리듬감 익히기 활동 Ⅳ

> ■ **목적** • 창의력 향상 – 리듬문답 활동(리듬으로 질문하고 답하기)
>
> ■ **목표** • 아동은 치료사가 4분의 4박자 리듬을 제시하면 리듬으로 답변하기를 4번 시도에 4번 다른 리듬 형태로 정확히 한다.

■ **적용기술**

- 시범 보이기
- 집중력 지속
- 인정하기
- 지시 수용
- 과제분석기술

■ **도구**

- 피아노

■ **활동순서**

1) 반기는 노래로 아동을 맞이한다.
2) 치료사는 4분의 4박자 리듬형을 손뼉으로 쳐 보인다.
3) 치료사는 아동과 함께 4분의 4박자 기본 리듬형을 손뼉으로 친다.
4) 치료사는 아동에게 4박자 리듬을 자유롭게 창작해 보도록 기회를 준다.
5) 치료사는 아동에게 돌아가며 4박자 리듬에 맞추어 손뼉을 치도록 한다.
6) 치료사는 이번에 치료사가 4박자 리듬을 만들어 한 아동에게 제시하면 그 아동은 자신이 창작한 리듬을 손뼉으로 치료사에게 답한다.
7) 치료사는 6)의 과정을 돌아가며 모든 아동에게 하도록 한다.
8) 치료사는 아동들끼리 서로 마주 보고 앉아서 6)의 활동을 하도록 한다.
9) 헤어지며 부르는 노래를 모두 함께 불러보고 세션을 끝맺는다.

■ **응용**

　위의 활동은 손뼉을 통해서 리듬을 주고받았지만, 손뼉뿐만 아니라 입으로 소리를 낸다거나, 악기를 나눠 주고서 연주하도록 할 수 있다 (예 : 패들 드럼).

리듬감 익히기 활동 Ⅴ

■ **목적** • 소리지각, 리듬감 향상   • 집중력 향상

■ **목표** • 내담자는 치료사의 피아노 반주에 따라 계명을 소리내며 걷다가 보조치료사가 핑거 심벌즈를 치면 소리 없이 걷기만 하는 동작을 5번 시도에 5번 정확히 한다.

■ **적용기술**

   • 음악감상기술   • 계획적 원조

   • 시범 보이기   • 집중력 지속

   • 인정하기   • 지시 수용

■ **도구**

   • 피아노   • 핑거 심벌즈

■ **활동순서**

   1) 반기는 노래로 내담자를 맞이한다.

   2) 치료사는 내담자에게 오늘 활동이 음악에 따라 움직이는 것임을 설명한다.

   3) 치료사는 내담자에게 미리 프로그램화한 음악을 들려준다.

   4) 처음에는 경쾌한 곡을 들려주고 내담자에게 빠르게 걷도록 유도한다.

   5) 다음에는 느린 곡을 들려주며 느리게 걷도록 유도한다.

   6) 이번에는 치료사가 '도레미파~' 반주를 하고 내담자는 반주에 맞추어 계명을 따라 부르며 걷도록 한다.

   7) 보조치료사가 가지고 있던 핑거 심벌즈를 치면 그때부터 아무 말 없이 계명에 따라 걷기만 한다.

   8) 보조치료사가 다시 한번 핑거 심벌즈를 치면 계명을 소리내면서 치료사의 반주에 맞추어 걷는다

   9) 헤어지며 부르는 노래를 모두 함께 불러보고 세션을 끝맺는다.

■ 응용

바닥에 매스킹 테이프로 건반 모양을 잘라서 붙인다. 건반 하나의 크기는 아동의 어깨너비 정도로 하면 좋다. 이렇게 건반 모양이 바닥에 그려지면 그 위에서 아동이 발을 이용해서 〈산토끼〉 노래를 부르며 연주해 보도록 한다. 넓은 영역의 음정은 손을 사용해서 연주할 수 있다.

 **아프리카 리듬**

- **목적** : 창의력 향상 – 리듬숫자악보/사회교류기술 향상
- **목표** : 치료사가 일정한 형태의 리듬숫자악보를 보고 부르거나 악기로 연주할 수 있다.
- **활동순서** :
  1) 반기는 노래로 아동을 반긴다.
  2) 치료사는 아동을 동그란 원 모양으로 서게 한다.
  3) 치료사는 일정한 형태의 리듬숫자 악보를 제시한다.
  4) 치료사는 한 가지씩 아동들과 함께 리듬숫자악보를 입 크기를 달리하여 연주해 본다.

A : 1 2 3 4 5 6 7 8 9 10 11 12
B : 1 2 3 4 5 6 7 8 9 10 11 12
C : 1 2 3 4 5 6 7 8 9 10 11 12
D : 1 2 3 4 5 6 7 8 9 10 11 12
E : 1 2 3 4 5 6 7 8 9 10 11 12

  5) 치료사는 리듬숫자악보를 리듬악기를 가지고 크기를 달리하여 연주해 본다.
  6) 이번에는 치료사가 위의 예 중에서 하나를 선택하여 노랫말을 넣어서 불러본다.
  7) 아동들이 만들어서 불러보도록 한다.
  8) 헤어지며 부르는 노래를 모두 함께 불러보고 세션을 끝맺는다.

의사소통

(Communication)

▶ 발성(Vocalization)

▶ 청각변별(Auditory discrimination)

▶ 시선접촉(Eye-contact)

▶ 표현언어(Expressive language)

▶ 수용언어(Receptive language)

▶ 언어/비언어 교류(Verbal/Non-verbal interaction)

	활동 제목	발성	청각변별	시선접촉	표현언어	수용언어	언어/비언어 교류
1	노래 만들기 Ⅰ	●		●	●		●
2	노래 만들기 Ⅱ	●		●	●		●
3	노래 만들기 Ⅲ	●		●	●		●
4	노래 만들기 Ⅳ	●		●	●		●
5	노래 만들기 Ⅴ			●	●		●
6	소리식별 활동 Ⅰ		●			●	
7	소리식별 활동 Ⅱ		●			●	
8	소리식별 활동 Ⅲ		●			●	
9	소리식별 활동 Ⅳ		●			●	
10	리듬론도		●		●	●	●
11	1, 2, 3, 4		●			●	●
12	인지 활동 Ⅰ						
13	인지 활동 Ⅱ						●
14	인지 활동 Ⅲ						
15	인지 활동 Ⅳ						
16	인지 활동 Ⅴ						
17	인지 활동 Ⅵ						
18	리듬카드 활동 Ⅰ		●	●		●	●
19	리듬카드 활동 Ⅱ		●	●		●	●
20	춤! 춤! 춤!				●		●
21	움직임 활동 Ⅰ				●		
22	움직임 활동 Ⅱ				●		
23	움직임 활동 Ⅲ				●		
24	긴장이완기법 Ⅰ						
25	긴장이완기법 Ⅱ						
26	온음음계!			●	●		
27	오음음계!				●		
28	리듬감 익히기 활동 Ⅰ			●		●	●
29	리듬감 익히기 활동 Ⅱ						
30	리듬감 익히기 활동 Ⅲ						
31	리듬감 익히기 활동 Ⅳ		●				●
32	리듬감 익히기 활동 Ⅴ		●				●
33	즉흥연주 음악치료 Ⅰ		●		●		●
34	즉흥연주 음악치료 Ⅱ		●		●		●
35	즉흥연주 음악치료 Ⅲ				●		●
36	즉흥연주 음악치료 Ⅳ				●		●
37	감정표현 활동 Ⅰ				●		●

	활동 제목	발성	청각변별	시선접촉	표현언어	수용언어	언어/비언어 교류
38	감정표현 활동Ⅱ				●	●	●
39	감정표현 활동Ⅲ				●	●	●
40	감정표현 활동Ⅳ				●	●	●
41	그림으로 자기표현!	●		●	●	●	●
42	리듬창작 활동Ⅰ			●	●		
43	리듬창작 활동Ⅱ				●		
44	리듬창작 활동Ⅲ			●			
45	가락창작 활동Ⅰ						
46	가락창작 활동Ⅱ				●		
47	가락창작 활동Ⅲ				●		
48	거울자아기법!			●	●	●	●
49	핸드벨 그룹악기연주 활동			●		●	
50	패들 드럼 연주 활동Ⅰ			●		●	
51	패들 드럼 연주 활동Ⅱ			●		●	
52	소그룹 작곡 활동				●		
53	노래 따라 부르기 활동	●				●	●
54	개방화음			●	●		
55	리듬합주 활동Ⅰ			●		●	
56	리듬합주 활동Ⅱ			●			
57	리듬합주 활동Ⅲ			●			
58	리듬합주 활동Ⅳ			●			
59	콰이어 차임			●		●	
60	자기이름 표현 활동				●		●
61	활력을 위한 리듬 사용Ⅰ			●	●		●
62	활력을 위한 리듬 사용Ⅱ			●	●		●
63	달크로즈 음악활동Ⅰ		●			●	●
64	달크로즈 음악활동Ⅱ		●			●	●
65	음악감상 활동		●			●	
66	음악심상기법(GIM)		●		●		●
67	배경음악을 이용한 활동Ⅰ						
68	배경음악을 이용한 활동Ⅱ		●			●	●
69	배경음악을 이용한 활동Ⅲ						
70	노래 배우기 활동	●	●				
71	오락으로서의 음악활동Ⅰ						
72	오락으로서의 음악활동Ⅱ	●				●	
73	오락으로서의 음악활동Ⅲ						
74	오락으로서의 음악활동Ⅳ		●			●	●

즉흥연주 음악치료 I

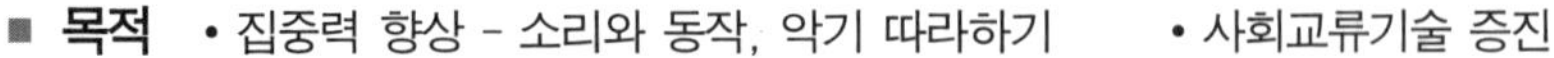

- **목적** • 집중력 향상 – 소리와 동작, 악기 따라하기 • 사회교류기술 증진
- **목표** • 내담자는 치료사가 소리, 행동, 리듬스틱으로 지시할 때마다 자신의 악기를 연주하거나 행동하기를 5번 시도에 5번 한다.

- **적용기술**

  • 모방, 반영기법 • 상호교류기술

  • 시범 보이기 • 집중력 지속

  • 인정하기 • 지시 수용

- **도구**

  • 기타/피아노 • 리듬스틱

- **활동순서**

  1) 반기는 노래로 내담자를 맞이한다.

  2) 치료사는 내담자에게 오늘 활동이 행동이나 말을 따라하는 활동이라는 것을 설명한다.

  3) 치료사는 전체 내담자에게 말로 시범을 보이면서 크게 말하게 한다.

  4) 치료사는 내담자에게 옆방향으로 한 명씩 따라서 해보게 한다.

  5) 치료사는 내담자에게 옆사람의 소리를 따라한 다음 자신의 소리를 덧붙여서 다른 옆사람에게 전달하도록 한다.

  6) 치료사는 행동으로 시범을 보이면서 내담자에게 그대로 따라 행동하도록 한다.

  7) 치료사는 내담자의 옆사람에게 행동을 따라하도록 지시한다.

  8) 치료사는 내담자에게 옆사람이 한 행동을 따라하고 나서 자신만의 행동을 덧붙여서 다른 옆사람에게 전달하도록 한다.

  9) 치료사는 리듬스틱을 가지고서 3)에서 8)까지의 과정을 그대로 반복하도록 한다.

10) 치료사는 내담자에게서 악기를 회수한다.

11) 헤어지며 부르는 노래를 모두 함께 불러보고 세션을 끝맺는다.

■ **응용**

1) 내담자가 위와 같은 활동을 잘 수행하면 막대기와 천으로 더 다양한 활동을 함께 해본다.

2) 내담자가 위의 활동을 수행하기에 기능이 부족할 때는 간단하고 쉬운 리듬만 연습한다.

■ **음악의 치료적 역할**

다른 사람의 말, 행동, 리듬연주를 따라하는 음악활동은 내담자의 주의집중력을 향상시키고 흥미를 유발하여 적극적으로 활동에 참여하도록 한다. 또한 자신이 악기와 몸동작으로 그룹을 이끄는 활동은 내담자에게 자신에 대한 만족감과 소속감을 느끼도록 돕는 역할을 한다.

성악 즉흥연주(Vocal Improvisation)-Ⅰ

- **목적** : 자긍심 향상/창의력 향상
- **목표** : 여러 아동들이 계속 한숨을 쉬면서 일정한 음을 형성하면, 그 가운데 한 아동이 형성된 그 음을 배경으로 하여 즉흥적으로 멜로디를 만들 수 있다.
- **활동순서** :
  1) 반기는 노래로 아동을 반긴다.
  2) 치료사는 아동에게 원을 만들어 보게 한다.
  3) 치료사는 아동에게 눈을 감고 한숨을 크게 쉬게 한다.
  4) 계속 한숨을 쉬게 하여 일정한 음을 형성하도록 한다.
  5) 형성된 화성 위에서 치료사가 먼저 즉흥적으로 멜로디를 만든다.
  6) 치료사는 아동 한 사람의 손을 잡고 원 안으로 들어가서 같은 방법으로 즉흥멜로디를 만들어 보게 한다.
  7) 여러 명이 위와 같은 방법으로 솔로가 되어 보는 경험을 갖게 한다.
  8) 헤어지며 부르는 노래를 모두 함께 불러보고 세션을 끝맺는다.
- **응용** :
  1) 아동이 위와 같은 활동을 잘 수행하면 막대기와 천으로 좀더 다양한 활동을 함께 해본다.
  2) 아동이 위의 활동을 수행하기에 기능이 부족할 때는 간단하고 쉬운 리듬만 연습한다.
  3) 치료사가 아래 선율을 노래부르면 그 위에서 아동이 다양한 선율을 불러보도록 할 수 있다.
  4) 이 활동을 위한 사전 준비로서 한숨을 쉴 때, 처음에는 낮은 음의 한숨을, 나중에는 높은 음의 한숨을 여러 차례 연습해볼 수 있다.
  5) 치료사가 두 가지 화음으로만 피아노 반주를 하면, 그 위에 아동이 자유롭게 멜로디를 만들어갈 수도 있다.

 # 즉흥연주 음악치료 Ⅱ

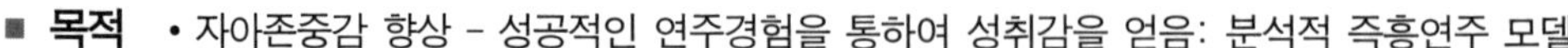

- **■ 목적** • 자아존중감 향상 – 성공적인 연주경험을 통하여 성취감을 얻음: 분석적 즉흥연주 모델
- **■ 목표** • 내담자는 치료사가 제시하는 상황카드 가운데 자신과 관계된 내용을 선택하여 즉흥연주 하기를 1회 시도에 1회 한다.

■ 적용기술

- 모방, 반영기법
- 시범 보이기
- 인정하기
- 집단토론 인도
- 상호교류기술
- 집중력 지속
- 지시 수용

■ 도구

- 기타/피아노
- 역할 상황카드
- 리듬악기(귀로/카바사/마라카스/우드 블록/패들 드럼/핸드 드럼/오션 드럼/쉐이커/봉고 드럼/크로우 사운드 등)

■ 활동순서

1) 반기는 노래로 내담자를 맞이한다.
2) 치료사는 내담자와 함께 고민에 관계된 노래를 먼저 불러본다.
3) 치료사는 내담자에게 고민을 나타내는 상황카드를 제시한다.
4) 치료사는 내담자에게 카드 가운데에서 자신의 고민과 관계된 역할카드를 선택하게 한다.
5) 치료사가 내담자와 함께 카드를 선택한 이유를 이야기 나눈다.
6) 치료사는 내담자에게 고민의 상황에 맞는 악기를 선택하도록 한다.
7) 치료사는 상대역할을 맡고 내담자는 자신의 역할을 하여 악기를 통해 상황을 묘사하는 즉흥연주를 한다.
8) 치료사는 내담자와 함께 즉흥연주 상황에 대해 간단한 대화를 나눈다.

9) 헤어지며 부르는 노래를 모두 함께 불러보고 세션을 끝맺는다.

■ 응용

내담자가 위와 같은 활동을 잘 수행하면 치료사와 역할을 바꾸어 상황을 악기로 즉흥연주 하도록 한다.

■ 음악의 치료적 역할

자신의 고민을 리듬악기로 표현하는 즉흥연주 활동은 말로 표현하기 힘든 내담자 마음속의 감정을 쉽게 표현하도록 도움을 준다. 또한 역할카드를 이용한 구조적인 음악활동은 안전한 환경에서 내담자가 내면의 문제를 성찰하는 기회를 가지도록 돕는다.

분석적 즉흥연주 모델

분석적 즉흥연주 모델(Analytical Music Therapy)은 Priestly Model이라고도 부르고 있다. 창시자인 프리스틀리(Priestly)는 기악을 통한 즉흥연주 모델을 새로운 방향에서 접근하였다. 그는 정신분석접근의 이론인 전이와 저항 등의 개념을 도입하여 내담자가 자신의 내면세계를 표현하는 기회의 도구로서 즉흥연주를 사용하였다. 이 모델은 프로이드와 융의 이론에 그 근거를 두고 있는데 이에 따른 진행과정은 다음과 같다.

1) 치료사와 내담자가 함께 대화를 통하여 현재 내담자가 지니고 있는 여러 가지 문제점 중에서 즉흥연주를 하기 위한 특정한 제목을 설정해 본다. 예를 들어 아버지에게 학대를 당한 사실이나 정말 마음속으로 미워하는 사람, 시련을 당했던 순간 등을 제목으로 정할 수 있다.
2) 그런 다음, 치료사와 내담자가 각각 즉흥연주 속에서 특정한 역할을 정한다. 아버지에게 학대받는 상황을 예로 들자면, 치료사가 아버지의 역할, 학대 당하는 대상을 내담자가 맡을 수 있다.
3) 역할이 정해지면 각자 그 역할대상에 맞는 악기를 선택한다. 그리고 자유롭게 즉흥연주를 행한다.
4) 치료사와 내담자의 역할을 바꾸어 다시 한번 즉흥연주를 시행한다.
5) 모든 즉흥연주가 끝난 후 치료사는 내담자와 함께 본래 역할을 연주했을 때의 경험과 교체된 역할을 즉흥연주 했을 때의 경험을 토의한다.

 # 즉흥연주 음악치료 Ⅲ

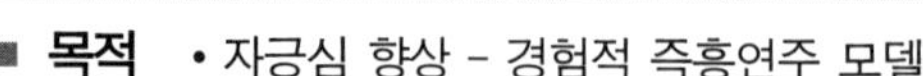

> ■ **목적** • 자긍심 향상 – 경험적 즉흥연주 모델 • 창조적 자기표현기술 향상
>
> ■ **목표** • 주어진 오르프 악기와 치료사가 제시하는 주제를 가지고 내담자는 함께 토론하고 주제에 대해 자유롭고 즉흥적으로 연주하기를 1번 시도에 1번 한다.

■ **적용기술**

- 모방, 반영기법
- 시범 보이기
- 인정하기
- 집단토론 인도

- 상호교류기술
- 집중력 지속
- 지시 수용

■ **도구**

- 기타/피아노
- 오르프 악기

■ **활동순서**

1) 반기는 노래로 내담자를 맞이한다.
2) 치료사는 내담자에게 원을 만들어 앉게 한다.
3) 치료사는 원 안에 여러 가지 다양한 오르프 악기를 놓아둔다.
4) 치료사는 내담자가 자유롭게 악기를 선택하도록 지시한다.
5) 치료사는 잠시 악기를 만져보고 연주해 보는 시간을 준다.
6) 치료사는 한 사람씩 돌아가면서 자신의 이름을 자신이 선택한 악기로 표현해 보도록 격려한다.
7) 치료사는 내담자와 함께 특정한 주제를 토의한다.
8) 치료사는 공통적으로 관심 있는 주제를 선택하도록 한다(가족, 친구, 사랑, 행복한 경험, 기뻤던 일 등).
9) 치료사는 선택된 주제를 자연스럽게 연주하도록 도움을 주는데, 누가 시작해도 상관없고, 누가 이 연주를 이끌어 가게 될지도 모른다는 설명을 해 준다. 특히 연주에 집중하고 선택된 주제에 초

점을 맞추어 연주하도록 격려한다.

10) 자연스럽게 연주를 시작하고, 종결한다.

11) 치료사는 내담자와 함께 연주한 내용에 대해 토론한 후, 헤어지며 부르는 노래를 모두 함께 불러보고 세션을 끝맺는다.

■ 응용

내담자가 위와 같은 활동을 잘 수행하면, 치료사가 특정 악기를 지시하고 그 악기를 가진 내담자가 악기를 연주하도록 한다.

■ 음악의 치료적 역할

일정한 형식을 가진 타악기 즉흥연주는 악기를 연주하는 기술의 정도에 관계없이 내담자가 안전하게 활동에 참여할 수 있도록 도움을 준다. 또한 분명하고 반복적인 리듬은 내담자의 흥미를 유발시키고 그룹 간의 일체감을 주며, 주의집중력을 높이는 데 도움을 준다.

성악 즉흥연주(Vocal Improvisation)-Ⅱ

- **목적** : 자긍심 향상/창의력 향상
- **목표** : 구성원들이 둥글게 서면, 아동은 그 중앙으로 나와서 어떠한 소리든지 20초 동안 소리지르고 들어간다.
- **활동순서** :

  1) 반기는 노래로 아동을 반긴다.

  2) 치료사는 아동에게 원을 만들어 보게 한다.

  3) 치료사는 아동들이 만든 원 안으로 들어가 큰소리로 20초 동안 자신만의 독특한 소리를 지르고서 들어온다.

  4) 다른 아동이 자연스럽게 스스로 나와서 3)번과 같이 소리지르고 들어간다.

  5) 치료사는 아동들이 스스로 원 안으로 들어오지 않을 때, 원 안으로 들어올 수 있도록 격려한다.

  6) 여러 명이 위와 같은 방법으로 솔로가 되어 보는 경험을 갖게 한다.

  7) 헤어지며 부르는 노래를 모두 함께 불러보고 세션을 끝맺는다.

즉흥연주 음악치료 Ⅳ

- **목적**　• 자아존중감 향상 – 경험적 즉흥연주 모델
- **목표**　• 내담자는 북으로 제시되는 리듬에 따라 자유롭게 연주하기를 3번 시도에 3번 한다.

■ **적용기술**

- 모방, 반영기법
- 시범 보이기
- 인정하기
- 상호교류기술
- 집중력 지속
- 지시 수용

■ **도구**

- 기타/피아노
- 민속 북
- 리듬악기(귀로/카바사/마라카스/우드 블록/패들 드럼/핸드 드럼/오션 드럼/쉐이커/봉고 드럼/크로우 사운드 등)

■ **활동순서**

1) 반기는 노래로 내담자를 맞이한다.
2) 치료사는 내담자에게 그룹으로 악기를 연주할 것이라고 설명한다.
3) 치료사가 내담자에게 악기를 보여주며 소리를 들려준다.
4) 치료사는 내담자에게 자신이 마음에 드는 악기를 선택하게 한다.
5) 치료사가 일정한 북 리듬을 연주하면 내담자는 제시되는 리듬에 따라 자신의 악기를 자유롭게 연주한다. 이때 특정한 연주의 주제를 정하지 않고 즉흥적으로 연주하도록 격려한다(비관련적 즉흥연주 음악치료).
6) 치료사는 북의 리듬을 느리고 빠르게 변화를 주어 연주한다.
7) 치료사는 북의 리듬을 작게 또는 크게 변화를 주어 내담자가 따라서 연주하게 한다.
8) 치료사는 내담자가 북을 가지고 리듬을 이끌도록 한다.

9) 헤어지며 부르는 노래를 모두 함께 불러보고 세션을 끝맺는다.

■ 응용

1) 내담자가 위와 같은 활동을 잘 수행하면, 치료사는 특정 악기를 지시하고 그 악기를 가진 내담자가 악기를 연주하도록 한다.
2) 내담자의 수가 많아 활동시간이 부족하면 내담자가 북을 넘기는 시간을 생략할 수 있다.

■ 음악의 치료적 역할

일정한 형식을 가진 타악기 즉흥연주는 악기를 연주하는 기술의 정도에 관계없이 내담자가 안전하게 활동에 참여할 수 있도록 도움을 준다. 또한 분명하고 반복적인 리듬은 내담자의 흥미를 유발하고 그룹간의 일체감을 주며, 주의집중력을 높이는 데 도움을 준다. 도약적이고, 스타카토적인 리듬은 내담자의 신체 운동과 근육 반응을 자극하는 역할을 한다.

성악 즉흥연주(Vocal Improvisation)-Ⅲ

- **목적** : 자아성찰/창의력 향상
- **목표** : 내담자는 치료사와 피아노 앞에 앉아 치료사의 지시에 따라 여러 가지 화성을 만들면서 하나가 되고 분리되는 경험을 한다.
- **활동순서** :
  1) 반기는 노래로 내담자를 반긴다.
  2) 치료사는 내담자에게 피아노 앞에 앉게 한다. 이때 치료사의 오른쪽에 앉게 한다.
  3) 치료사는 2개의 화성으로 반주를 계속 들려준다(예를 들어 Ⅰ, Ⅴ화음).
  4) 치료사가 먼저 반주에 맞추어 즉흥적으로 만든 소리('아' 나 '이' 등의 소리를 낸다)를 내면 내담자가 그 소리를 따라하게 한다(이때 치료사의 태도는 부드럽고 친절해야 한다).
  5) 이번에는 치료사가 똑같은 화성 위에서 소리를 내면 내담자는 자신이 원하는 대로 소리를 낸다. 이러한 과정에서 치료사는 내담자의 소리를 주의깊게 들으면서 그와 동화되기 위해 노력해야 한다. 화성의 진행은 단순하지만 반주와 치료사, 내담자 모두가 어우러지는 경험을 할 수 있어야 한다.
  6) 치료사는 이번에 내담자가 소리를 내면 그 소리를 따라 그대로 모방한다. 역시 이때도 친절하고 사려 깊게 내담자를 대해야 한다.
  7) 헤어지며 부르는 노래를 모두 함께 불러보고 세션을 끝맺는다.

감정표현 활동 I

- **목적** •감성 증진 - 악기로 계절 느낌 표현하기(예:가을)
- **목표** •내담자는 낙엽 그림을 보면서 가을에 대한 자신의 느낌을 악기로 표현하기를 1번 시도에 1번 한다.

■ 적용기술

- 노래인도기술
- 시범 보이기
- 인정하기
- 상호교류기술
- 집중력 지속
- 집단토론 인도

■ 도구

- 기타/피아노
- 낙엽 그림
- 리듬악기(귀로/카바사/마라카스/우드 블록/패들 드럼/핸드 드럼/오션 드럼/쉐이커/봉고 드럼/크로우 사운드 등)

■ 활동순서

1) 반기는 노래로 내담자를 맞이한다.
2) 치료사는 내담자에게 낙엽 그림을 보여준다.
3) 치료사는 내담자와 함께 '가을'에 대한 이야기를 나눈다.
4) 치료사는 내담자에게 가을 분위기와 비슷한 노래를 함께 불러본다(예: 만남 등).
5) 치료사는 내담자가 배경음악을 들으면서 가을에 대한 생각을 할 수 있도록 시간을 준다.
6) 치료사는 내담자에게 가을에 대한 느낌을 나타내는 악기를 고르도록 한다.
7) 치료사는 내담자에게 노래를 통해 지시하면 자신의 느낌을 선택한 악기로 표현하게 한다.
8) 치료사는 내담자 한 사람씩 돌아가며 연주하도록 기회를 준다.

9) 치료사는 내담자와 함께 가을노래에 맞추어 합주를 하도록 한다.

10) 치료사는 내담자에게서 악기를 회수한다.

11) 헤어지며 부르는 노래를 모두 함께 불러보고 세션을 끝맺는다.

■ **응용**

1) 내담자가 위와 같은 활동을 잘 수행하면 가을에 대한 느낌을 그림으로 그려보게 한다.

2) 내담자가 위의 활동을 수행하기에 기능이 부족할 때는 가을에 관한 음악감상을 하도록 한다.

■ **음악의 치료적 역할**

자신의 느낌을 리듬악기로 표현하는 음악활동은 말로 표현하기 힘든 내담자 마음속의 감정을 쉽게 표현하도록 도움을 준다. 또한 부드러운 노래와 배경음악은 내담자가 좀더 편안하게 세션에 참여할 수 있도록 하고 내면의 감성을 이끌어내고 증진시키는 데 도움을 준다.

38 감정표현 활동 Ⅱ

- **목적** • 자아존중감 향상 – 인간조형(Body shaping)
- **목표** • 내담자는 분위기 있는 음악을 들으며 걷다가 치료사가 지시할 때마다 다른 사람을 조형하기를 2번 시도에 2번 한다.

■ **적용기술**

- 음악감상기술
- 시범 보이기
- 인정하기
- 집단토론 인도
- 계획적 원조
- 상호교류기술
- 지시 수용
- 과제분석기술

■ **도구**

- 조용하고 편안한 성격의 배경음악
- 피아노

■ **활동순서**

1) 반기는 노래로 내담자를 맞이한다.
2) 치료사는 내담자에게 오늘의 활동이 배경음악을 들으며 하는 활동임을 소개한다.
3) 치료사는 내담자에게 배경음악을 들으며 천천히 걷도록 한다.
4) 치료사는 내담자에게 음악이 멈추면 같이 멈추도록 설명한다.
5) 치료사는 내담자에게 음악을 들려주면서 걷다가 멈추기를 여러 번 반복한다.
6) 치료사는 이제 내담자에게 음악이 멈추어서 만나는 상대와 가위바위보를 해서 승패를 가리도록 한다.
7) 치료사는 내담자에게 이제 다른 음악이 제시될 때, 이긴 사람이 진 사람을 여러 가지 모양으로 조형해 보도록 지시한다.
8) 치료사는 내담자에게 음악 한 곡이 끝나면 서로 역할을 바꿔서

조형해 보도록 지시한다.

9) 치료사는 위의 과정을 한 번 더 반복한 뒤, 음악을 멈추고 내담자를 제자리에 앉도록 한다.
10) 치료사는 내담자와 함께 활동에 대한 느낌을 토의한다.
11) 헤어지며 부르는 노래를 모두 함께 불러보고 세션을 끝맺는다.

■ 응용

1) 내담자가 위와 같은 활동을 잘 수행하면 좀더 어려운 자세를 하도록 지시한다.
2) 내담자가 위의 활동을 수행하기에 기능이 부족할 때는 6)번부터 10)번까지의 내용을 생략할 수도 있다.

■ 음악의 치료적 역할

부드럽고 반복적인 리듬을 지닌 배경음악은 내담자가 차분하고 안정된 분위기에서 활동할 수 있도록 도움을 준다. 또한 다른 사람을 조형(shaping)해 보는 경험은 사회적으로 허용된 상태에서 내담자에게 남을 조정해 보는 경험을 가지는 기회를 주며, 다른 사람에 의해 자신이 조형되는 경험은 남의 생각과 행동을 받아들이고 이해하는 능력을 증가시키는 데 도움을 준다.

감정표현 활동 Ⅲ

■ **목적** • 창의력 향상 – 색깔카드를 통한 자유로운 연상 활동   • 감정표현

■ **목표** • 주어진 색깔카드와 치료사의 기타반주에 맞춰 내담자는 색깔을 보고 연상되는 사물과 그 사물의 느낌 말하기를 2번 시도에 2번 한다.

■ **적용기술**

- 노래인도기술
- 집중력 지속
- 지시 수용
- 시범 보이기
- 인정하기

■ **도구**

- 기타/피아노
- 색깔카드

■ **활동순서**

1) 반기는 노래로 내담자를 맞이한다.

2) 치료사는 내담자에게 오늘 세션에 대해 간단히 설명한다.

3) 치료사는 세션에 사용될 〈색깔 느낌〉이라는 노래를 내담자와 함께 익숙해질 때까지 불러본다.

4) 치료사는 색깔카드를 보고 연상되는 사물을 넣어 불러본다. 예를 들어 '파란색 바다', '빨간색 불자동차' 등

5) 치료사는 바구니에 담긴 색깔카드를 내담자에게 선택하도록 기회를 준다.

6) 치료사는 내담자에게 스스로 선택한 색을 보고 연상되는 사물을 넣어 노래부르도록 한다.

7) 헤어지며 부르는 노래를 모두 함께 불러보고 세션을 끝맺는다.

■ **응용**

1) 위의 활동을 내담자가 잘 수행하면, 사물의 느낌을 몸동작과 함

께 표현해 보도록 할 수 있다.

2) 또한 색깔카드를 통해 연상된 사물에 대한 느낌을 형용사로 표
현하도록 할 수도 있을 것이다.

3) 내담자의 반응들을 모아서 하나의 노래를 작곡해 보는 것도 의
미있는 활동이 될 수 있다.

파란색 : 파란 하늘, 파란 나라, 파란 (　)

빨간색 : 빨간 불자동차, 빨간 구두, 빨간 (　)

검은색 : 검은 눈동자, 검은 머리, 검은 (　)

흰　색 : 흰 눈, 흰 백설기, 흰 솜사탕, 흰 (　)

노란색 : 노란 병아리, 노란 나비, 노란 (　)

초록색 : 초록빛 바다, 초록 물고기, 초록 (　)

하늘색 : 하늘색 자동차, 하늘색 (　)

갈　색 : 갈색 머리, 갈색 눈동자, 갈색 (　)

회　색 : 회색 콘크리트, 회색 (　)

■ **음악의 치료적 역할**

음악의 일정한 형식은 구조적인 틀을 제공하여 내담자가 자신의 차
례를 기다리고 그것에 대한 책임감을 불러일으키면서 적극적인 상상과
활동을 유도한다. 또한 쉽고 단순한 가락과 노랫말은 편안한 마음으로
활동에 참여할 수 있는 환경을 만들어주며, 다른 내담자의 생각을 호
기심과 즐거움으로 받아들여 그룹 구성원들 사이에 긍정적인 교류를
가능하게 한다.

감정표현 활동 Ⅳ

> ■ **목적** • 행동수정   • 동기유발
> ■ **목표** • 주어진 노랫말 괘도와 치료사의 기타반주에 맞춰 내담자는 변화시키고자 하는 자신의 마음이나 행동을 노랫말로 표현하여 노래부르기를 1번 시도에 1번 한다.

■ **적용기술**

- 노래인도기술
- 시범 보이기
- 인정하기
- 집단토론 인도

- 상호교류기술
- 집중력 지속
- 지시 수용

■ **도구**

- 기타
- 노랫말 괘도

■ **활동순서**

1) 반기는 노래로 내담자를 맞이한다.
2) 치료사는 편안한 음악을 들려주며 자신이 가장 많이 변화시키고자 하는 마음이나 행동을 생각해 보게 한다.
3) 치료사는 〈내가 만일〉이라는 노래를 익숙해질 때까지 함께 불러본다.
4) 치료사는 이 곡에다 치료사 자신이 변화시키고 싶은 마음의 상태를 나타내는 낱말을 하나 넣어 노래부른다.
5) 치료사는 내담자와 함께 자연스럽게 변화시키고자 하는 마음이나 행동에 대해 이야기를 나눈다.
6) 치료사는 그 내용을 낱말로 표현하여 노래부르도록 한다.
7) 치료사는 집단의 인원수대로 돌아가며 노래를 불러보고 난 후의 느낌을 다른 동료들과 함께 나누도록 한다.
8) 헤어지며 부르는 노래를 모두 함께 불러보고 세션을 끝맺는다.

■ **응용**

1) 노랫말의 성격상 반복되는 말이 많으므로 2~3명 내담자의 생각
   을 동시에 넣어 부를 수 있다.

2) 주제를 달리하여 노래에 넣어 부를 수도 있다.

 **내가 만일**

내가 만일 (하늘)이라면
(그대 얼굴에 물들고 싶어)
(붉게 물든 저녁 저 노을)처럼
나 (그대 뺨에 물들)고 싶어
내가 만일 (시인)이라면
(그대 위해 노래하겠어)
엄마 품에 안긴 어린아이처럼
나 행복하게 노래하고 싶어
내가 만일 (구름)이라면
(그대 위해 비)가 되겠어
(더운 여름날에 소나기)처럼
나 (시원하게 내리고 싶어)
세상에 그 무엇이라도
그대 위해 되고 싶어
오늘처럼 우리 함께 있음이
내겐 얼마나 큰 기쁨인지
사랑하는 나의 사람아
너는 아니 워~ 이런 나의 마음을

그림으로 자기표현!

> ■ **목적**　• 자기표현능력 향상　　　　　　• 자긍심 향상
>
> ■ **목표**　• 주어진 조용한 배경음악과 그리기 도구를 가지고 내담자는 '가장 되고 싶은 나'를 그림으로 표현한 후 설명한다.

■ **적용기술**

- 음악감상기술
- 계획적 원조
- 인정하기
- 집단토론 인도

- 배경음악활동
- 집중력 지속
- 지시 수용
- 리듬동조현상

■ **도구**

- 기타
- 카세트

- 녹음음악
- 노랫말 괘도

■ **활동순서**

1) 반기는 노래로 내담자를 맞이한다.
2) 치료사는 오늘은 '가장 되고 싶은 나'에 대해 표현하는 활동을 할 것이라고 알려준다.
3) 치료사는 조용한 배경음악을 들려준다.
4) 치료사는 내담자에게 가장 되고 싶은 나는 어떤 사람인지 조용히 명상할 수 있는 시간을 준다.
5) 치료사는 그림을 그리게 하고, 일정시간이 지난 뒤 그리기를 멈추도록 한다.
6) 치료사가 먼저 '가장 되고 싶은 나'를 주제로 그린 그림을 내담자에게 보여주고 그린 그림에 대해 설명한다.
7) 이번에는 내담자가 그림을 설명할 수 있는 기회를 준다.
8) 치료사는 내담자의 그림에서 몇 가지 질문을 할 수 있다.

9) 치료사는 내담자가 '가장 되고 싶은 나' 처럼 될 수 있음을 격려
한다.

10) 헤어지며 부르는 노래를 모두 함께 불러보고 세션을 끝맺는다.

■ 응용

단순하게 그리기 활동으로 끝맺음을 할 수도 있으나 치료사가 도화
지를 내담자 개인들에게 나눠 줄 수 있다. 도화지에 자신이 바라는 상
을 적어 넣고 공백에는 그에 해당하는 그림을 그려 넣을 수 있다.

■ 음악의 치료적 역할

편안한 분위기의 익숙한 노래는 사람들의 마음을 이완시켜 자연스
럽고도 솔직하게 자신을 되돌아볼 수 있는 기회를 제공한다. 자아성찰
의 동기를 주는 긍정적인 노랫말은 사람들의 시각을 더 객관적이며 이
타적 방향으로 이끌어, 주변 사람들의 처지를 이해하고 자신의 생각을
정리하는 데 도움을 준다. 또한 반복되는 노래는 참여하는 내담자에게
여유와 편안함 속에서 자유로운 사고를 하게 하고 나아가 문제를 해결
할 수 있도록 도움을 준다.

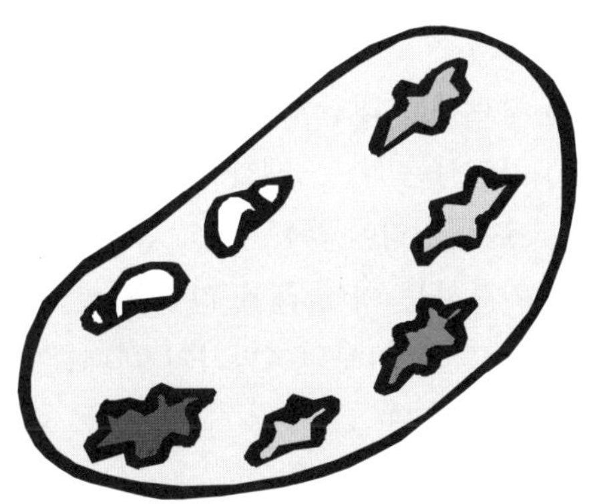

리듬창작 활동 I

> ■ **목적** • 창의력 향상 – 신체를 이용한 리듬 만들기   • 시선접촉
>
> ■ **목표** • 주어진 '퐁당퐁당' 노래에 맞춰 내담자는 신체의 이름을 부르며 즉흥적으로 리듬 만들기를 2번 시도에 2번 한다.

■ **적용기술**

- 지휘하기   • 상호교류기술
- 시범 보이기   • 집중력 지속
- 인정하기   • 지시 수용
- 집단토론 인도   • 과제분석기술

■ **도구**

- 기타   • 피아노

■ **활동순서**

1) 반기는 노래로 내담자를 맞이한다.

2) 치료사는 내담자와 〈퐁당퐁당〉을 함께 불러본다.

3) 치료사는 이 노래를 여러 가지 방법으로 불러본다(스타카토, 빠르게, 느리게 등).

4) 치료사는 이 노래를 리듬을 달리하여 다양하게 불러본다.

5) 치료사는 4분의 4박자의 신체를 사용하여 리듬을 함께 생각하여 본다.

- 무릎/무릎/손뼉/손뼉(♩ ♩ ♩ ♩)
- 무릎/손뼉/무릎/손뼉(♩ ♩ ♩ ♩)
- 발 구름/손×2/발 구름/손뼉(♩ ♫ ♩ ♩)
- 무릎/어깨/머리/어깨(♩ ♩ ♩ ♩)
- 발/어깨/손/어깨(♩ ♩ ♩ ♩)

6) 치료사는 내담자가 신체를 이용한 리듬을 치면서 신체 각 부분의 이름을 말하도록 한다.

7) 치료사는 바로 오른쪽에 있는 내담자부터 돌아가며 자신만의 신체리듬을 만들어 보게 한다.

8) 헤어지며 부르는 노래를 모두 함께 불러보고 세션을 끝맺는다.

 **리듬창작 활동의 응용**

• **리듬 패턴**

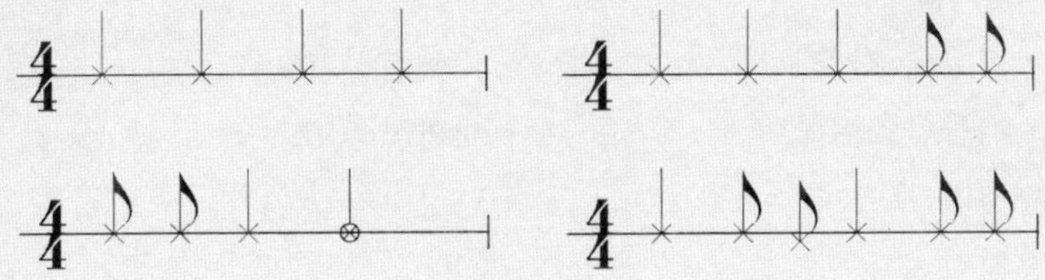

• **원칙**: 각 리듬 패턴을 4번씩 사용하는 것을 원칙으로 한다.
• **방법 1**: 개인이 먼저 리듬 패턴을 만들어 본다.
  방법 2: 두 명씩 짝을 지어 서로 번갈아가며 리듬 패턴을 만들어 본다.
  방법 3: 치료사가 먼저 리듬 패턴을 연주하면 첫 번째 환자가 위의 리듬 패턴 가운데 하나를 골라서 치고, 다시 치료사가 치면 다음 환자가 리듬 패턴을 연주한다. 이렇게 치료사와 환자가 번갈아 가며 연주하도록 한다.
  방법 4: 그룹 전체가 둥글게 원을 만들어 서서 자신의 악기로 리듬 패턴을 순서대로 만들어간다.

43 리듬창작 활동 Ⅱ

- **목적**　• 창의력 향상　　　　　• 사회교류기술 향상
- **목표**　• 내담자는 치료사가 제시하는 리듬에 맞추어 낱말 이야기하기를 3번 시도에 3번 한다.

- **적용기술**
  - 집중력 지속　　　　• 의사결정기술
  - 리듬동조현상　　　　• 계획적 원조
  - 시범 보이기　　　　• 인정하기
  - 지시 수용

- **도구**
  - 키보드

- **활동순서**
  1) 반기는 노래로 내담자를 맞이한다.
  2) 치료사는 두 글자 낱말에는 어떤 것이 있는지 내담자와 함께 생각해본다.
  3) 치료사는 세 글자 낱말에는 어떤 것이 있는지 내담자와 함께 생각해본다.
  4) 치료사는 2박자 리듬을 들려준다.
  5) 치료사를 기준으로 오른쪽 내담자부터 2박자 리듬에 맞추어 두 글자 낱말 가운데 아무것이나 생각나는 것을 답하게 한다.
  6) 치료사는 5)번 과정을 전체 구성원들이 모두 끝마치도록 한다.
  7) 3박자 리듬에 맞추어 5), 6)번의 과정을 실행하도록 한다.
  8) 헤어지며 부르는 노래를 모두 함께 불러보고 세션을 끝맺는다.

■ **응용**

1) 위의 과정을 원활하게 수행하면 4박자 리듬에 맞추어 낱말을 말하게 할 수도 있다.

2) 다양한 리듬의 형태를 사용하면 훨씬 역동성 있는 활동을 이끌어낼 수 있다.

3) 위의 과정을 잘 수행하지 못하면, 2박자 리듬에 맞춰 한 사람이 낱말을 이야기하면, 2박자 쉬고 그 다음 사람이 이야기하도록 할 수 있다. 적당한 간격을 주면서 좀더 쉽게 참여할 수 있도록 한다.

▷ **두 글자 낱말**

버스	보트	기차	매미
아빠	엄마	고모	삼촌
연필	책상	염소	사자

▷ **세 글자 낱말**

지우개	비행기	자동차
낙하산	축구공	컴퓨터
가야금	거문고	카세트

▷ **네 글자 낱말**

텔레비전	아코디언	우물쭈물
오토바이	안절부절	다홍치마
안성맞춤	어깨동무	설상가상

44 리듬창작 활동 Ⅲ

- **목적** • 창의력 향상 – 다른 리듬을 동시에 소리내기 • 집중력, 지속력 향상
- **목표** • 4박자의 리듬박스에 맞춰, 내담자는 치료사가 지시할 때 자신의 독창적인 리듬을 만들어 손뼉으로 치기를 2번 시도에 2번 한다.

■ **적용기술**

- 시범 보이기
- 리듬동조현상
- 인정하기
- 집단토론 인도
- 집중력 지속
- 계획적 원조
- 지시 수용
- 과제분석기술

■ **도구**

- 키보드

■ **활동순서**

1) 반기는 노래로 내담자를 맞이한다.
2) 치료사는 우선 내담자를 4그룹으로 나눈다(A, B, C, D그룹).
3) 치료사는 4박자의 리듬박스를 들려준다.
4) 치료사는 그룹별로 4마디의 리듬(손뼉)을 만들어 보도록 한다.
5) 치료사는 그룹별로 나름대로 만든 리듬을 발표해 보도록 한다.
6) 치료사는 먼저 A그룹이 한 마디를 시작하면 B그룹이 두 번째 마디부터 시작하도록 지시한다.
7) 이번에는 A그룹이 첫마디에 시작하고, B그룹이 두 번째 마디에서 연이어서 시작하고, C그룹이 세 번째 마디에서 겹쳐서 시작하게 한다.
8) A, B, C, D그룹을 한 마디 간격을 두고 겹쳐서 시작하도록 한다.
9) 헤어지며 부르는 노래를 모두 함께 불러보고 세션을 끝맺는다.

■ **응용**

위의 과정에 대한 이해를 돕기 위해 모두가 다 아는 노래를 돌림노
래로 불러볼 수 있다.

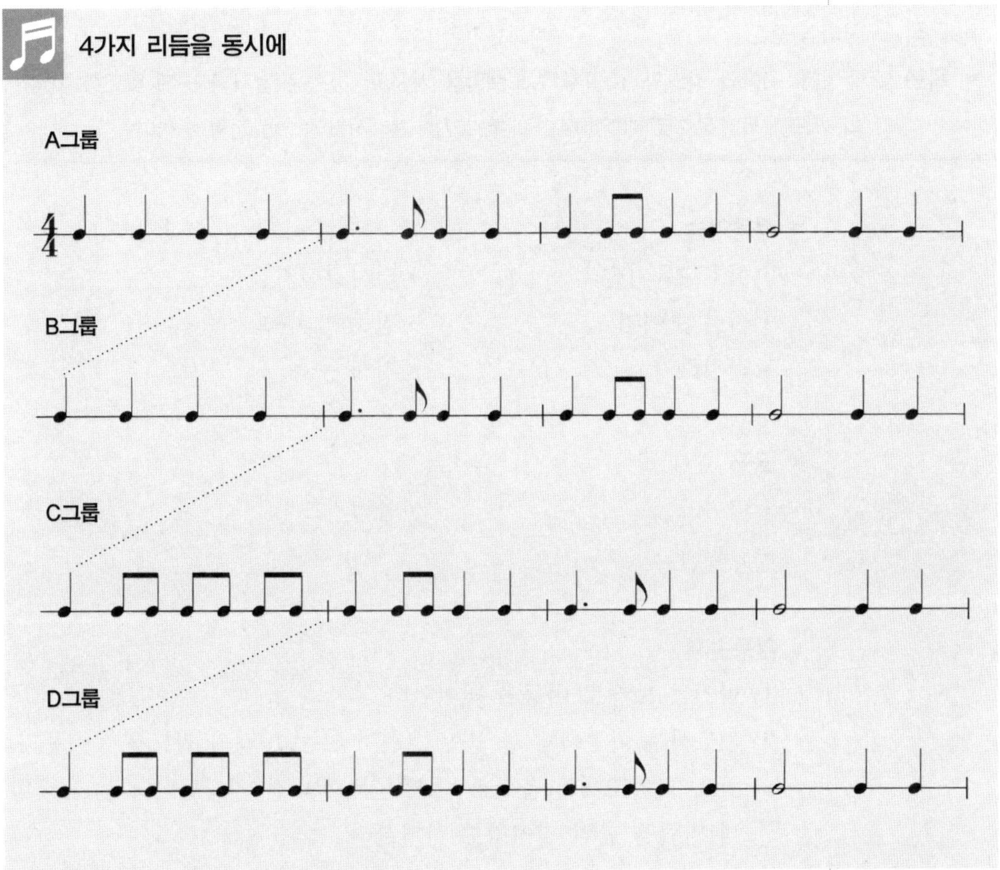

가락창작 활동 I

■ **목적**   • 창의력 증진   • 사회교류기술 향상

■ **목표**   • 주어진 10장의 카드와 10글자의 노랫말을 가지고, 아동은 글자의 수에 맞도록 10장의 카드를 독창적으로 배열하여 노래부르기를 2번 시도에 2번 정확히 한다.

■ **적용기술**

• 상호교류기술   • 의사결정기술

• 시범 보이기   • 집중력 지속

• 인정하기   • 지시 수용

■ **도구**

• 피아노   • 음정카드

• 낱말카드

■ **활동순서**

1) 반기는 노래로 아동을 맞이한다.

2) 치료사는 아동에게 한 음만 그려져 있는 10장의 카드를 보여준다.

3) 치료사는 10개의 음으로 '우리들은 정다운 친구들'이라는 노랫말에 가락을 붙일 것이라고 설명한다.

4) 치료사는 순서대로 한 아동씩 가락카드를 배열해 보도록 한다.

5) 치료사는 카드 10장의 배열이 모두 끝나면 함께 피아노를 치며 노래를 불러본다.

6) 4), 5)의 과정을 다시 한번 반복해 노래를 불러본다.

7) 치료사는 한 아동에게 한 곡(10장)을 모두 배열해 보도록 한다.

8) 치료사는 다른 아동들에게 함께 노래를 불러보도록 한다.

9) 헤어지며 부르는 노래를 모두 함께 불러보고 세션을 끝맺는다.

■ **응용**

1) 다른 노랫말을 이용하여 가락을 지어볼 수 있다.

2) 아동에게 적당한 악기를 선택하게 한 다음, 카드가 모두 배열되면 함께 연주해볼 수 있다.

3) 짧은 곡을 선택하여 곡 전체 노랫말을 모두 음정카드를 이용하여 작곡해 보는 것도 유용하다.

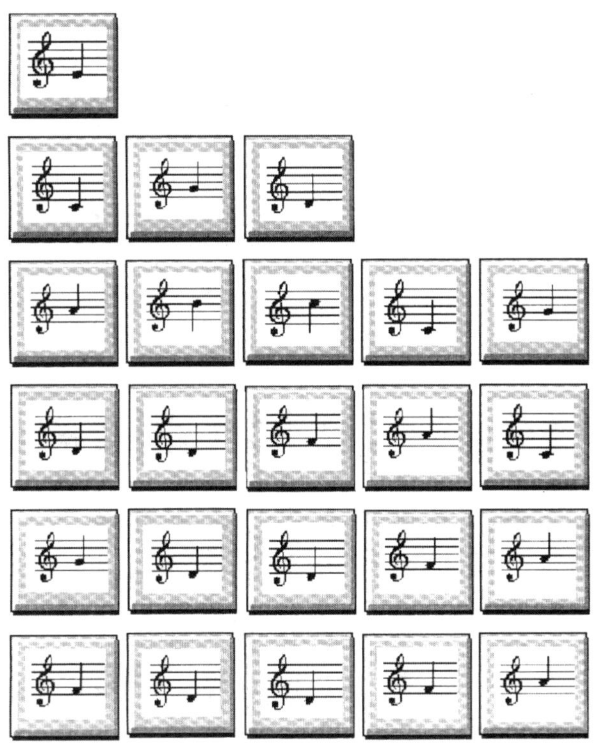

가락창작 활동 Ⅱ

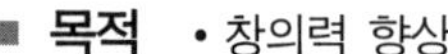

■ **목적**	• 창의력 향상　　　　　　　　• 언어능력 향상
■ **목표**	• 노랫말이 비어 있는 동요를 가지고, 아동은 치료사가 지시할 때 동요의 비어 있는 부분에서 독창적인 가락을 만들어 부르기를 2번 시도에 2번 정확히 한다.

■ **적용기술**

- 지휘기술
- 시범 보이기
- 인정하기
- 의사결정기술

- 상호교류기술
- 집중력 지속
- 지시 수용

■ **도구**

- 기타/피아노
- 노랫말 괘도

■ **활동순서**

1) 반기는 노래로 아동을 맞이한다.

2) 치료사는 모두가 잘 아는 〈떴다 떴다 비행기〉와 〈나비야〉를 함께 불러본다(물론 연령에 맞는 노래를 선곡할 수 있다).

3) 치료사는 〈떴다 떴다 비행기〉의 노랫말 가운데 '비행기'와 '날아라' 부분을 다른 멜로디로 불러본다(예 : 모두 같은 '솔'음으로 부른다).

4) 치료사는 아동들에게 노랫말 가운데 '비행기' 부분을 독창적으로 표현해 보도록 격려한다.

5) 치료사는 특정한 노랫말 '비행기' 부분을 제외한 나머지 부분은 다른 아동들이 불러주도록 한다.

6) 3), 4), 5)번의 과정을 〈나비야〉 노래에도 적용해서 불러보도록 한다(노랫말 가운데 '나비야 나비야' 부분을 변형해볼 수 있다).

7) 헤어지며 부르는 노래를 모두 함께 불러보고 세션을 끝맺는다.

■ **응용**

1) 위의 과정을 잘 수행하면, 노래 전체를 다른 멜로디로 불러보게
   할 수 있다.
2) 멜로디를 변형시켜 부를 수도 있지만 리듬을 변형시켜서 불러볼
   수도 있다. 예를 들어, 스타카토로 해당 부분을 불러보게 할 수
   있는 것이다.

♫	원 곡	변형곡
	떴다 떴다 비행기	떴다 떴다 **비행기**
	날아라 날아라	**날아라 날아라**
	높이 높이 날아라	높이 높이 **날아라**
	우리 비행기	우리 **비행기**
	나비야 나비야	**나비야 나비**야
	이리 날아 오너라	이리 날아 오너라
	노랑나비 흰나비	노랑**나비** 흰**나비**
	훨훨 날아 오너라	훨훨 날아 오너라

※ 변형곡의 굵은 글씨체 낱말은 독창적인 가락으로 바꾸어 부른다.

가락창작 활동 Ⅲ

- **목적** • 창의력 향상　　　　　　　　　• 사회교류기술 증진
- **목표** • 잘 알려진 동요(가요)와 치료사의 지시에 맞춰 아동은 자신에게 배당된 동요의 한 음을 순서대로 노래하기를 3번 시도에 3번 한다.

■ 적용기술

- 노래인도기술
- 지휘하기
- 인정하기
- 집단토론 인도
- 상호교류기술
- 집중력 지속
- 지시 수용

■ 도구

- 피아노

■ 활동순서

1) 반기는 노래로 아동을 맞이한다.
2) 치료사는 〈산토끼〉를 다 함께 불러본다(가요도 무방함).
3) 치료사는 〈산토끼〉 악보를 보여주고 한 음씩 번호를 매긴다.
4) '산'은 1번, '토'는 2번, '끼'는 3번 등으로 번호를 매기고 각 아동에게 한 음씩 나누어 부르게 한다.
5) 치료사는 아동의 수가 그 곡의 음의 수보다 더 많도록 배치한다.
6) 치료사는 1번 음을 부를 아동부터 시작하여 순서대로 노래를 부르게 한다.
7) 노래를 한 사람씩 돌아가며 부른 후, 그 다음 아동부터 다시 1번 음부터 시작하게 한다.
8) 치료사는 반대편에 있는 아동 둘에게 동시에 노래를 시작하도록 한다.
9) 느낌을 서로 나누고 헤어지며 부르는 노래를 모두 함께 불러보

고 세션을 끝맺는다.

■ **응용**

1) 위의 곡을 한 음씩 부르기를 잘 수행하면, 다른 쉬운 곡을 가지고 실행해볼 수 있다.

2) 한 아동이 가락을 8마디 정도 창작하면, 그 가락을 가지고 순서대로 불러볼 수 있다.

3) 〈산토끼〉 노래 가운데 특정 노랫말을 빼고서 그 부분에는 손뼉을 치게 할 수 있다. 예를 들면 노랫말 '토'와 '야'를 빼고서 함께 불러볼 수 있고, 또한 한 사람씩 돌아가며 한 음씩 부르되 자신의 순서에서 '토'와 '야'가 나오면 손뼉을 치거나 아무 말 없이 고개만 끄덕일 수 있다(응용곡 : Bingo).

사회교류기술

(Social Interaction)

▶ 자기인식(Self awareness)

▶ 타인인식(Awareness of others)

▶ 그룹참여(Group participation)

▶ 그룹교류(Peer interaction)

▶ 자기감정 표현(Expression of feelings)

▶ 여가선용(Recreation)

	활동 제목	자기인식	타인인식	그룹참여	그룹교류	자기감정 표현	여가선용
1	노래 만들기 Ⅰ	●				●	
2	노래 만들기 Ⅱ	●	●	●	●		
3	노래 만들기 Ⅲ	●	●	●	●		
4	노래 만들기 Ⅳ	●	●	●			
5	노래 만들기 Ⅴ		●				
6	소리식별활동 Ⅰ						
7	소리식별활동 Ⅱ						
8	소리식별활동 Ⅲ						
9	소리식별활동 Ⅳ						
10	리듬론도	●	●			●	
11	1, 2, 3, 4			●	●		
12	인지 활동 Ⅰ		●				
13	인지 활동 Ⅱ						
14	인지 활동 Ⅲ						
15	인지 활동 Ⅳ						
16	인지 활동 Ⅴ						
17	인지 활동 Ⅵ						
18	리듬카드 활동 Ⅰ		●				
19	리듬카드 활동 Ⅱ		●				
20	춤! 춤! 춤!	●	●			●	●
21	움직임 활동 Ⅰ		●			●	
22	움직임 활동 Ⅱ		●			●	
23	움직임 활동 Ⅲ					●	
24	긴장이완기법 Ⅰ	●					
25	긴장이완기법 Ⅱ	●					
26	온음음계!			●		●	
27	오음음계!			●		●	
28	리듬감 익히기 활동 Ⅰ						
29	리듬감 익히기 활동 Ⅱ						
30	리듬감 익히기 활동 Ⅲ						
31	리듬감 익히기 활동 Ⅳ						
32	리듬감 익히기 활동 Ⅴ						
33	즉흥연주 음악치료 Ⅰ	●	●	●	●	●	
34	즉흥연주 음악치료 Ⅱ	●	●	●	●	●	
35	즉흥연주 음악치료 Ⅲ	●		●	●	●	
36	즉흥연주 음악치료 Ⅳ			●		●	
37	감정표현 활동 Ⅰ	●	●			●	

	활동 제목	자기인식	타인인식	그룹참여	그룹교류	자기감정 표현	여가선용
38	감정표현 활동 Ⅱ		●			●	
39	감정표현 활동 Ⅲ		●			●	
40	감정표현 활동 Ⅳ		●	●		●	
41	그림으로 자기표현!	●	●	●		●	
42	리듬창작 활동 Ⅰ					●	
43	리듬창작 활동 Ⅱ					●	
44	리듬창작 활동 Ⅲ						
45	가락창작 활동 Ⅰ						
46	가락창작 활동 Ⅱ					●	
47	가락창작 활동 Ⅲ					●	
48	거울자아기법!	●	●	●	●	●	
49	핸드벨 그룹악기연주 활동		●	●	●		●
50	패들 드럼 연주 활동Ⅰ		●	●			
51	패들 드럼 연주 활동Ⅱ		●	●			
52	소그룹 작곡 활동			●	●	●	
53	노래 따라 부르기 활동						●
54	개방화음			●	●	●	
55	리듬합주 활동 Ⅰ	●	●	●	●		
56	리듬합주 활동 Ⅱ	●	●	●	●		
57	리듬합주 활동 Ⅲ	●	●	●	●		
58	리듬합주 활동 Ⅳ	●	●	●	●		
59	콰이어 차임		●	●	●		●
60	자기이름 표현 활동	●				●	
61	활력을 위한 리듬 사용Ⅰ		●	●	●	●	
62	활력을 위한 리듬 사용Ⅱ		●	●	●	●	
63	달크로즈 음악활동Ⅰ		●				
64	달크로즈 음악활동Ⅱ		●				
65	음악감상 활동						●
66	음악심상기법(GIM)	●				●	●
67	배경음악을 이용한 활동Ⅰ	●					
68	배경음악을 이용한 활동Ⅱ	●					
69	배경음악을 이용한 활동Ⅲ	●	●	●			
70	노래 배우기 활동						
71	오락으로서의 음악활동Ⅰ	●					●
72	오락으로서의 음악활동Ⅱ			●			●
73	오락으로서의 음악활동Ⅲ						●
74	오락으로서의 음악활동Ⅳ			●			●

거울자아기법!

> ■ **목적** • 사회교류기술 향상 – 거울기법(Mirroring) • 정서함양
>
> ■ **목표** • 내담자는 두 사람이 한 조가 되어 배경음악을 들으며 핸드 드럼을 함께 잡고 움직이기를 배경음악이 끝날 때까지 계속한다.

■ **적용기술**

- 눈 마주침 지속
- 상호교류기술
- 시범 보이기
- 집중력 지속
- 인정하기
- 지시 수용
- 집단토론 인도

■ **도구**

- 기타/피아노
- 녹음음악
- 핸드 드럼
- 카세트

■ **활동순서**

1) 반기는 노래로 내담자를 맞이한다.
2) 치료사는 핸드 드럼을 내담자에게 나누어 준다.
3) 치료사는 일정한 박이 있는 배경음악을 들려준다.
4) 치료사는 핸드 드럼을 가지고 하는 동작을 내담자가 따라하도록 한다(예 : 위로, 아래로, 돌리기, 밀기, 당기기 등).
5) 치료사는 내담자 두 사람이 서로 마주 보고 핸드 드럼을 잡도록 지시한다.
6) 치료사는 조용한 배경음악을 들려주면서 두 사람 가운데 오른쪽에 있는 사람이 리더가 되어 핸드 드럼을 움직이도록 격려한다(이때 왼쪽 사람은 리더가 이끄는 대로 수동적으로 핸드 드럼을 잡고 있도록 한다).
7) 이번엔 치료사 왼쪽에 있는 사람이 리더가 되어 핸드 드럼을 움

직여 보도록 격려한다.

8) 치료사는 오늘 활동에 대해 내담자와 함께 느낌을 나눈다.

9) 헤어지며 부르는 노래를 모두 함께 불러보고 세션을 끝맺는다.

■ 응용

모든 내담자들에게 배경음악을 들으면서 앞사람을 보며 일렬로 늘어서게 한다. 그런 다음, 제일 앞에 서 있는 내담자를 제외하고 나머지 내담자들은 모두 눈을 감게 하고 배경음악이 이끄는 대로 활동실 안을 이리저리 돌아다니게 한 뒤, 함께 느낌을 나눈다.

 **정지동작 꾸미기 활동**

- **목적** : 창의력 향상/사회교류기술 향상
- **목표** : 주어진 배경음악에 맞춰 내담자 A그룹은 치료사가 정지하라고 신호할 때 어떤 특정한 상황을 묘사하되 정지상태로 표현하면 다른 내담자 B그룹은 묘사된 정지 동작을 보고 무슨 상황인지 맞추기를 1번 시도에 1번 정확히 한다.
- **활동순서** :
  1) 반기는 노래로 내담자를 반긴다.
  2) 치료사는 내담자들에게 오늘 활동이 정지동작으로 상황을 묘사, 표현하는 활동이라고 설명한다.
  3) 치료사는 내담자들과 '기쁜 감정'은 어떻게 표현하면 좋을지 함께 토의해 본다.
  4) 치료사는 내담자와 함께 토의한 대로 정지동작으로 표현한다. 여러 가지 감정 상태를 예로 들어 표현연습을 해본다.
  5) 치료사는 내담자 집단을 A, B 두 집단으로 나누어 각 집단마다 상황을 설정하고 어떻게 표현할 것인지를 토의하게 한다.
  6) 치료사는 배경음악을 들려주고 A그룹에게 자유롭게 움직이도록 한다.
  7) 치료사가 핑거 심벌즈를 한 번 울리면 배경음악을 끄는 동시에 A그룹 내담자 모두가 정지동작으로 상황을 묘사한다(응용: 속담을 주고 그것을 표현하도록 할 수 있다).
     - 슬픈 감정　　　　　 - 바쁠 때의 조급한 감정　　　 - 화난 감정
     - 소변이 급할 때　　　 - 시험에 합격했을 때　　　　 - 엄마한테 혼났을 때
     - 호랑이 굴에 들어가도 정신만 차리면 산다.
     - 뛰는 놈 위에 나는 놈 있다.
  8) 내담자 B집단에게 A집단이 표현한 정지동작의 상황을 추측해 보도록 한다.
  9) 치료사는 A집단과 B집단이 역할을 바꾸어서 실행해 보게 한다.
  10) 치료사와 내담자가 함께 오늘 활동에 대한 느낌을 나눈다.
  11) 헤어지며 부르는 노래를 모두 함께 불러보고 세션을 끝맺는다.

49 핸드벨 그룹악기 연주 활동

- **목적** • 집중력 향상
- **목표** • 내담자는 자신이 가지고 있는 핸드벨 색깔과 악보의 색깔이 일치할 때마다 악기 연주하기를 5번 시도에 3회 이상 한다.

■ 적용기술

- 지휘기술
- 시범 보이기
- 인정하기
- 집단토론 인도

- 눈 마주침 지속
- 집중력 지속
- 지시 수용
- 과제분석기술

■ 도구

- 피아노
- 색깔악보

- 핸드벨 16개

■ 활동순서

1) 반기는 노래로 내담자를 맞이한다.
2) 치료사는 내담자에게 핸드벨을 보여주며 악기를 설명한다.
3) 치료사는 내담자에게 핸드벨에 붙어 있는 종이의 색깔에 따라 연주하게 될 것이라고 설명한다(이때 색깔종이를 붙이는 대신 계이름 악보를 사용할 수도 있다).
4) 치료사는 내담자에게 핸드벨을 나누어 준다.
5) 치료사는 내담자에게 간단한 리듬을 연습하게 한다.
6) 치료사는 내담자에게 잘 알려진 노래를 함께 하도록 한다.
7) 치료사는 내담자에게 이 노래를 색깔악보에 맞추어 연주하도록 한다.
8) 치료사는 내담자와 함께 여러 번 반복해서 연습한다.
9) 치료사는 내담자에게서 핸드벨을 회수한다.

10) 헤어지며 부르는 노래를 모두 함께 불러보고 세션을 끝맺는다.

■ **응용**

1) 내담자가 위와 같은 활동을 잘 수행하면 조금 더 어려운 노래를 함께 연주해 본다.
2) 내담자가 위의 활동을 수행하기에 기능이 부족할 때는 간단하고 쉬운 노래만 연습한다.
3) 색깔악보 대신 숫자악보를 사용할 수도 있다.

 **색깔악보 예시**

파노노 초주빨
산토끼 토끼야

주노주 빨노파
어디를 가느냐

남파남파 남파노
깡충깡충 뛰면서

파주초 노주빨
어디를 가느냐

숫자악보 예시

⑤③③ ⑤③①
산토끼 토끼야

②③② ①③⑤
어디를 가느냐

⑧⑤⑧⑤ ⑧⑤③
깡충깡충 뛰면서

⑤②④ ③②①
어디를 가느냐

■ **음악의 치료적 역할**

색깔악보를 보고 따라 연주하는 활동은 내담자에게 주의집중력을 높이는 역할을 한다. 또한 핸드벨의 맑은 음색은 내담자에게 더욱 차분함과 안정감을 주며 흥미를 불러일으키는 역할을 한다. 색깔악보에 맞추어 정확히 연주함으로써 내담자의 자긍심을 높이는 데 도움을 준다.

50 패들 드럼 연주 활동 I

> ■ **목적** • 자아존중감 향상 – 성공적인 연주경험을 통하여 성취감을 얻음
>
> ■ **목표** • 주어진 패들 드럼과 리듬카드, 치료사의 지시에, 내담자는 치료사가 제시하는 리듬카드에 맞추어 패들 드럼을 연주하기를 3번 시도에 3번 이상 한다.

■ **적용기술**

- 악기연주기술
- 지휘기술
- 시범 보이기
- 집중력 지속
- 인정하기
- 지시 수용

■ **도구**

- 기타
- 패들 드럼
- 메트로놈
- 리듬카드

■ **활동순서**

1) 반기는 노래로 내담자를 맞이한다.
2) 치료사는 내담자에게 오늘은 리듬을 따라하는 활동을 할 것이라고 설명한다.
3) 치료사는 내담자에게 함께 연주할 기본 박자를 들려준다.
4) 치료사는 내담자에게 치료사의 입으로 제시된 리듬을 입으로 따라하게 한다(다양한 리듬 패턴 제시).
5) 치료사가 내담자에게 패들 드럼으로 리듬을 제시하면 내담자는 입으로 따라한다(다양한 리듬 패턴 제시).
6) 치료사는 내담자에게 패들 드럼을 나누어 준다.
7) 치료사의 입으로 내담자에게 리듬을 제시하면 패들 드럼으로 따라하게 한다.
8) 치료사는 내담자에게 패들 드럼으로 리듬을 제시하면 내담자의 패들 드럼으로 따라하게 한다.

9) 치료사는 4)~ 8)까지의 과정을 리듬카드를 이용하여 실행한다.

10) 치료사는 내담자에게서 패들 드럼을 회수한다.

11) 헤어지며 부르는 노래를 모두 함께 불러보고 세션을 끝맺는다.

■ **응용**

1) 내담자가 위와 같은 활동을 잘 수행하면 조금 더 복잡한 리듬 패턴을 함께 해본다.

2) 내담자가 위의 활동을 수행하기에 기능이 부족할 때는 간단하고 쉬운 리듬만 연습한다.

 **드럼 서클(Drum Circle)**

• **목적** : 사회교류기술 향상/자긍심 향상
• **목표** : 아동은 주어진 패들 드럼과 북으로 제시되는 기본 리듬에 맞춰 자신의 패들 드럼을 자유롭게 연주하기를 3분 동안 한다.
• **활동순서** :
1) 반기는 노래로 아동을 반긴다.
2) 치료사는 봉고 드럼을 2개 준비한다.
3) 치료사는 두 명의 아동을 앞으로 나오게 하여 기본 리듬을 연주하도록 한다. 여기서 4분의 3박자나 4분의 4박자 가운데 아무것이나 선택해서 사용한다. 아래 왼쪽 리듬은 작은 봉고 드럼으로, 오른쪽 리듬은 큰 봉고 드럼으로 연주하도록 한다.

4) 치료사는 다른 아동들이 기본 리듬 위에서 자유롭게 패들 드럼을 연주할 수 있도록 격려한다. 이때 치료사는 강한 역동성이 형성될 수 있도록 목소리와 행동에 주의를 기울여야 한다(역동적인 진행, 목소리, 기본 리듬의 속도, 치료사의 패들 드럼 모델링 → 손을 높게 들어서 치는 시늉을 한다 등).
5) 연주의 분위기가 고조되어 집단 속에 강한 역동성이 생기게 되면 치료사는 모두 일어나서 연주하도록 격려한다.
6) 치료사는 아동들에게 원을 만들어 돌게 한다.
7) 치료사는 서로의 패들 드럼을 한 번씩 쳐 보도록 지시한다. 여러 명이 모여 하나의 집단을 형성하고 패들 드럼을 그들 사이에 놓고서 자유롭게 서로의 드럼을 칠 수 있도록 배려해도 좋다.
8) 연주의 종반부에 다다르면, 연주의 속도를 점점 느리게 이끌어 마지막 절정을 하나의 커다란 소리를 형성하면서 종결한다. 여기서도 치료사의 종결을 알리는 동작인도가 매우 중요하다.
9) 헤어지며 부르는 노래를 모두 함께 불러보고 세션을 끝맺는다.

 # 패들 드럼 연주 활동 Ⅱ

> ■ **목적** • 사회교류기술 증진 – 패들 드럼 이용한 자기이름 표현 활동　　　• 창의력 향상
>
> ■ **목표** • 아동은 치료사의 지시가 있을 때 자신의 이름을 패들 드럼을 이용하여 표현하기를 1번 시도에 1번 한다.

■ 적용기술

- 악기연주기술
- 시범 보이기
- 인정하기
- 집단토론 인도
- 지휘기술
- 집중력 지속
- 지시 수용
- 과제분석기술

■ 도구

- 키보드
- 패들 드럼

■ 활동순서

1) 반기는 노래로 아동을 반긴다.

2) 치료사는 아동들에게 패들 드럼을 하나씩 나누어 준다.

3) 치료사는 아동들에게 자유롭게 패들 드럼의 소리나 연주법을 잘 살펴보도록 시간을 준다.

4) 치료사가 먼저 패들 드럼을 이용하여 치료사 자신의 이름을 표현해본다.

5) 치료사는 아동들에게 차례대로 자신의 이름을 표현해 보도록 한다.

6) 치료사는 아동에게서 패들 드럼을 수거한다.

7) 느낌을 함께 나누고, 헤어지며 부르는 노래를 모두 함께 불러보고 세션을 끝맺는다.

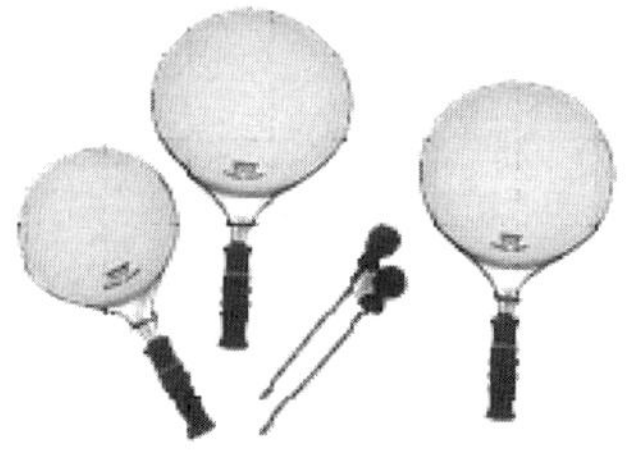

■ **응용**

1) 이름을 이용하는 활동에는 여러 가지가 있을 수 있다. 치료사는 '이름'을 넣어 부를 수 있는 노래를 준비하여 함께 부른 다음, 노래반주에 맞추어 패들 드럼을 연주하게 한다.

2) 옆사람의 이름을 패들 드럼을 통해서 소개해 주는 것도 의미가 있다. 예를 들어,『내 짝의 이름은 ＿ ＿ ＿』

■ **음악의 치료적 역할**

분명하고 반복적인 리듬은 내담자의 신체 운동을 활발하게 하여 근육 반응을 자극하는 역할을 한다. 또한 리듬카드에 있는 리듬 패턴을 따라 소리내고 연주하는 활동은 주의집중력을 높이는 데 도움을 주며, 그룹간의 일체감을 형성시킨다. 이에 따르는 성공적인 경험은 내담자에게 자신을 존중하는 마음을 갖도록 도움을 준다.

소그룹 작곡 활동

- **목적** • 창의력 향상
- **목표** • 내담자는 치료사가 제시한 과제(멜로디, 리듬, 속도, 강약)대로 노래부르기를 2번 시도에 2번 한다.

■ 적용기술

- 상호교류기술
- 노래인도기술
- 지시 수용
- 시범 보이기
- 인정하기
- 집단토론 인도

■ 도구

- 피아노

■ 활동순서

1) 반기는 노래로 내담자를 맞이한다.
2) 치료사는 내담자와 함께 〈하늘나라 동화〉를 불러본다.
3) 치료사는 한 그룹 당 4명씩 5그룹으로 나눈다.
4) 치료사는 각 그룹에 다음과 같은 과제를 제시한다. 5분의 여유를 준다.

   A그룹 : 멜로디를 달리하여 1명이 노래의 한 단씩 부른다.

   B그룹 : 리듬을 달리하여 1명이 노래의 한 단씩 부른다.

   C그룹 : 속도를 달리하여 1명이 노래의 한 단씩 부른다.

   D그룹 : 강약을 달리하여 1명이 노래의 한 단씩 부른다.

   E그룹 : 음색을 달리하여 1명이 노래의 한 단씩 부른다.

   한 그룹이 두 가지 이상의 음악적 요소(멜로디, 리듬 등)를 섞어 사용해도 무방하다고 설명한다.
5) 치료사는 각 그룹별로 발표할 시간을 제공한다.
6) 헤어지며 부르는 노래를 모두 함께 불러보고 세션을 끝맺는다.

■ **응용**

1) 모두가 잘 아는 노래 즉, 〈송아지〉나 〈학교종〉 같은 곡을 빠르기나 음색, 멜로디, 리듬 등을 달리하여 노래부르게 할 수 있다.

2) 치료사가 4박자 멜로디를 만들어 부르면 왼쪽 아동은 치료사의 멜로디를 부른 다음, 자신의 멜로디를 덧붙여 부른다. 그 옆의 아동은 치료사의 멜로디부터 시작해서 자신의 멜로디까지 이어서 부른다.

성악적 리프(후렴)

- **목적** : 창의력 향상/사회교류기술 향상
- **목표** : 치료사가 일정한 형태의 저음을 4박자 간격으로 반복하면, 아동은 자신만의 독특한 멜로디나 리듬(의성어)을 넣어 부를 수 있다.

- **활동순서** :

1) 반기는 노래로 아동을 반긴다.
2) 치료사는 아동들에게 동그란 원을 이루도록 한다.
3) 치료사는 일정한 형태의 저음을 4박자 단위로 여러 번 들려준다.
4) 치료사가 만든 일정한 패턴 위에 왼쪽 아동은 치료사의 리프(후렴)에 맞추어 새로운 멜로디 또는 리듬(의성어)을 만들어 소리낸다.
5) 원 안의 모든 아동이 돌아가며 치료사의 리프에 맞추어 노래부른다.
6) 이번에는 치료사가 새로운 리프를 들려주면, 역시 왼쪽 아동이 먼저 리프 위에 새로운 소리를 더하는데, 그 소리 위에 다른 아동의 소리를 계속해서 더하여 간다(하나가 되는 역동적인 경험을 할 수 있도록 한다).
7) 헤어지며 부르는 노래를 모두 함께 불러보고 세션을 끝맺는다.

〈리프 합창의 예〉

```
          ♩      ♩      ♩      ♩
교사리프: 봄    / 파파파 / 봄    / 파파파
A 아 동: 라디디 / 라디디 / 라디디 / 라디디
B 아 동: 타라타 / 타라타 / 타라타 / 타라타
C 아 동: 투우툴 / 투우툴 / 투우툴 / 투우툴
D 아 동: 바    / 바 룬 / 바    / 바 룬
E 아 동: 무 우 / 무 우 / 무 우 / 무 우
F 아 동: 데    / 데    / 데    / 데
```

☞ 치료사는 리프를 타악기로 연주해도 됨

노래 따라 부르기 활동

- **목적** • 사회교류기술 향상
- **목표** • 내담자는 치료사와 함께 여행 관련 노래부르기를 3번 시도에 3번 한다.

■ 적용기술

- 노래인도기술
- 시범 보이기
- 인정하기
- 집단토론 인도
- 의사결정기술
- 집중력 지속
- 지시 수용
- 과제분석기술

■ 도구

- 기타/피아노
- 리듬악기(귀로/카바사/마라카스/우드 블록/패들 드럼/핸드 드럼/오션 드럼/쉐이커/봉고 드럼/크로우 사운드 등)
- 노랫말 괘도

■ 활동순서

1) 반기는 노래로 내담자를 맞이한다.
2) 치료사는 내담자와 함께 '여행'에 관하여 이야기를 나눈다.
3) 치료사는 내담자에게 여행과 관련된 노래에는 어떤 것이 있는지 물어본다.
4) 치료사는 여행 관련 노래 가운데 몇 가지를 골라서 함께 불러본다.
5) 치료사는 내담자에게 여러 가지 방법으로 노래를 불러보도록 한다. 먼저 여행 노래를 크게 힘차게 불러보도록 한다.
6) 치료사는 여행 노래를 느리게 불러보도록 한다.
7) 치료사는 여행 노래를 스타카토로 불러보도록 한다.
8) 치료사는 지휘를 하며 다양한 방법으로 불러보도록 한다.

9) 치료사는 내담자와 함께 '여행'을 간다면 어떤 곳으로 가보고 싶은지 자연스러운 분위기에서 이야기를 나눈다.

10) 치료사는 내담자에게 다시 한번 부르고 싶은 여행 관련 노래 한 곡을 골라 크고 힘차게 부른다.

11) 헤어지며 부르는 노래를 모두 함께 불러보고 세션을 끝맺는다.

■ 응용

노래의 특정 부분에서 내담자는 자신의 선택한 악기를 연주할 수 있다.

여름 관련 노래 목록

1. 여행을 떠나요 – 박강성
2. 여름날의 추억 – 이정석
3. 여행스케치 – 여행스케치
4. 조개껍질 묶어 – 윤형주
5. 여름 – 해바라기 또는 징검다리
6. 여름이야기 – DJ DOC
7. 푸른 여름에는 – 한울타리
8. 그녀석들과의 여행 – 여행스케치
9. 연가 – 윤형주

개방화음

- **목적** • 자긍심 증진 – 개방화음(Open Chord) 기타 활동
- **목표** • 한 가지 화성으로 일관성 있게 조율된 기타와 숫자악보를 준비하고, 내담자는 자신이 가지고 있는 기타의 숫자와 동일한 색깔이 지시될 때마다 기타 연주하기를 100% 수행한다.

■ **적용기술**

- 계획적 원조
- 시범 보이기
- 인정하기
- 집단토론 인도
- 악기연주기술
- 집중력 지속
- 지시 수용
- 과제분석기술

■ **도구**

- 피아노
- 숫자악보
- 조율된 기타

■ **활동순서**

1) 반기는 노래로 내담자를 맞이한다.
2) 치료사는 오늘의 활동에 대해 간단하게 설명한다.
3) 치료사의 기타반주에 맞춰 〈만남〉을 노래한다.
4) 치료사는 내담자에게 기타를 나누어 준다.
5) 치료사는 내담자가 기타를 잘 살펴보도록 한 후, 기타의 기본 주법(특히, 스트로크)을 지도한다.
6) 치료사는 기타에 붙어 있는 숫자와 악보의 숫자가 일치할 때마다 연주한다고 설명한다.
7) 치료사는 숫자악보를 보며 따라서 연주하게 한다.
8) 치료사는 내담자의 연주와 노래를 녹음한 뒤 함께 감상하게 한다.
9) 치료사는 내담자와 함께 느낌을 나눈 뒤 활동을 끝맺는다.

10) 헤어지며 부르는 노래를 모두 함께 불러보고 세션을 끝맺는다.

■ 응용

1) 노래를 다양하게 바꾸거나 악기를 키보드 등으로 변화를 주어 내담자의 흥미를 유발시키고 다양한 경험으로 이끌 수 있다.
2) 여러 개의 기타를 이용하여 다양하게 화음을 구성하여 좀더 화성적인 음악을 구성할 수도 있다.

■ 음악의 치료적 역할

치료사가 연주하던 기타를 내담자가 직접 연주하는 경험을 통해 내담자가 자신감과 성취감을 느낄 수 있도록 돕는다. 또한 규칙적인 노래 리듬에 따라 반복되는 오른손의 움직임은 내담자의 소근육 운동기술 향상에 도움을 준다. 그리고 숫자악보와 치료사의 지시에 맞춰 내담자가 기타 연주를 하기 위해서는, 멜로디의 흐름에 따라 자신의 연주차례에 적절하게 연주하기 위해서는 주의집중력이 필요하다. 따라서 위의 활동은 내담자의 집중력 향상에도 도움을 준다.

리듬합주 활동 I

- **목적** • 집중력 향상 – 봉고 드럼 리듬에 맞추어 연주하기
- **목표** • 내담자는 봉고 드럼에 의해 제시되는 리듬에 따라 자신의 악기를 자유롭게 연주하기를 3번 시도에 3번한다.

■ 적용기술

- 악기연주기술
- 지휘기술
- 시범 보이기
- 집중력 지속
- 인정하기
- 지시 수용
- 의사결정기술
- 과제분석기술

■ 도구

- 키보드
- 리듬악기(귀로/카바사/마라카스/우드 블록/패들 드럼/핸드 드럼/오션 드럼/쉐이커/봉고 드럼/크로우 사운드 등)
- 리듬카드

■ 활동순서

1) 반기는 노래로 내담자를 맞이한다.
2) 치료사는 내담자에게 그룹으로 악기를 연주할 것이라고 설명한다.
3) 치료사가 내담자에게 악기를 보여주며 소리를 들려준다.
4) 치료사는 내담자에게 마음에 드는 악기를 선택하게 한다.
5) 치료사가 일정한 봉고 드럼 리듬을 연주하면 내담자는 제시되는 리듬에 따라 자신의 악기를 연주한다.
6) 치료사는 봉고 드럼의 리듬을 느리고 빠르게 변화를 주어 연주한다.
7) 치료사는 봉고 드럼의 리듬을 작게 또는 크게 변화를 주어 내담자가 따라서 연주하게 한다.
8) 치료사는 내담자가 봉고 드럼을 가지고 리듬을 이끌도록 한다.

9) 헤어지며 부르는 노래를 모두 함께 불러보고 세션을 끝맺는다.

- **응용**

1) 내담자가 위와 같은 활동을 잘 수행하면, 치료사는 특정 악기를 지시하고 그 악기를 가진 내담자가 악기를 연주하도록 한다.
2) 내담자의 수가 많아 활동시간이 부족하면 내담자가 봉고 드럼을 가지고 리듬을 이끄는 시간을 생략할 수 있다.

- **음악의 치료적 역할**

일정한 형식을 가진 타악기 즉흥연주는 악기를 연주하는 기술의 정도에 관계없이 내담자가 안전하게 활동에 참여할 수 있도록 도움을 준다. 또한 분명하고 반복적인 리듬은 내담자의 흥미를 유발시키고 그룹 간의 일체감을 주며, 주의집중력을 높이는 데 도움을 준다.

봉고 드럼

봉고는 쿠바를 비롯한 중남미 일대에 보급되어 있는 드럼류의 리듬용 민족악기이다. 봉고는 라틴 지방에서 오래전부터 사용되어 온 악기로 가로버팀대에 같은 높이로 고정된 한 쌍 또는 세 개의 울림통의 한 면을 가죽으로 싸서 만든 작은 북이다. 북면의 어느 부위를 치는가에 따라 음색과 음높이에 다양한 변화를 줄 수 있기 때문에 연주자의 기량에 따라 훌륭한 연주가 가능한 악기이다.

크기는 작은 2개의 북이 한 조가 되어 있으므로 명칭이 복수로 불린다. 큰 쪽은 지름 25cm 정도, 작은 쪽은 지름 20cm 정도이다. 속이 빈 나무통 한 면에 가죽을 팽팽하게 씌워 만들었다. 2개를 나란히 놓고 연주자는 앉아서 두 무릎 사이에 봉고를 끼고 양손 손가락으로 쳐서 소리를 내는 것이다. 손가락의 타법과 치는 장소에 따라서 갖가지 음색으로 변하며, 룸바 ·콩가 ·볼레로 등의 기초 리듬악기로 많이 이용된다.

음악 치료 56 리듬합주 활동 Ⅱ

- **목적** • 자긍심 향상 – 색깔악보 연주(그룹연주 활동)
- **목표** • 내담자는 자신이 가지고 있는 악기의 색깔과 같은 부분에서 악기를 연주하기를 5번 시도에 3회 이상 한다.

■ 적용기술

- 노래인도기술
- 시범 보이기
- 인정하기
- 집단토론 인도
- 상호교류기술
- 집중력 지속
- 지시 수용
- 과제분석기술

■ 도구

- 피아노
- 리듬스틱
- 봉고 드럼
- 크로우 사운드
- 과일 쉐이커

■ 활동순서

1) 반기는 노래로 내담자를 맞이한다.

2) 치료사는 내담자와 함께 〈닐리리야〉 노래를 함께 불러본다.

3) 치료사는 내담자에게 리듬악기를 하나 고르도록 한다.

4) 치료사는 내담자에게 〈닐리리야〉 노래에 맞추어 자유롭게 악기를 연주하도록 한다.

5) 치료사는 내담자에게 색깔악보를 제시한다.

6) 치료사는 내담자에게 자신의 색깔이 표시된 부분에서만 연주하도록 한다.

7) 치료사는 색깔의 위치를 바꾸어서 제시한다.

8) 치료사는 내담자에게 새롭게 제시된 색깔악보를 보고 자신의 색깔 부분에서 자유롭게 연주한다.

9) 치료사는 내담자에게서 악기를 회수한다.

10) 헤어지며 부르는 노래를 모두 함께 불러보고 세션을 끝맺는다.

■ **응용**

1) 내담자가 위와 같은 활동을 잘 수행하면 조금 더 많은 색깔을 붙여 연주해 본다.

2) 내담자가 위의 활동을 수행하기에 기능이 부족할 때는 색깔 부분을 줄여서 제시한다.

3) '소고' 같은 우리나라 악기를 사용하는 것도 좋은 방법이다.

■ **음악의 치료적 역할**

노래의 친숙한 멜로디는 내담자에게 더욱 친근한 감정을 갖게 하고 색깔악보를 보고 따라 연주하는 활동은 그룹간의 일체감을 형성시켜 줄 뿐만 아니라 주의집중력을 높이는 역할을 한다. 또한 색깔악보에 맞추어 정확히 연주함으로써 내담자의 자긍심을 높이는 데 도움을 준다.

닐리리야

• **종류** : 경기민요
• **제작연도** : 조선 후기
• **설명**
조선 후기에 생긴 신민요이며, 굿거리장단으로 부른다. 본래 무당들이 굿을 할 때 부르던 무가(巫歌) 〈창부타령〉에서 전화된 노래로, 일제강점기 때는 피압박 민족의 비애와 분노를 담은 애절한 호소의 노래가 되기도 하였다. 이와 같이 〈닐리리야〉는 피리의 음색을 따온 구음(口音)이라 한다.

(출처 : 두산세계대백과 EnCyber사전 참조)

• **가사**
(1절) 청사초롱 불 밝혀라 잊었던 그 임이 다시 돌아온다.
　　　닐닐닐 닐리리야.
(2절) 일구월심(日久月深) 그리던 임 어느 시절에 다시 만나볼까
　　　닐닐닐 닐리리야.

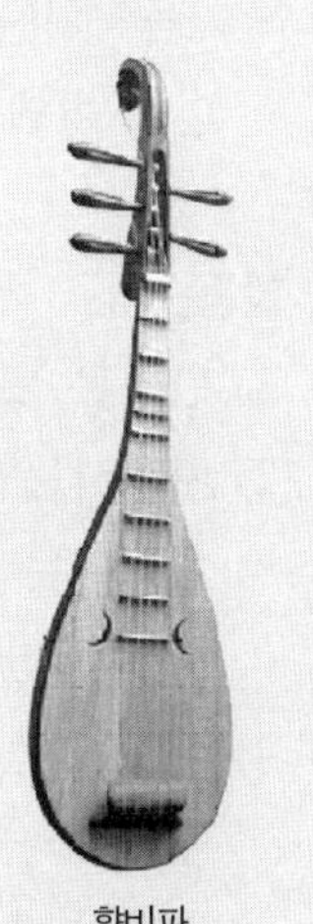

향비파

리듬합주 활동 Ⅲ

- **목적** • 집중력 향상 • 지속력 향상
- **목표** • 내담자는 치료사가 들어올린 특정 악기를 제외한 다른 악기들은 5에서부터 숫자를 세어 0이 될 때 악기연주를 멈추고, 다시 0에서부터 숫자를 세어 5가 되면 다시 악기연주 하는 것을 5번 시도에 5번 정확히 한다.

- **적용기술**

  - 악기연주기술
  - 시범 보이기
  - 인정하기
  - 지휘하기

  - 집단인도기술
  - 집중력 지속
  - 지시 수용
  - 과제분석기술

- **도구**

  - 기타/피아노
  - 리듬악기(귀로/카바사/마라카스/우드 블록/패들 드럼/핸드 드럼/오션 드럼/쉐이커/봉고 드럼/크로우 사운드 등)

- **활동순서**

  1) 반기는 노래로 내담자를 맞이한다.
  2) 치료사는 내담자에게 리듬악기를 자유롭게 선택하도록 한다.
  3) 치료사는 내담자에게 자신이 선택한 악기를 자유롭게 연주해 보도록 시간을 주고, 돌아가며 악기를 연주하게 한다.
  4) 각자 자신의 악기를 자유롭게 연주하는 도중 치료사가 악기를 높이 들면서 숫자를 5에서 0까지 센다고 설명하고, 0을 셀 때 치료사의 손에 들려진 악기만 계속해서 연주하고 다른 악기는 연주를 중단하기로 약속한다.
  5) 치료사가 숫자를 0에서부터 세는데 5라고 이야기하면 모든 사람이 다시 악기를 연주하기 시작한다고 약속한다.

6) 치료사는 내담자에게 자유롭게 각자의 악기를 연주하도록 한다.

7) 치료사는 특정 악기를 높이 들고 숫자를 5, 4, 3, 2, 1 그리고 0이라고 크게 소리친다.

8) 치료사는 다시 0에서부터 세어 5까지 크게 외치면 모든 사람이 다시 함께 악기 연주를 시작한다. 위의 내용을 5회 반복한다.

9) 헤어지며 부르는 노래를 모두 함께 불러보고 세션을 끝맺는다.

■ 응용

내담자의 기능이 뛰어날 경우, 그룹의 멤버 가운데에서 한 사람씩 나와서 활동을 이끌게 할 수 있다.

■ 음악의 치료적 역할

다양한 리듬악기의 사용은 내담자의 흥미를 유발시켜 적극적으로 음악치료 세션에 참여하도록 하며, 치료사의 지시에 자신의 악기로 적절하게 반응하기 위해서는 주의집중력이 필요하므로 집중력 향상이라는 치료 목적을 달성할 수 있다.

리듬합주 활동 Ⅳ

> ■ **목적** • 집중력, 지속력 향상 – 패들 드럼 합주 • 운동기술 향상
>
> ■ **목표** • 아동은 노래에서 지시하는 대로 자신의 드럼과 옆사람 그리고 다른 모두의 드럼을 노래 가운데 정해진 부분에서 3번 시도에 3번 연주한다.

■ **적용기술**

- 노래인도기술
- 시범 보이기
- 인정하기
- 악기연주기술
- 상호교류기술
- 집중력 지속
- 지시 수용
- 과제분석기술

■ **도구**

- 기타/피아노
- 패들 드럼

■ **활동순서**

1) 반기는 노래로 아동을 맞이한다.

2) 치료사는 세션에 필요한 노래를 배워서 여러 번 불러본다.

3) 치료사는 노래의 질문에 따라 자신과 옆사람, 다른 모든 사람의 관계에 대해 대답하고 노래에서 지시할 때 악수를 하거나 손을 잡도록 한다.

4) 치료사는 아동에게 패들 드럼을 나누어 주고 자유롭게 소리와 음색을 잘 살펴보도록 한다.

5) 치료사는 오늘 배운 노래를 자유롭게 패들 드럼으로 연주해 보도록 한다.

6) 치료사는 아동에게 노래 지시를 할 때마다 자신의 드럼을 연주하도록 한다.

7) 치료사는 노래 지시가 있을 때마다 옆사람의 드럼을 치도록 한다.

8) 치료사는 노래 지시가 있을 때마다 주변의 다른 사람의 드럼을

치도록 한다.

9) 정리하면서 치료사는 다시 한번 노래를 따라 부르며 서로의 관계를 확인한다.

10) 헤어지며 부르는 노래를 모두 함께 불러보고 세션을 끝맺는다.

■ 응용

1) 다른 종류의 리듬악기를 제시하여 서로의 악기를 바꾸어서 연주할 수 있도록 한다.

2) 〈빙고〉 노래를 부르면서 게임 방법처럼 영어철자를 하나씩 빼면서 패들 드럼을 연주하게 할 수 있다.

3) 악보 속의 노랫말의 크기를 달리하여 패들 드럼으로 강약을 조절하며 치게 할 수 있다.

■ 음악의 치료적 역할

패들 드럼의 강하고 경쾌한 음색은 아동이 활동에 적극적으로 참여하도록 유도하고, 집단 내에서 역동성을 느끼도록 돕는다. 또한 서정적인 멜로디와 도약하는 음정, 나와 옆사람, 그리고 다른 친구들 모두가 나와 어떤 관계가 있는지 묻고 확인하는 긍정적인 노랫말은 서로의 관계를 일깨우고 노래에 집중할 수 있는 동기와 기회를 제공한다.

사 랑 해

사랑**해**
사랑해 당신을 정**말**로 **사랑해**
당신이 내 **곁**을 떠나간 뒤**에**
얼마나 눈**물**을 **흘렸는지** 모**른**다오
예**예**예 **예**예예 예**예**예 예예예 **예예예** 예예예 예예예
예예예 예**예**예 예예**예** 예예예 **예예예** 예예예 예예예
사랑해 **당신**을 정**말**로 사랑해

59 콰이어 차임

> ■ **목적** ・집중력 증진 – 색깔 따라 연주하기　　　　　・색깔지각
> ■ **목표** ・내담자는 자신이 가지고 있는 콰이어 차임과 동일한 색깔이 지시될 때마다 악기 연주
> 　　　　　하기를 100% 수행한다

■ **적용기술**

- 노래인도기술
- 시범 보이기
- 인정하기
- 집단토론 인도
- 상호교류기술
- 집중력 지속
- 지시 수용
- 과제분석기술

■ **도구**

- 피아노
- 콰이어 차임
- 노랫말 괘도
- 색깔악보

■ **활동순서**

1) 반기는 노래로 〈아름다운 것들〉을 부른다.
2) 내담자에게 색깔종이가 붙어 있는 콰이어 차임을 나누어 준다.
3) 치료사는 내담자가 콰이어 차임을 자유롭게 만져보고 소리내 보도록 지시한다.
4) 치료사는 내담자에게 콰이어 차임의 색깔과 치료사가 지시하는 색깔이 일치할 때, 연주한다고 설명한다.
5) 치료사는 몇 가지 색깔을 가지고 간단한 연습을 한다. 치료사가 특정 색깔을 들어 보이면 그 색깔과 일치하는 콰이어 차임을 든 내담자가 연주하도록 한다.
6) 치료사는 내담자에게 치료사의 지시에 따라 색깔악보를 따라 연주하도록 한다.
7) 치료사는 활동에 관한 각자의 느낌을 나눈 뒤 활동을 끝맺는다.

8) 헤어지며 부르는 노래를 모두 함께 불러보고 세션을 끝맺는다.

■ 응용

1) A, B그룹으로 나누어 A그룹은 노래를, B그룹은 콰이어 차임을 연주한다.
2) 악기 음색 변화를 위해 낱건반을 가지고 연주하여 내담자의 흥미를 유발시킬 수 있다.
3) 경우에 따라 각자가 생각하는 〈아름다운 것들〉에 대해 토의할 수도 있다.
4) 색깔악보뿐만 아니라 숫자악보, 화음악보 또한 가능하다. 화음악보의 경우, 만약 첫마디가 Ⅰ화음(도미솔)이라면, 각 음을 연주하는 악기에 같은 색깔의 종이를 붙여놓고 악보에 색깔이 제시되면 동시에 세 명이 함께 연주하게 된다.

아름다운 것들

1. 꽃잎 끝에 달려 있는 작은 이슬방울들
   빗줄기 이들을 찾아와서 음~ 어디로 데려갈까
2. 엄마 잃고 다리도 없는 가엾은 작은 새는
   바람이 거세게 불어오면 음 어디로 가야할까
3. 모두가 사라진 숲에는 나무들만 남아 있네
   때가 되면 이들도 사라져 음~ 고요만이 남겠네
   (후렴) 바람아 너는 알고 있나 비야 네가 알고 있나
   　　　무엇이 이 숲 속에서 음~ 이들을 데려갈까

■ 음악의 치료적 역할

누구에게나 거부감 없이 다가갈 수 있는 친숙한 노래인 〈아름다운 것들〉을 콰이어 차임으로 연주하는 경험을 통해 내담자는 자신감과 성취감을 느낄 수 있다. 무엇보다 색깔악보와 자신의 콰이어 차임을 동시에 협응시키고 멜로디의 흐름에 따른 자신의 연주차례에 적절하게 연주하기 위해서는 주의집중력이 필요하다. 따라서 위의 활동을 통해 내담자의 집중력과 지속력 향상에 도움을 줄 수 있다.

정서발달

(Emotion Development)

- ▶ 동기유발(Motivation)
- ▶ 긍정적 정서경험(Positive emotional experience)
- ▶ 침체된 정서고양(Increase of depressed emotion)
- ▶ 충동조절(Impulse management)
- ▶ 감정표현(Exression of feeling)
- ▶ 스트레스대처기술(Stress management)

	활동 제목	동기유발	긍정적 정서경험	침체된 정서고양	충동조절	감정표현	스트레스대처기술
1	노래 만들기 Ⅰ	●	●	●	●	●	●
2	노래 만들기 Ⅱ	●	●	●	●	●	●
3	노래 만들기 Ⅲ	●	●	●	●	●	●
4	노래 만들기 Ⅳ	●	●	●	●		
5	노래 만들기 Ⅴ	●	●				
6	소리식별 활동 Ⅰ						
7	소리식별 활동 Ⅱ						
8	소리식별 활동 Ⅲ						
9	소리식별 활동 Ⅳ						
10	리듬론도		●				
11	1, 2, 3, 4		●				
12	인지 활동 Ⅰ						
13	인지 활동 Ⅱ		●	●			
14	인지 활동 Ⅲ		●	●			
15	인지 활동 Ⅳ						
16	인지 활동 Ⅴ						
17	인지 활동 Ⅵ						
18	리듬카드 활동 Ⅰ		●	●			
19	리듬카드 활동 Ⅱ		●	●			
20	춤! 춤! 춤!	●	●	●	●		
21	움직임 활동 Ⅰ		●	●	●		
22	움직임 활동 Ⅱ		●				
23	움직임 활동 Ⅲ		●				
24	긴장이완기법 Ⅰ	●	●				
25	긴장이완기법 Ⅱ	●	●				
26	온음음계!		●	●	●	●	
27	오음음계!		●	●	●	●	
28	리듬감 익히기 활동 Ⅰ		●	●			
29	리듬감 익히기 활동 Ⅱ						
30	리듬감 익히기 활동 Ⅲ						
31	리듬감 익히기 활동 Ⅳ						
32	리듬감 익히기 활동 Ⅴ						
33	즉흥연주 음악치료 Ⅰ	●	●				
34	즉흥연주 음악치료 Ⅱ	●	●				
35	즉흥연주 음악치료 Ⅲ	●					
36	즉흥연주 음악치료 Ⅳ	●					
37	감정표현 활동 Ⅰ	●	●	●	●	●	●

	활동 제목	동기유발	긍정적 정서경험	침체된 정서고양	충동조절	감정표현	스트레스대처기술
38	감정표현 활동 Ⅱ	●	●	●	●	●	●
39	감정표현 활동 Ⅲ		●	●	●	●	
40	감정표현 활동 Ⅳ		●	●	●	●	
41	그림으로 자기표현!	●	●	●	●	●	●
42	리듬창작 활동 Ⅰ		●				
43	리듬창작 활동 Ⅱ		●				
44	리듬창작 활동 Ⅲ						
45	가락창작 활동 Ⅰ						
46	가락창작 활동 Ⅱ		●				
47	가락창작 활동 Ⅲ		●				
48	거울자아기법!		●	●	●	●	
49	핸드벨 그룹악기연주 활동		●	●	●	●	
50	패들 드럼 연주 활동 Ⅰ	●	●				
51	패들 드럼 연주 활동 Ⅱ						
52	소그룹 작곡 활동		●				
53	노래 따라 부르기 활동		●	●	●	●	
54	개방화음		●	●			
55	리듬합주 활동 Ⅰ		●	●			
56	리듬합주 활동 Ⅱ		●	●			
57	리듬합주 활동 Ⅲ						
58	리듬합주 활동 Ⅳ						
59	콰이어 차임		●	●			
60	자기이름 표현 활동	●	●	●	●		
61	활력을 위한 리듬 사용 Ⅰ	●	●	●	●	●	
62	활력을 위한 리듬 사용 Ⅱ	●	●	●	●	●	
63	달크로즈 음악활동 Ⅰ	●	●	●	●		
64	달크로즈 음악활동 Ⅱ		●	●	●	●	
65	음악감상 활동		●	●			
66	음악심상기법(GIM)	●	●	●	●	●	●
67	배경음악을 이용한 활동 Ⅰ	●	●				
68	배경음악을 이용한 활동 Ⅱ	●	●				
69	배경음악을 이용한 활동 Ⅲ						
70	노래 배우기 활동		●	●	●	●	
71	오락으로서의 음악활동 Ⅰ		●	●			
72	오락으로서의 음악활동 Ⅱ						
73	오락으로서의 음악활동 Ⅲ		●	●			
74	오락으로서의 음악활동 Ⅳ		●	●			

자기이름 표현 활동

■ **목적** • 창의력 증진　　　　　　　　• 언어능력 향상
■ **목표** • 내담자는 자신의 순서가 되었을 때 패들 드럼으로 자신의 이름을 자유롭게 표현하기를
　　　　정확히 수행한다.

■ **적용기술**

- 악기연주기술
- 시범 보이기
- 인정하기
- 리듬동조현상

- 상호교류기술
- 집중력 지속
- 지시 수용

■ **도구**

- 키보드
- 댄스음악

- 패들 드럼
- 카세트

■ **활동순서**

1) 반기는 노래로 내담자를 맞이한다.
2) 치료사는 내담자에게 패들 드럼을 하나씩 나눠 준다.
3) 치료사는 내담자에게 패들 드럼을 자유롭게 살펴보도록 한다.
4) 치료사는 패들 드럼을 들고 먼저 치료사의 이름을 자유롭게 연주한다.
5) 치료사의 오른쪽 내담자부터 차례대로 자신의 이름을 패들 드럼으로 연주해 보도록 한다.
6) 치료사는 패들 드럼을 모두 회수한다.
7) 치료사는 내담자에게 리듬박스를 들려준다.
8) 치료사는 리듬박스에 맞추어 자신의 이름을 머리로 표현해 보도록 한다.
9) 이번에는 내담자가 리듬박스에 맞추어 자신의 이름을 손을 통하

여 표현해 보도록 한다.

10) 치료사는 리듬박스에 맞추어 자신의 이름을 발로써 표현해 보도록 한다.

11) 헤어지며 부르는 노래를 모두 함께 불러보고 세션을 끝맺는다.

■ **응용**

리듬박스를 들려주는 대신, 경쾌한 댄스음악 등을 들려주는 것이 매우 효과적일 때가 있다. 인원이 많을 경우에는 2명씩 원 안으로 들어가 이름을 표현할 수 있고, 원 주위에 있는 다른 사람들은 박수를 치며 좀 더 하나가 되는 느낌을 가질 수 있다.

■ **음악의 치료적 역할**

리듬박스를 들으며 다른 사람들 앞에서 자신의 이름을 표현하는 활동은 소극적이고 자신을 표현하지 못하는 사람에게 활기를 주어 좀더 안전한 환경에서 자신을 표현할 수 있도록 도움을 준다. 또한 리듬박스의 경쾌한 리듬은 내담자에게 생리적 반응을 촉발시켜 더욱 강한 음악의 역동성을 경험할 수 있도록 한다.

 # 활력을 위한 리듬 사용 I

> ■ **목적**　• 집중력 향상　　　　　　　　• 소근육 향상
>
> ■ **목표**　• 내담자는 노래를 들으며 치료사의 동작에 따라 달걀 쉐이커를 흔드는 동작을 5분 간격
> 으로 관찰할 때마다 정확히 한다.

■ **적용기술**

- 리듬동조현상
- 상호교류기술
- 집중력 지속
- 지시 수용

- 노래인도기술
- 시범 보이기
- 인정하기
- 과제분석기술

■ **도구**

- 키보드
- 사과 쉐이커 1개

- 달걀 쉐이커 20개
- 벌칙카드

■ **활동순서**

1) 반기는 노래로 내담자를 맞이한다.
2) 치료사는 내담자와 오늘 활동에 필요한 노래(egg song)를 함께
부른다.
3) 치료사가 내담자에게 달걀 쉐이커를 2개씩 나누어 준다.
4) 치료사는 내담자에게 각자 자유롭게 흔들어 보라고 지시한다.
5) 치료사는 내담자에게 노래부르는 동안 치료사의 행동을 따라하
도록 한다(이때 치료사는 다양하고 역동적인 행동으로 내담자를
인도해야 한다).
6) 치료사는 내담자 가운데 한 사람이 행동을 이끌 수 있도록 한다.
7) 치료사는 내담자가 가지고 있는 달걀 쉐이커 한 개를 회수한다.
8) 치료사는 내담자가 노래의 리듬에 맞춰 왼손에 있는 달걀 쉐이
커를 오른쪽 사람의 왼손으로 옮기도록 지시한다.

9) 치료사는 내담자 가운데 한 사람에게 달걀 쉐이커 대신 사과 쉐이커를 준다.

10) 치료사는 내담자가 노래를 끝마칠 때 사과 쉐이커를 가지고 있는 사람이 벌칙을 받게 될 것이라고 설명한다.

11) 치료사는 활동이 끝난 후 사과 쉐이커를 가진 사람에게 재미있는 벌칙을 준다.

12) 헤어지며 부르는 노래를 모두 함께 불러보고 세션을 끝맺는다.

■ 응용

1) 내담자가 위와 같은 활동을 잘 수행하면 노래의 리듬이나 빠르기에 변화를 준다.

2) 내담자의 수가 많아 활동시간이 부족하면 6)번의 내용을 생략할 수 있다.

■ 음악의 치료적 역할

분명하고 반복적인 리듬은 내담자의 신체 운동과 근육 반응을 자극하는 역할을 한다. 또한 노래에 맞추어 다른 사람의 행동을 따라하는 활동은 주의집중력을 높이는 데 도움을 주며, 그룹간의 일체감을 형성시킨다.

활력을 위한 리듬 사용 Ⅱ

- **목적** • 자아존중감 향상 – 소고 리듬 활동
- **목표** • 소고, 장구 반주, 경쾌한 배경음악을 가지고, 내담자는 치료사가 제시하는 장단카드와
  배경음악에 맞추어 소고 연주를 3번 시도에 3번 이상 한다.

■ 적용기술

- 리듬동조현상
- 상호교류기술
- 집중력 지속
- 지시 수용
- 노래인도기술
- 시범 보이기
- 인정하기
- 과제분석기술

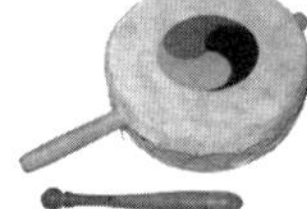

■ 도구

- 기타
- 장구
- 배경음악
- 소고 13개
- 장단카드
- 카세트

■ 활동순서

1) 반기는 노래로 내담자를 맞이한다.
2) 치료사는 내담자에게 오늘은 소고를 가지고 장단을 따라하는 활
   동을 할 것이라고 설명한다.
3) 치료사는 내담자에게 소고를 보여 주고 연주방법을 지도한다.
4) 치료사는 내담자에게 소고를 나눠 주고 악기를 살펴보게 한다.
5) 치료사는 내담자에게 소고를 가지고 자기 이름을 표현하게 한다.
6) 치료사는 내담자와 함께 〈진도아리랑〉을 소고를 치며 불러본다.
7) 치료사는 내담자에게 치료사의 소고 리듬을 따라해 보도록 한다.
8) 치료사는 내담자에게 배경음악을 들으면서 치료사의 리듬을 따
   라하라고 한다.
9) 치료사는 내담자 그룹을 동그랗게 둘러 앉히고 왼쪽 4번, 오른쪽

　　4번을 번갈아 가며 쳐보도록 하고 차츰 그 횟수를 줄여 나간다.

10) 치료사는 내담자에게 일어나서 상대방의 소고와 자신의 소고를 번갈아 가며 즉흥적으로 쳐보도록 유도한다.

11) 치료사는 천천히 종결로 이끌어간다.

12) 치료사는 내담자로부터 소고를 회수한다.

13) 헤어지며 부르는 노래를 모두 함께 불러보고 세션을 끝맺는다.

■ 응용

1) 내담자가 위와 같은 활동을 잘 수행하면 리듬카드를 가지고 6)번의 내용을 해본다.

2) 치료사는 내담자에게 치료사의 입으로 제시된 리듬을 입으로 따라하도록 한다(다양한 리듬 패턴 제시).

3) 치료사가 내담자에게 소고로 리듬을 제시하면 내담자는 입으로 따라한다(다양한 리듬 패턴 제시).

■ 음악의 치료적 역할

　　소고의 음색과 〈진도아리랑〉의 정겨운 가락은 내담자에게 편안하고 친숙한 분위기를 주어 거부감 없이 깊이 있게 음악활동에 참여하도록 한다. 또, 분명하고 반복적인 리듬은 내담자에게 음악적 지시를 정확하게 따르도록 하며, 내담자의 신체 운동을 활발하게 하여 근육 반응을 자극시키는 역할을 한다. 또한 리듬카드에 제시된 리듬 패턴을 따라 소리내고 연주하는 활동은 주의집중력을 높이는 데 도움을 주며, 그룹간의 일체감을 형성시키고 그에 따르는 성공적인 경험은 내담자에게 자신을 존중하는 마음을 갖도록 도움을 준다.

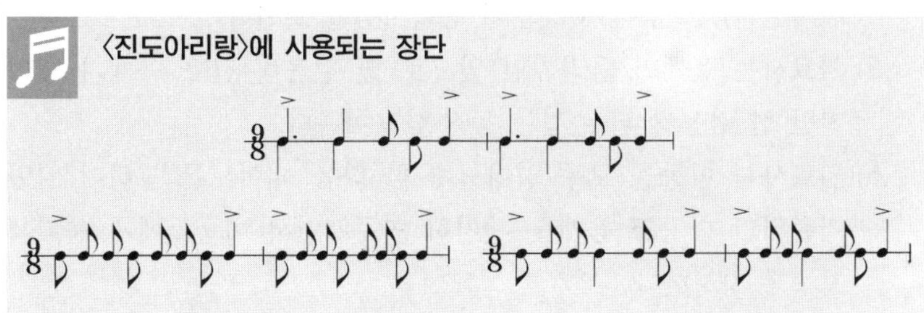

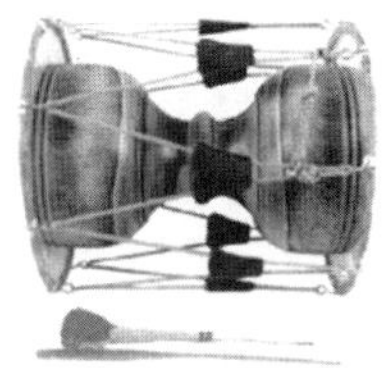

달크로즈 음악활동 I

- **목적** ・집중력 향상　　・공간지각력 향상　　　・대근육 운동능력 향상
- **목표** ・아동은 치료사가 연주하는 피아노 다장조 음계에 맞추어 걷기를 진행하는 동안 정확히 한다.

- **적용기술**
  - ・리듬동조현상
  - ・시범 보이기
  - ・인정하기
  - ・과제분석기술
  - ・상호교류기술
  - ・집중력 지속
  - ・지시 수용

- **도구**
  - ・피아노

- **활동순서**

  1) 반기는 노래로 아동을 반긴다.
  2) 치료사는 아동에게 간단하게 오늘 활동이 피아노에 따라 움직이는 활동이라고 설명해 준다.
  3) 치료사는 아동과 함께 다장조 음계를 불러본다.
  4) 치료사는 아동에게 다장조 음계를 부르도록 하고(낮은 도에서~ 높은 도까지 부른 뒤, 다시 '높은 도에서 낮은 도'까지 부르도록 지시한다), 그 음계에 맞추어 동작시범을 보인다.
  5) 치료사는 음계가 올라가면 앞으로 한 걸음씩 걷고, 음계가 내려가면 한 걸음씩 뒤로 걷는 동작을 보여준다.
  6) 치료사는 아동을 모두 일어서게 한 다음, 피아노를 통하여 일단 기본적인 다장조 음계를 천천히 연주하면서 아동들에게 움직여 보도록 지시한다.
  7) 이때 치료사는 아동이 능숙하게 음계를 잘 따라서 움직이면, 다

장조의 음계 속에서 자유롭게 변화를 주면서 연주한다(예를 들어, 도미솔솔솔미미도 또는 도레미미미미미솔).

8) 치료사는 아동에게 걸을 때 손까지 함께 움직이도록 지시한다(음계가 올라가면 손도 따라 올라가고, 음계가 내려가면 반대로 움직인다).

9) 헤어지며 부르는 노래를 모두 함께 불러보고 세션을 끝맺는다.

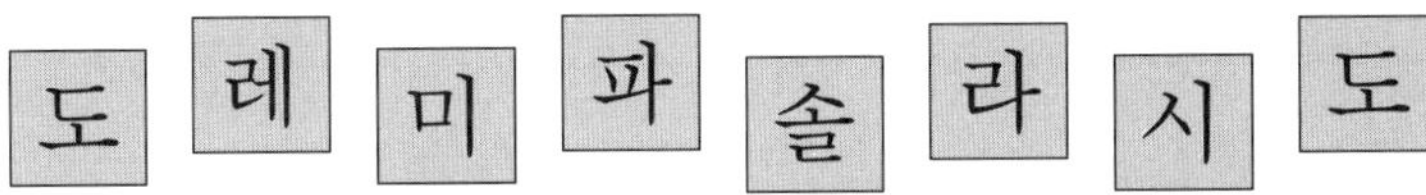

 **솔페즈(solfege)**

- **목적** : 창의력 향상/집중력 향상
- **목표** : 아동은 치료사가 동작에 맞추어 핸드 드럼이나 소리, 박수로 표현하기를 활동이 진행되는 동안 정확히 한다.
- **활동순서** :
  1) 반기는 노래로 아동을 반긴다.
  2) 치료사는 오늘 활동이 동작을 보고 악기나 소리로 표현하는 것임을 설명한다.
  3) 치료사가 아동에게 핸드 드럼을 나누어 주고 잘 살펴보도록 한다.
  4) 치료사가 손을 위에서 아래로 내릴 때 핸드 드럼을 치라고 지시하고 실행해 본다. 속도를 달리하여 여러 번 연습해 본다.
  5) 이번에는 치료사가 자유롭게 몸을 움직이면 아동은 그 동작의 형태에 따라 악기로 표현해 보게 한다.
  6) 치료사는 한 아동에게 원 안으로 들어가 동작을 취해 보도록 지시한다. 다른 아동들은 원 안의 아동의 동작을 핸드 드럼으로 표현해 본다.
  7) 이번엔 아동에게 핸드 드럼이 아닌 손뼉으로 치료사의 동작을 표현해 보도록 한다.
  8) 치료사는 아동에게 목소리를 사용하여 치료사의 동작을 표현해 보도록 한다.
  9) 치료사는 한 아동을 원 안으로 들어오게 하여 집단을 이끄는 경험을 하게 한다.
  10) 헤어지며 부르는 노래를 모두 함께 불러보고 세션을 끝맺는다.
- **응용** : 아동이 위의 활동을 잘 수행하면, 아동 두 사람이 짝을 지어 마주서서 한 사람은 동작을 취하고 나머지 한 사람은 그 아동이 취하는 동작을 따라서 악기, 목소리, 손뼉 등으로 연주하게 할 수 있다.

달크로즈 음악활동 Ⅱ

- **목적**　• 표현력 증진　　　• 공간지각력 향상　　　• 대근육 운동능력 향상
- **목표**　• 아동은 익숙한 노래의 리듬에 따라 발과 손으로 신체표현하기를 진행하는 동안 즐겁게 수행한다.

■ **적용기술**

- 노래인도기술
- 리듬동조현상
- 인정하기
- 집단토론 인도
- 상호교류기술
- 집중력 지속
- 지시 수용
- 과제분석기술

■ **도구**

- 피아노

■ **활동순서**

1) 반기는 노래로 아동을 맞이한다.

2) 치료사는 아동과 함께 '리듬악기 노래'를 불러본다.

3) 치료사는 아동과 함께 노래를 부르며 손으로 율동을 힌다.

4) 치료사는 오늘 활동이 아동에게 이 노래에 맞추어 움직이는 활동이라고 설명해 준다.

5) 이번에는 치료사가 아동의 노래에 맞추어 발로 걷는 시범을 보인다.

6) 치료사는 아동을 모두 일어서게 한다.

7) 치료사는 피아노로 노래를 반주하면서 아동들이 노래의 리듬에 맞추어 걸어보라고 지시한다.

8) 치료사는 노래의 속도를 달리하여 아동에게 제시한다.

- 스카타토로 연주할 수 있다 — 아동은 로봇처럼 움직인다.
- 강약을 살려서 연주할 수도 있다 — 아동은 동작을 크게 또는 작게 움직인다.

- 피아노의 음색을 달리하여 연주해볼 수도 있다 ─아동은 슬픈 감정을 갖거나 경쾌한 느낌으로 움직인다.
- 리듬형태 안에 부점을 넣어서 연주한다 ─아동은 스키핑(skipping)을 하며 뛴다.
- ☞ 물론 이러한 과정은 아동의 창의적 표현을 위해 예상되는 아동의 동작을 미리 제시하지 않는다.

9) 치료사는 아동이 발뿐만 아니라 온몸(머리, 손, 엉덩이 등)을 이용하여 움직여 보도록 한다.

10) 헤어지며 부르는 노래를 모두 함께 불러보고 세션을 끝맺는다.

 **리듬악기 노래**

작사 · 곡 이계석

큰북을 울려라 **둥둥둥**
작은북을 울려라 **동동동**
캐스터네츠 **짝짝짝**
탬버린은 **찰찰찰**
트라이앵글은 **칭칭칭**
너도 나도 다같이 흥겹게 쳐보자
쿵따리 쿵따리 **쿵쿵쿵**
쿵따리리 쿵따리리 **쿵쿵쿵**

음악감상 활동

> ■ **목적** • 감성 증진 • 소리 인지
>
> ■ **목표** • 각 시대별 작곡가와 그 곡의 시대적 배경을 이해하며 감상할 수 있다.

■ **적용기술**

- 음악감상기술
- 긴장이완기술
- 집단토론 인도
- 과제분석기술

■ **도구**

- 피아노
- 시대별 녹음음악
- 카세트
- 편안한 의자

■ **활동순서**

1) 반기는 노래로 내담자를 맞이한다.
2) 치료사는 오늘 활동은 '고전음악감상 활동'이라고 설명한다.
3) 치료사는 각 시대별로 가장 유명한 음악가의 곡 한 곡을 들려줄 것이라고 설명한다.
4) 치료사는 다음과 같은 순서로 음악을 소개한다.

   ▶ 고대음악: 〈그레고리안 성가〉
   ▶ 중세시대 음악(9~14세기): 기욤 드 마쇼, 〈노트르담 미사곡〉
   ▶ 르네상스시대 음악(1450~1600): 조스캥 데 프레, 미사 〈혓바닥이여 노래하라〉
   ▶ 바로크시대 음악(1600~1750): 바흐, 〈전주곡과 푸가〉 Eb장조 BWV552
   ▶ 고전주의 음악(1770~1800): 모차르트, 〈아이네 클라이네 나흐트 뮤직〉
   ▶ 낭만주의 음악(19세기): 슈만, 어린이의 정경 중 〈트로이메라이(꿈)〉
   ▶ 민족주의 음악(19세기 말): 무소르그스키, 〈전람회의 그림〉
   ▶ 인상주의 음악(19세기 말): 드뷔시, 피아노 소나타 〈물에 비친 그림자〉
   ▶ 현대음악(20세기): 라벨, 〈물의 유희〉

5) 치료사는 곡과 관련된 재미있는 이야기와 함께 사진을 제시한다.

6) 치료사는 음악을 들려주기 전에 조명을 약간 어둡게 하고 내담
자가 의자에 편안하게 앉을 수 있도록 격려한다.

7) 곡을 다 들은 후 내담자와 감상곡에 대한 느낌을 함께 나눈다.

8) 헤어지며 부르는 노래를 모두 함께 불러보고 세션을 끝맺는다.

 **고대음악(기원전∼9세기)**

고대음악은 기원 전부터 9세기까지의 음악을 말하며, 이 시대의 음악은 회화물, 문헌적 자료, 현존하는 악기 등을 통해 알 수 있으나, 상당히 제한적이다. 고대음악은 주로 성악 중심이었는데, 그 특징은 다음과 같다.

- 단성음악(monophony)이다.

- 종속적이다. 즉, 순수한 감상용이 아닌 어떤 목적을 가지고 만들어졌으며, 특히 종교상의 의식이나 행사를 위한 것이 대부분이다.

- 음악은 신과 통할 수 있는 통로라고 생각하는 등 음악에 신비감을 부여하였다.

6세기 말 그레고리우스(Gregorius) 1세는 재임기간 중에 기독교에서 가장 중요한 역할을 했던 성가들을 집대성함으로써 가톨릭 전래성가인 〈그레고리안 성가〉(Gregorian Chant, Plain Chant)를 제정하였는데, 이후 천 년 동안 기독교 음악의 근간을 이루게 된다. 이 음악들은 단성음악(monophony), 무반주곡(a capella)이며, 도약이 없고 주로 2도 진행, 음역이 제한적이었다. 이는 중세(9세기)부터 나타나기 시작하는 다성음악의 정선율로 사용되기도 하였다.

■ 대표곡 : 〈그레고리안 성가〉(Gregorian Chant)

 **중세시대 음악(9∼14세기)**

중세음악은 9세기부터 14세기까지의 음악을 말한다. 그 이전에는 〈그레고리안 성가〉가 계속 발전하였는데, 9세기 말부터는 ① 다성음악(polyphony)이 출현하기 시작하였다. 중세 후기인 12세기경부터는 교회음악이 약화됨에 따라 ② 세속음악(secular music)이 등장하게 된다. 기보법이 발명되기도 하였다. 당시 종교음악은 성악을 주로 했으며 단음이었다. 모든 성가는 악기를 사용하지 않는 무반주곡으로 불렸다.

■ **중세 종교음악의 기본을 이루는 주요 음악형태**

- 미사곡(Missa) : 가톨릭의 주된 예식인 미사를 위한 음악.

- 칸타타(Cantata) : 성악곡.

- 오라토리오(Oratorio) : 넓은 의미로는 종교음악이지만, 미사나 칸타타처럼 교회의식의 한 부분
  이 아니기에 예배음악이라고는 할 수 없다. 아주 강한 인상을 주는 종교 음악회의 연주작품.
- 수난곡(Passion Music) : 그리스도의 수난과 죽음을 주제로 한 오라토리오 형식의 대규모 성
  악곡.

 바로크시대 음악(1600~1750)

1600년부터 1750년까지의 음악으로서, 교회와 함께 왕후와 귀족이 번영한 시대의 음악이다. 바로
크(Baroque)란 포루투갈어의 barocco에서 유래된 말로서, 찌그러진 진주를 의미한다.
- 바로크시대(생성기) : 다양한 양식의 시도.
- 고전주의시대(장년기) : 양식의 완성기로서, 형식과 내용이 조화.
- 낭만주의시대(노년기) : 양식의 붕괴시기로서, 표현의 자유를 추구.

■ 바로크음악의 특징
- 오페라의 출현
- 숫자 붙은 베이스 : 〈숫자 붙은 베이스〉 기법은 '통주저음'(through-bass), 또는 '콘티누오'
  (Continuo)라고 함.
- 조성체계의 확립 : 후기 바로크시대에 이르러, 중세 교회선법으로부터 장조와 단조의 기능적 조
  성체계가 확립.

고전주의 음악(1770~1800)

고전파(Classic)는 18세기 중엽에서 19세기 초엽에 걸쳐 주로 빈을 중심으로 융성하였다. 엄밀히
구분하자면 1750년부터 1770년까지는 로코코(Rococo)시대로서, 바흐의 아들들이 활동하던 시
대이다. 비교적 짧은 시대임에도 뒤를 잇는 낭만주의 음악과 근대음악에 하나의 규범을 이루었던
시기이다.
고전파 음악은 한 마디로 형식을 중요하게 여긴 음악이라고 하겠다. 모차르트는 우아하고 세련된
기교를 가지고 이탈리아·프랑스의 남부 상류층을 중심으로 활약하였고, 하이든은 북부독일의 억
압당하는 서민계층의 마음을 대변하고 인간의 내면세계를 표현하려고 하였다. 베토벤은 모차르트

의 화려한 기교·완벽한 형식미를 갖추었으며, 하이든의 내용의 충실성을 겸비한 고전주의 양식의 완성자이다.

- **■ 고전파 음악의 특징**
- 소나타 형식의 원리가 확립.
- 음악에 다이내믹(dynamics)의 변화가 다양해짐.
- 교향곡의 탄생.
- 협주곡의 변화성악 부분에서는 리트의 성장이 두드러짐.

 **낭만주의 음악(19세기)**

낭만파 음악은 고전파에 이어지는 19세기 초부터 20세기 초에 이르는 시기의 유럽 음악을 말한다. 이 시기는 음악의 역사에서 가장 중요한 시기이다.

이 시기 음악의 가장 큰 특색이라면, 음악이 다른 예술, 특히 문학과 적극적으로 결합이 이루어졌다는 점을 들 수 있다. 그 결과 특정한 문학적, 시적 또는 회화적인 감정 내용을 음악을 통해 적극적으로 표현하려는 표제음악(Program Music)이 많이 만들어지게 된다

- **■ 낭만파 음악의 일반적 특성**
- 작곡가들은 사회적으로, 경제적으로 독립함.
- 음악은 주로 두 부류의 청중을 위하여 작곡됨.
- 음악의 길고 짧음의 구별이 분명해짐.
- 작곡가들은 예전보다도 양식면에서 독자성을 크게 개발시켜 나감.
- 작곡가들은 시, 문학, 미술과의 친화성을 느끼고, 그것과 관련한 표제음악 형식을 애호하게 됨.
- 기악곡에서는 기교적인 경향이 두드러짐.
- 피아노 반주를 수반하는 독창, 오페라, 피아노 교향악단 등이 인기.
- 민족주의 경향이 두드러짐.

 **현대음악(20세기)**

- **■ 20세기 음악의 특징적인 양식**
① 12음 음악 – 오스트리아의 아놀드 쇤베르크에 의해 창안된 무조음악으로서 12음 기법을 사용.
② 재즈음악 – 미국의 흑인 음악이 바탕을 이루며, 현재에는 온 세계에 퍼져 미국을 대표하는 음악이 되었다.
③ 전자 음악, 컴퓨터 음악.

음악심상기법(GIM)

- **목적** ・내관(insight) 형성 – Guided Imagery & Music
- **목표** ・내담자는 음악을 들으며 자신의 현재 문제와 관심사에 대하여 치료사와 함께 대화 주고받기를 원활히 수행한다.

■ 적용기술

- 음악감상기술
- 집단인도기술
- 인정하기
- 과제분석기술
- 긴장이완기술
- 집중력 지속
- 토론인도기술

■ 도구

- 프로그램화된 음악

■ 활동순서

치료사는 다음과 같은 용어로 내담자에게 다양한 체험을 하도록 격려한다(아래 내용은 하나의 예일 뿐 정형화된 패턴은 아님).

꽉 끼는 신발은 벗어주세요. 의자에 기대어 앉아도 좋습니다. 자신이 가장 편한 자세로 앉아 주십시오.
근래에 드는 생각이나 지금의 상태, 관심사 또는 해결해야 될 중요한 문제들을 생각해 보세요. 이제 10분간 음악을 듣게 될 겁니다. 어떤 것이 연상이 되면 그 상상에 충실하십시오. 시각적인 이미지가 연상될 수도 있고, 청각적 이미지나 촉각적 이미지가 연상될 수도 있습니다. 음악을 마음속 깊이 허용해 보십시오.
눈을 감아 보세요. 자, 이제 발을 주목하세요. 발에 힘을 집중시켜 봅니다. 제가 하나 둘 셋 하면 힘을 줍니다. 하나, 둘, 셋! 발가락을 구부려 보세요. 발바닥에 힘을 꽉 줘보세요. 더욱 세게 꽉! 꽉! 좋습니다. 다시 힘을 빼십시오. 이제 자신의 호흡을 느껴보세요. 여러분의 마음은 편안해집니다.
이제 종아리와 발목에 힘을 넣어 봅니다. 더 힘을 줘볼까요. 더욱 꽉 힘을 주세요. 다시 풀어주세요.
이제 의자에 닿은 부분들에 정신을 집중해 주십시오. 의자가 내 몸을 편안하게 지지하고 있다고 상상해 봅시다. 이제 여러분은 더욱 편안해집니다.
자, 이번에는 허리에 정신을 집중해 봅시다. 깊게 심호흡을 해볼까요. 등 뒤와 어깻죽지를 뒤쪽으로 오무려 보겠습니다. 제가 하나, 둘, 셋! 하면 힘을 줍니다. 하나, 둘, 셋!! 꽉 오무려 보세요. 꽉 더욱 더 세게 아주 세게… 자 이제 힘을 빼시구요.(계속)

팔목과 팔에 정신을 집중해 주십시오. 제가 하나, 둘, 셋! 하면 힘을 줍니다. 하나, 둘, 셋!! 꽉 오무려 보세요. 꽉 더욱 더 세게 힘을 주세요. 아주 세게, 자 이제 힘을 빼시구요. 잘 하셨습니다(목, 턱, 얼굴 전체, 귀 또한 위와 같은 방법으로 긴장이완을 시킨다).
자! 의자가 내 몸을 편안하게 받치고 있다고 상상해 보세요. 의자에 닿는 부분이 많게 몸을 의자에 완전히 맡기고 음악소리에 집중해 보세요. 음악이 자기 속으로 다가오는 듯한 느낌을 허용해 보세요. 음악 속에서 그려지는 이미지를 따라 가세요. 무엇이 보입니까?(치료사는 내담자와 함께 여러 가지 질문을 하고 답변하면서 깊은 대화를 해나간다. 음악이 클라이맥스를 지나 평온하고 조용한 음악으로 변하여간다. 천천히 눈을 뜨도록 유도한다.)

치료사는 절정의 상태를 지난 후 감상의 경험에서 일어난 사건을 중심으로 이야기하고 세션을 끝맺는다.

심상(Image)

음악심상기법은 1970년대 초반 여류 음악치료사인 헬렌 보니(Helen Bonny)에 의해서 시행되었다. 당시 이 기법이 음악치료학계에 발표되자 적지 않은 충격이 일어났다. 심지어 일각에서는 그녀를 음악치료사를 가장한 마녀라고까지 몰아세우기도 하였다. 그러나 정신적 충격을 받은 많은 청소년들에게 여러 가지 이로운 영향을 끼치자 그러한 비난들은 일축되었다. 이러한 기법은 'Bonny Method GIM'이라는 이름으로 불리면서 매슬로우(Maslow)나 융(Jung)의 이론 등과 접목되어 발전하였다.
음악심상기법은 신체와 정신적인 긴장이완상태에서 기악고전음악을 감상하면서 일어나는 다양한 상상 속 이미지를 자유롭게 느끼는 것인데, 이때 상상 속 이미지란 정신분석에서의 무의식세계가 아닌 의식을 지닌 상태에서 떠올려지는 이미지를 뜻한다. 또한 이러한 과정에서 치료사의 안내를 받으며 상상 속 여행을 진행하게 되는데, 이때 치료사는 인도자가 아닌 보조안내자의 역할만을 수행하게 된다.
브루시아(Bruscia)는 음악심상기법은 5개의 요소로 구성된다고 강조하였다.

1. **서론 부분(Prelude)**: 치료사와 환자의 여러 대화를 통하여 현재의 중요한 문제, 느낌, 사건 등을 함께 탐색한다. 이러한 대화의 내용을 기초로 하여 환자의 현재 상황에 적절한 음악을 선택하게 된다. 이 과정은 20분에서 45분 정도 소요되지만 환자의 희망에 따라 조정될 수 있다.

2. **유도 부분(Induction)**: 이 단계의 가장 중요한 하위단계는 긴장이완기술과 언어적 집중기술이다. 치료사는 다양한 형태의 기술을 이용하여 환자를 긴장이완시키며, 환자가 최근에 겪고 있는 여러 가지 핵심 문제 상황에 언어적 자극을 통해 집중할 수 있도록 돕는다.

3. **음악적 상상(Music Imaging)**: 이 과정에서 환자는 고전음악이 주는 자유로움 속에서 여러 가지 이미지를 경험하게 된다. 치료사는 주기적으로 환자에게 현재의 이미지나 느낌을 질문하고 환자는 대답한다. 이때의 상상 속 이미지는 형상이 보이기도 하고, 특정한 감각이 느껴지기도 하며 은유적인 환상이 보일 수도 있다. 환자는 프로그램화된 음악을 통하여 자연스럽게 절정의 경험을 하게 된다.

4. **복귀 부분(Return)**: 이 단계에서 환자는 상상의 경험에서 빠져 나와 긴장이 있는 보통 의식상태로 돌아오게 된다.

5. **결론 부분(Postlude)**: 치료사는 환자가 상상의 경험 속에서 느꼈던 다양한 이미지, 감각, 형상, 비유적 상상 등을 함께 돌이켜 보는 시간을 가지게 된다. 환자는 하얀 종이 위에 경험 속 이미지들을 그려보고 치료사와 함께 대화 나누는 과정을 예로 들 수 있다.

배경음악을 이용한 활동 Ⅰ

- **목적** • 감정표출 – 그림 나열하기 활동
- **목표** • 내담자는 편안한 배경음악을 들으며 자신의 가장 소중한 것을 그림으로 나타내고 나열하기를 1번 시도에 1번 한다.

■ 적용기술

- 음악감상기술
- 음악에 따라 그림그리기 기술
- 인정하기
- 집단토론 인도
- 배경음악활동
- 집중력 지속
- 지시 수용

■ 도구

- 키보드
- 배경음악
- 종이, 펜
- 카세트

■ 활동순서

1) 반기는 노래로 내담자를 맞이한다.

2) 치료사는 내담자에게 편안한 배경음악을 들려준다.

3) 치료사가 내담자에게 종이와 펜을 나누어 준다.

4) 치료사는 내담자에게 자신의 가장 소중한 것이나 사람을 나눠 준 종이에 그리도록 한다.

5) 치료사는 내담자가 무엇을 표현한 것인지 설명하도록 한다.

6) 치료사는 내담자의 그림에 나타난 대상 가운데 하나를 선택하여 대화를 나눈다.

7) 치료사는 여러 장의 그림을 무작위로 나열하게 한다.

8) 치료사는 내담자에게 나열된 그림을 이야기로 만들도록 한다.

9) 헤어지며 부르는 노래를 모두 함께 불러보고 세션을 끝맺는다.

- **응용**

  1) 내담자가 위와 같은 활동을 잘 수행하면 내담자가 그림에 관해 악기를 가지고 표현하도록 한다.

  2) 내담자의 수가 많아 활동시간이 부족하면 이야기 만드는 시간을 생략할 수 있다.

■ 음악의 치료적 역할

부드럽고 반복적인 리듬을 지닌 배경음악은 내담자가 차분하고 안정된 분위기에서 활동할 수 있도록 도움을 준다. 또한 그림을 통해 자신의 생각을 표현하는 활동은 말로 표현하기 힘든 감정을 쉽게 표현하도록 도움을 주며, 자신에 대한 만족감을 극대화시킨다.

사계절!

- **목적** : 감성 계발
- **목표** : 내담자는 치료사의 노래가 끝난 후 자신이 좋아하는 계절을 악기로 표현하기를 1번 시도에 1번 한다.
- **활동순서:**
  1) 반기는 노래로 내담자를 맞이한다.
  2) 치료사는 청소년들이 좋아하는 한스밴드의 〈오락실〉 노래를 개사하여 부르게 될 것을 설명한다.
  3) 치료사는 계절과 관계된 개사된 노래를 여러 번 반복해서 함께 불러본다(좋아하는 계절을 넣어서 부른다).
  4) 치료사는 내담자에게 자신이 마음에 드는 악기를 선택하게 한다.
  5) 치료사는 내담자가 자유롭게 연주하도록 도와준다.
  6) 치료사는 내담자가 좋아하는 계절을 악기를 가지고 표현해 보도록 한다.
  7) 치료사가 계절노래를 불러주고 난 후에 내담자는 자신의 악기로 좋아하는 계절을 표현해 본다.
  8) 헤어지며 부르는 노래를 모두 함께 불러보고 세션을 끝맺는다.
- **응용** : 내담자가 위와 같은 활동을 잘 수행하면 특정한 이미지를 설정해 준다(예를 들어 가을 낙엽 떨어지는 풍경묘사 등등).

배경음악을 이용한 활동 Ⅱ

- **목적** • 집중력 향상 – 거울처럼 따라하기 활동
- **목표** • 내담자는 경쾌한 배경음악을 들으며 치료사가 행동과 악기로 지시할 때마다 자신의 악기를 연주하거나 행동하기를 5번 시도에 3번 한다.

- **적용기술**
  - 음악감상기술
  - 계획적 원조
  - 인정하기
  - 집단토론 인도
  - 긴장이완기술
  - 집중력 지속
  - 지시 수용
  - 과제분석기술

- **도구**
  - 기타/피아노
  - 녹음음악
  - 컵
  - 카세트

- **활동순서**
  1) 반기는 노래로 내담자를 맞이한다.
  2) 치료사는 내담자에게 배경음악을 들려주며 편안히 눈을 감게 한다.
  3) 치료사는 내담자에게 편안한 감정을 갖도록 적절한 대사를 한다.
  4) 치료사는 내담자에게 치료사의 몸동작을 따라하도록 한다.
  5) 치료사는 내담자 가운데, 한 사람의 몸동작을 다른 내담자들이 따라하도록 한다.
  6) 치료사는 내담자에게 컵을 나눠 준다.
  7) 치료사는 내담자에게 치료사가 컵을 가지고 하는 행동을 따라하도록 한다.
  8) 치료사는 내담자 가운데, 한 사람이 컵을 가지고 동작을 취하면 다른 내담자들이 따라하도록 한다.
  9) 치료사는 내담자에게 각각 짝을 지어 마주 보도록 하고 8)을 반

복시킨다. 서로 번갈아서 따라해 본다.

10) 치료사는 내담자에게서 컵을 회수한다.

11) 헤어지며 부르는 노래를 모두 함께 불러보고 세션을 끝맺는다.

■ 응용

1) 내담자가 위와 같은 활동을 잘 수행하면 조금 더 빠른 음악으로 활동을 함께 해본다.

2) 내담자가 위의 활동을 수행하기에 기능이 부족할 때는 간단하고 쉬운 동작만 연습한다.

■ 음악의 치료적 역할

다른 사람의 말, 행동을 따라하는 음악활동은 내담자의 주의집중력을 향상시키고, 흥미를 유발시켜서 적극적으로 활동에 참여하도록 한다. 또한 자신이 컵과 몸동작으로 그룹을 이끄는 활동은 내담자에게 자신에 대한 만족감과 소속감을 느끼도록 도와준다.

 **다양하게 노래하기**

- **목적** : 기억력 향상/인지영역 향상
- **목표** : 음색, 빠르기, 리듬, 멜로디를 변화시키는 다양한 방법으로 노래를 부를 수 있다.
- **활동순서**:

  1) 반기는 노래로 아동을 반긴다.

  2) 치료사는 아동과 함께 〈송아지〉 노래를 함께 불러본다(곡은 수준에 맞게 자유롭게 선택할 수 있다).

  3) 치료사는 아동과 함께 다양한 방법으로 〈송아지〉 노래를 부르는 방법을 질문한다.

  4) 아동에게서 나온 여러 가지 의견에 따라 리듬그룹, 음색그룹, 멜로디그룹, 빠르기그룹 등으로 나누되, 4명씩 한 조가 되게 한다.

  5) 치료사는 각 그룹에서 한 사람이 2박자로 하되, 그룹 특징에 맞게 노래부르도록 한다(예 : 빠르기그룹이라면, 첫 번째 아동이 빠른 속도로 〈송아지〉 노래의 처음 2박자를 부르고, 그 뒤에 이어서 두 번째 아동이 아주 느린 속도로 〈송아지〉 노래의 3, 4번째 마디를 노래하는 순으로 모든 곡을 부른다).

  6) 모두 준비되면 각 그룹이 앞으로 나와서 자신들의 그룹 특징에 맞게 노래를 부른다.

  7) 헤어지며 부르는 노래를 모두 함께 불러보고 세션을 끝맺는다.

배경음악을 이용한 활동 Ⅲ

> ■ **목적** • 자기표현력 향상　　　　　• 창의력 향상
>
> ■ **목표** • 내담자는 치료사가 지시할 때 원 안으로 들어와 경쾌한 음악에 맞춰 자유롭게 춤추기
> 를 1번 시도에 1번 한다.

■ **적용기술**

- 음악감상기술
- 시범 보이기
- 인정하기
- 집단토론 인도
- 리듬동조현상
- 집중력 지속
- 지시 수용

■ **도구**

- 기타/피아노
- 카세트
- 녹음음악

■ **활동순서**

1) 반기는 노래로 내담자를 맞이한다.
2) 치료사는 내담자를 둥글게 원으로 서도록 한다.
3) 치료사는 경쾌한 음악을 들려준다.
4) 치료사가 먼저 원의 한가운데로 가서 특정한 행동을 하면 내담자가 그대로 따라 행동하도록 격려한다(치료사의 춤 시범은 좀더 연구하여 역동적인 움직임이 되도록 해야 한다).
5) 치료사는 내담자 가운데 한 명을 원 안으로 데리고 들어와서 함께 춤을 춘다.
6) 치료사는 내담자만 남기고 원의 대열로 돌아가 선다.
7) 내담자는 재미있는 행동을 보이고 다른 내담자는 그 행동을 따라한다.
8) 5)~7)번의 과정을 끝까지 반복하도록 한다.

9) 치료사는 모든 내담자가 즐겁게 율동할 수 있도록 한다.

10) 헤어지며 부르는 노래를 모두 함께 불러보고 세션을 끝맺는다.

■ 응용

치료사가 먼저 시범을 보이는 것이 매우 중요하다. 또한 경쾌한 음악을 선정할 때는 노래의 박자가 계속해서 일정하고 빠르며 노래와 노래 사이에 틈이 없는 것이 좋다.

 **조건제시 활동**

- **목적** : 자아존중감 향상/사회교류기술 향상
- **목표** : 환자는 치료사가 제시하는 조건이 자신의 경우와 일치하면 앞으로 나오기를 5번 시도에 5번 한다.
- **활동순서**

1) 반기는 노래로 아동을 반긴다.

2) 치료사는 환자에게 조용한 음악을 들려주며 긴장이완을 유도한다.

3) 치료사는 환자 자신의 맥박을 짚어 보게 한다.

4) 치료사는 환자에게 치료사가 이야기하는 내용과 자신의 경우가 일치하면 손을 들어 보라고 설명하고 실행한다.

    - 양말을 신은 사람　　　- 모자를 쓴 사람　　　- 반지 낀 사람 등등

5) 치료사는 환자를 A, B 두 그룹으로 나눈다.

6) 치료사는 A그룹에 있는 한 사람을 지적하여 그 사람이 어떤 조건을 이야기하면 B그룹에 있던 사람들이 A그룹으로 이동하도록 설명한다.

7) 치료사는 A, B그룹에 있는 사람 가운데에서 한 사람씩을 지적하여 서로 해당되는 사람들이 이동하도록 격려한다.

    - 가장 좋아하는 음식이 김치인 사람

    - 가장 좋아하는 음악이 **트로트**인 사람

    - 가장 좋아하는 음악이 클래식인 사람

    - 요즘 고민이 많은 사람

    - 누군가 때문에 괴로워해 본 적이 있는 사람

    - 지금 굉장히 미워하는 사람이 있는 사람

    - 누군가를 지금 정말 정말 사랑하고 있는 사람

    - 자신을 믿어 주는 친구가 1명은 있다고 생각하는 사람

    - 자신이 세상에서 가장 행복하다고 생각하는 사람

8) 치료사는 환자와 함께 조건에 따라 서로 이동하면서 느낀 감정을 나누도록 한다.

9) 헤어지며 부르는 노래를 모두 함께 불러보고 세션을 끝맺는다.

노래 배우기 활동

■ **목적** • 집중력 향상　　　• 즐거움 제공　　　• 여가선용기술

■ **목표** • 내담자는 치료사가 먼저 한 소절씩 불러주면 따라서 부르기를 곡이 끝날 때까지 정확히 수행한다.

■ **적용기술**

- 노래인도기술
- 시범 보이기
- 인정하기
- 집단토론 인도
- 상호교류기술
- 집중력 지속
- 지시 수용

■ **도구**

- 기타/피아노
- 노랫말 괘도

■ **활동순서**

1) 반기는 노래로 내담자를 맞이한다.

2) 치료사는 〈얼굴 찌푸리지 말아요〉 노래를 반주하며 불러준다.

3) 첫째 소절을 반주하며 그룹의 사람들이 따라하도록 한다.

4) 한 소절씩 먼저 듣고 따라 부르도록 지침을 준다.

5) 이번에는 처음 소절부터 끝까지 치료사와 함께 완창하도록 한다.

6) 많이 틀리거나 어려운 부분이 있을 경우 교정하고 다시 불러보도록 한다.

7) 치료사의 노래 지지 없이 내담자끼리 처음부터 끝까지 불러보도록 한다.

8) 치료사는 독창하기를 원하는 내담자가 있을 경우 앞에 나와서 불러보도록 한다.

9) 헤어지며 부르는 노래를 모두 함께 불러보고 세션을 끝맺는다.

■ 응용
위의 과정을 원활히 수행하게 되면, 율동과 함께 불러볼 수도 있다.

얼굴 찌푸리지 말아요
최창연 작곡, 개사

얼 굴 찌푸리지 말아 요 모두가 힘 들 쟎아 요 - 기
뺨 의 그 날위해 함께하는- 친구 들 이 있쟎아요 -
혼자 라고 느 껴 질때 면 주위를 둘 러 보세 요 - 이
렇 게 많은이 들 모두-가- 나의 친 구 랍니 다 -
우 리 가 는길이 결 코 쉽지 않 을 거예 요 - 때 로는
모 진 바람에 좌 절도 하겠지요 - 하 지 만
친 구 들과 함 께 라면 두 렵 지않 아 - 사 랑
넘 칠 그 날 까 지전 진 전 진 전 진하 자

오락으로서의 음악활동 Ⅰ

> - **목적** • 집중력 향상 – 양손 지휘하기 활동 • 즐거움 제공
> - **목표** • 내담자는 치료사의 지시가 있을 때 오른손은 3박자 지휘를, 왼손으로는 2박자 지휘를 한 곡이 끝날 때까지 정확히 한다.

- **적용기술**
  - 노래인도기술
  - 상호교류기술
  - 시범 보이기
  - 집중력 지속
  - 지휘하기
  - 지시 수용
  - 과제분석기술

- **활동순서**

  1) 반기는 노래로 내담자를 맞이한다.
  2) 치료사는 내담자와 함께 〈과수원길〉 노래를 불러본다.
  3) 치료사는 내담자에게 이 노래를 3박자로 지휘하는 모습을 시범 보인다.
  4) 치료사는 내담자에게 3박자 지휘를 하게 한다.
  5) 이번에는 치료사가 2박자로 세 박자곡인 〈과수원길〉을 지휘하는 시범을 보인다.
  6) 4)와 같은 방법으로 모두 함께 2박자로 지휘하게 한다.
  7) 치료사는 오른손으로는 3박자, 왼손으로는 2박자를 지휘하는 시범을 보인다.
  8) 내담자와 함께 양손 박자가 다른 지휘를 해본다.
  9) 치료사는 틀린 사람에게 재미있는 벌칙을 준다.
  10) 헤어지며 부르는 노래를 모두 함께 불러보고 세션을 끝맺는다.

- **응용**

  1) 〈과수원길〉 노래로 지휘하기를 잘 수행하면, 다른 노래로 다시

한번 해보게 할 수 있다.
2) 활동을 이끄는 사람의 재량에 따라 흥미롭게 오른손, 왼손을 하나, 둘, 셋 구령과 함께 바꿔서 지휘하게 해볼 수도 있다.

■ 음악의 치료적 역할

음악을 이용하는 오락활동은 활동에 참여하는 아동들에게 즐거움을 제공하고 더 편안한 환경에서 참여할 수 있도록 도움을 준다. 또한 이러한 적극적인 놀이참여는 아동 자신도 모르게 바람직한 행동의 변화와 함께 신체적 사회적인 기술의 발달을 가져온다.

 **음표 붙이기**

- **목적** : 창의력 향상/인지영역 향상
- **목표** : 주어진 음표와 쉼표를 가지고 자기 차례에서 멜로디를 만들어 붙일 수 있다.
- **활동순서** :
  1) 반기는 노래로 아동을 반긴다.
  2) 치료사는 아동에게 음표와 쉼표 붙이기 활동임을 설명한다.
  3) 치료사는 아동들을 두 그룹으로 나눈다.
  4) 한 사람씩 앞으로 나가서 오선칠판에다 4분의 4박자 곡을 만들어 붙인다. 단, 한 사람이 사용할 수 있는 음표의 개수는 최대 6개이다.
  5) 치료사의 신호에 따라 아동을 출발시킨다.
  6) 먼저 끝난 그룹에게 상을 준다.
  7) 두 그룹이 만든 멜로디를 다 함께 치료사의 반주에 맞추어 불러본다.
  8) 헤어지며 부르는 노래를 모두 함께 불러보고 세션을 끝맺는다.

오락으로서의 음악활동 Ⅱ

- **목적** ·기억력 향상 – 노래 릴레이 게임　　·집중력 향상, 즐거움 제공
- **목표** ·내담자는 치료사가 셋까지 세기 전에 동요 부르기를 반복 없이 정확히 수행한다.

■ **적용기술**
- 집단인도기술　　　　·상호교류기술
- 시범 보이기　　　　·집중력 지속
- 인정하기　　　　　·지시 수용
- 과제분석기술

■ **도구**
- 기타/피아노　　　　·노랫말 괘도

■ **활동순서**
1) 반기는 노래로 내담자를 맞이한다.
2) 치료사는 내담자를 두 팀으로 나눈다.
3) 치료사는 각 팀에서 리더를 한 명 뽑는다.
4) 치료사는 내담자에게 '동요'를 불러야 하며, 치료사가 그만 하라고 할 때까지 계속 불러야 한다고 설명한다.
5) 그러나 한 번 불렀던 곡은 다시 불러서는 안 된다고 주의를 준다.
6) 치료사가 어느 팀을 지적한 뒤 하나, 둘, 셋을 세기 전에 노래를 하도록 설명한다.
7) 여러 차례 진행하여 거침없이 흥겹게 노래를 부른 팀이 승리한 것으로 한다.
8) 헤어지며 부르는 노래를 모두 함께 불러보고 세션을 끝맺는다.

■ **응용**

이 활동의 응용으로서, 두 집단으로 나누어 한 사람씩 치료사에게 나와서 노래의 제목을 보고 간 뒤에 자기편으로 돌아간다. 말을 하지 않고서 그림과 몸동작으로만 설명할 수 있다. 먼저 노래 제목을 정확히 맞히는 집단이 승리하게 된다.

■ **음악의 치료적 역할**

즐거운 오락활동은 각자 선택한 활동에 스스로 참가하여 만족을 느끼도록 하며, 문화적 사회적으로 인정되는 건설적이고 창조적인 활동을 가능하게 한다. 또한 스스로 활동을 선택하고 그 활동에서 맛볼 수 있는 직접적인 기쁨을 느낄 수 있으며, 건강하고 마음을 풍족하게 할 수 있는 경험의 기회를 가지게 된다.

오락에서 사용할 수 있는 벌칙 모음

1. 한 음으로만 노래부르기
2. 연기하기(예 : 화장실이 급한 경우를 연기하기)
3. 아는 노래 음치처럼 부르기
4. 노래에 맞추어 춤추기
5. 두 사람일 경우 마주보고 서서 크게 노래부르기
6. 자신만의 진실 2가지 말하기
7. 엉덩이로 이름쓰기
8. 동물 흉내내기
9. 제자리에서 10바퀴 돌고나서 노래 한 곡 부르기
10. 마네킹(다른 사람이 자신을 마음대로 조형한다)
11. 자신이 제일 좋아하는 가수와 노래 소개하기

오락으로서의 음악활동 Ⅲ

- **목적** • 즐거움 제공 – 노래 제목 알아맞히기 활동　　• 기억력 향상
- **목표** • 10배 느리게 반주되는 치료사의 피아노 반주에, 내담자는 치료사가 반주하는 곡의 제목 알아맞히기를 게임이 끝날 때까지 참여한다.

- **적용기술**
  - 악기연주기술
  - 상호교류기술
  - 집중력 지속
  - 지시 수용
  - 집단인도기술
  - 시범 보이기
  - 인정하기
  - 과제분석기술

- **도구**
  - 피아노
  - 노랫말 쾌도

- **활동순서**
  1) 반기는 노래로 내담자를 맞이한다.
  2) 치료사는 오늘 활동이 '노래 제목 맞히기 대회'라고 설명한다.
  3) 치료사는 내담자를 두 팀으로 나눈다.
  4) 치료사는 실제 속도의 1/10 정도를 느리게 연주한다.
  5) 두 팀 가운데 더 빨리 '정답'이라고 외친 팀을 지적한다고 설명한다.
  6) 치료사는 내담자에게 맞히는 사람은 1점 추가, 틀리면 1점 감점 된다고 설명한다.
  7) 곡목을 더 많이 맞힌 팀이 승리한다.
  8) 치료사는 간단한 선물을 준비하여 이긴 팀 내담자에게 나눠 준다.
  9) 헤어지며 부르는 노래를 모두 함께 불러보고 세션을 끝맺는다.

- **응용**
  1) '노래 제목 알아맞히기' 활동 이외에도, 노래 제목을 이야기해

주면 그 노래의 노랫말을 불러보게 할 수도 있다.
2) 특정 주제(예: 여행, 여름, 남자 등)를 주고 그와 관련된 노래를
불러보게 할 수도 있다.

노래 제목 알아맞히기

가사	노래 제목
내 마음을 사로잡는 그대 …	쌈바의 여인
콩밭 매는 아낙네야 …	칠갑산
차디찬 글라스에 빨간 립스틱 …	찬찬찬
내게 그런 핑계 대지마 입장 바꿔 …	핑계
후회하고 있다면 깨끗이 잊어버려 …	넌 할 수 있어
우리 같이 놀아요 춤을 추며 노래 …	개구쟁이
내가 사랑하는 동안에 할 일이 …	사랑으로
그 언젠가 나를 위해 꽃다발을 전해 주던 …	단발머리
어젯밤엔 우리 아빠가 …	아빠와 크레파스
꽃잎 끝에 달려 있는 작은 이슬 …	아름다운 것들
술마시고 노래하고 춤을 춰봐도 …	고래사냥
비가 오면 생각나는 그 사람 …	그때 그 사람
타오르는 꿈을 안고 사는 젊은이여 …	꿈을 먹는 젊은이
마음이 울적하고 답답할 땐 산으로 …	꿍따리 샤바라
낙엽 지던 그 숲 속에 하얀 모래밭에 …	너
꽃피는 동백섬에 봄이 왔건만 …	돌아와요 부산항에
얼어붙은 달 그림자 물결 위에 …	등대지기
푸른 하늘 은하수 하얀 쪽배에 …	반달
학교종이 땡땡땡 어서 모이자 …	학교종
초연이 쓸고간 깊은 계곡 깊은 …	비목
이 세상에 하나밖에 둘도 없는 내 …	사랑
해 저문 소양강에 황혼이 지면 …	소양강 처녀
젖은 손이 애처로워 살며시 잡아본 …	아내에게 바치는 노래
아름다운 이 땅에 금수강산에 단군 할아 …	한국을 빛낸 100인의 위인들
저들에 푸르른 솔잎을 보라 …	상록수
아무리 우겨봐도 어쩔 수 없네 …	개똥벌레
긴 밤 지새우고 풀잎마다 맺힌 …	아침이슬
엄마가 섬그늘에 굴따러 가면 …	섬집 아기
동산 위에 올라서서 파란하늘 바라보며 …	하늘나라 동화
저 산맥은 말도 없이 오 천년을 살았네 …	터
꿈은 하늘에서 잠자고 추억은 구름 따라 …	친구여

오락으로서의 음악활동 Ⅳ

- **목적** • 집중력 향상 – 의자 앉기 활동   • 대근육 운동능력 향상
- **목표** • 내담자는 노래부르면서 원을 그리며 돌다가 치료사가 호루라기를 불면 뛰어가 의자에 앉기를 게임이 끝날 때까지 열심히 참여한다.

■ 적용기술

- 집단인도기술
- 시범 보이기
- 인정하기
- 과제분석기술
- 상호교류기술
- 집중력 지속
- 지시 수용

■ 도구

- 피아노
- 호루라기
- 의자

■ 활동순서

1) 반기는 노래로 내담자를 맞이한다.
2) 치료사는 내담자보다 의자 수를 한 개 적게 준비한다.
3) 치료사는 의자를 둥글게 배치한 후, 내담자는 의자 뒤쪽을 둥글게 에워싼다.
4) 치료사는 내담자에게 원 주위를 돌면서 노래를 부르도록 한다.
5) 치료사가 호루라기를 불면 내담자는 빨리 뛰어가 의자에 앉는다.
6) 치료사는 의자에 앉지 못한 사람에게 재미있는 벌칙을 준다(예: 노래부르기, 춤추기, 엉덩이로 이름 쓰기 등).
7) 치료사는 의자가 한 개 남을 때까지 계속하여 마지막으로 남은 내담자에게 선물을 준다.

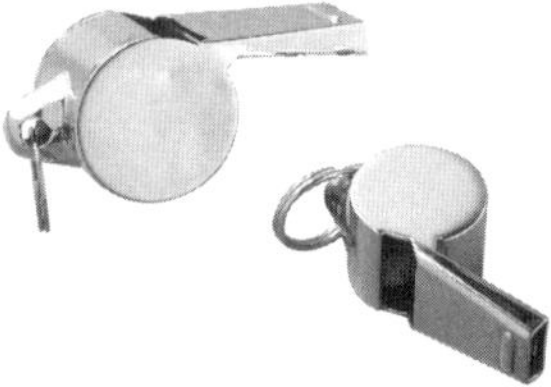

8) 헤어지며 부르는 노래를 모두 함께 불러보고 세션을 끝맺는다.

■ 음악의 치료적 역할

오락을 사용한 음악활동은 내담자에게 즐거움을 주어, 좀더 역동적인 감정을 이끌어내도록 돕는다. 특히 노래 제목을 알아맞히는 활동은 기억력을 자극하여 과거 기억에 집중하도록 한다. 또한 짝의 소리를 찾는 활동은 내담자가 소리에 집중하도록 할 뿐만 아니라, 짝과 사회적인 교류를 가능하게 한다.

 **자기 짝의 소리를 찾아서**

- **목적** : 흥미 증진/사회교류기술 향상
- **목표** : 주어진 다른 사람들의 소리를 듣고, 내담자는 자신의 짝의 소리를 여러 사람들의 소리 가운데서 정확히 찾는다.
- **활동순서** :
  1) 반기는 노래로 아동을 반긴다.
  2) 치료사는 내담자에게 둥글게 원을 만들어 서라고 말한다.
  3) 치료사는 내담자 각자의 독특한 소리를 짧게 만들어 보도록 한다(말이 아닌 소리만을 만들도록 한다).
  4) 치료사는 각 내담자의 오른쪽에 있는 사람의 소리를 기억하도록 한다.
  5) 치료사는 내담자 모두 눈을 감도록 지시한다(또는 빛이 없도록 불을 꺼도 좋다).
  6) 치료사는 각자 자신의 위치를 떠나 방안의 다른 위치로 가서 서도록 한다.
  7) 치료사가 패들 드럼을 크게 치면, 모두 일제히 자신의 소리를 내도록 한다.
  8) 치료사는 모든 내담자가 자신의 짝을 찾아서 천천히 이동하도록 한다.
  9) 치료사가 다시 한번 패들 드럼을 크게 치면, 눈을 뜨도록 지시한다(불을 끈 경우, 불을 다시 켠다).
  10) 치료사는 자기 짝을 찾은 사람을 못 찾은 사람들이 업는 벌칙을 준다(또는 다른 적당한 벌칙을 준다).
  11) 헤어지며 부르는 노래를 모두 함께 불러보고 세션을 끝맺는다.

※ 2부를 마치며

이상의 활동들이 음악치료의 전 영역을 고르게 보여주는 것이 아니라, 아주 일부분만 언급한 것일 뿐이라는 사실을 다시 한번 밝혀둔다. 아울러, 이러한 활동을 수행하기 위해서는 내담자의 현재 수준 파악, 선호도 고려, 장애영역에 대한 이해가 선행되어야 한다.

제3부 음악치료 넓게보기

제1장 활동제언

장애를 넘어서 바라보라!

장애를 가진 사람들을 일컫는 말은 참으로 많다. 그들을 친구로 여기고자 '장애우'(障碍友)라는 이름으로 부르는가 하면 '장애인', '장애자'와 같이 일반적인 명칭도 있다. 그러나 현대인 치고 정신병자 아닌 사람은 아무도 없다고 하니, 어찌 보면 우리 모두는 '아직까지 확인되지 않은 장애인'이든지 아니면 '예비 장애인'일지도 모른다. 그도 그럴 것이, 이 세상 누구도 자신의 앞일을 장담할 사람이 없기 때문이다.

두 팔과 두 다리가 모두 없는 잘 생긴 청년 하나가 또 다른 두 팔다리가 없는 아이와 함께 농구하는 장면을 텔레비전에서 본 적이 있다. 그 두 사람에게는 휠체어의 바퀴를 돌리기 위한 손마저 없었다. 그러나 이상하게도 두 사람의 얼굴 어디에도 그늘을 찾아볼 수 없었다. 《오체불만족》의 저자 오토다케의 참으로 즐겁고 특별한 인생을 보면서, 우리는 장애를 가진 사람들을 장애를 넘어서 바라볼 수 있어야 한다는 중요한 진리를 배우게 된다. 장애를 넘어서 바라볼 수 있다는 것! 장애를 넘어 그들의 안을 들여다 보면 또다른 그들이 있는 것이다. 장애인을 장애인으로 보지 않고 즐거움과 행복을 누릴 권리가 있는 독립된 인격체로서 바라보는 것, 그것부터 시작이다!

21세기는 '문화복지'의 시대가 되어야 한다. 단순히 장애인들의 1차적 생존수단을 해결해 주는 정도에서 그치는 것이 아니라, 그들 삶의 질을 이야기해야 할 때이다. 그들도 행복하고 즐거울 권리가 있는 것이다. 이것은 오직 장애인들만의 문제가 아니다. 문화복지의 최선봉에 음악치료가 있어 많은 사람들이 행복해지기를 바란다.

음악인가? 치료인가?

　음악치료는 '음악'의 범주에 속하는가, 아니면 '치료'의 범주에 속하는가?

　얼핏 생각하기에는 '음악'이 가지는 예술적 속성이 과학적 속성을 지닌 '치료'와는 어울리지 않는 것 같다. 그 이유는 음악은 창의성을 필요로 하는 상당히 주관적인 분야이고, 치료는 엄격히 주관성을 배제한 객관적 진리를 추구하는 분야이기 때문이다. 이 말은 비과학적인 음악을 가지고 어찌 과학적인 치료를 하겠는가 하는 의미로 해석된다. 그러나 우리는 음악이 우리에게 주는 강대한 힘을 알고 있고, 또 그 속에서 살고 있지 않은가! 그러한 강력한 힘을 지닌 음악이라는 도구로 치료를 한다면, 그 치유능력은 배가되지 않을까?

　의사는 각종 '의료기기'를 가지고 환자를 치료하고, 심리치료사는 '말'이라는 도구로 치료를 하며, 놀이치료사는 '놀이'라는 도구를 가지고 치료를 한다. 또 작업치료사는 '일(작업)'이라는 독특한 도구를 사용하기도 한다. 그 밖에도 '레크리에이션 활동'이나 '여가', '향신료', '손(지압)', '숯'에 이르기까지 치료의 도구는 참으로 다양하다. 치료를 위한 가장 강력한 도구를 지닌다는 것은 모든 영역의 치료사가 가지는 꿈일 것이다.

　음악은 기꺼이 그러한 강력한 도구가 된다. 그 이유는 과학적 치료가 갖지 못하는 주관성, 예술성, 심미성, 개인성, 창의성, 즉흥성 등을 바로 '음악'이 가지고 있기 때문이다.

3 반기는 노래

반기는 노래(Hello song)가 가지는 기능 가운데 가장 중요한 것은 본격적인 치료활동 이전에 치료사와 내담자의 유대감 형성과 동기 유발이다. 세션에 참여하는 내담자는 대개 다양한 연령의, 다양한 병력을 가진 사람들이다. 그들의 다양성을 충족시킬 수 있는 곡을 찾거나 만들기란 쉽지 않다. 그러나 부르기 쉽고 치료에 참여한 내담자의 이름을 넣어서 부를 수 있으면 좋다. 다음은 아동을 대상으로 하는 활동에서 부를 수 있는 '반기는 노래'이다.

4 헤어지며 부르는 노래

치료를 끝마치며 그 날 활동을 정리하는 의미로 헤어지며 부르는 노래(Good-bye song)를 부른다.

아래 곡은 성인을 위한 '헤어지며 부르는 노래'의 한 예이다.

5 좋은 음악활동의 기준

좋은 음악활동이란 무엇일까? 내담자에게 즐거운 경험을 주는 것, 아니면 오직 내담자와 함께 정해진 시간 동안 노래 부르고 즐기는 것일까? 여기서 우리가 좋은 음악치료 활동이라고 하면, 그 안에는 다른 특별한 의미가 내포되어 있을 것이다. 그것은 음악치료 본연의 의미 즉, 음악을 사용하여 환자(클라이언트)의 기능(정신·신체 건강)의 회복, 유지, 향상을 이루어내는 활동을 의미할 것이다. 이를 위해서는 다음과 같은 요소들이 함께 할 때 가능하다.

가장 좋은 활동이란?

1. 적절하고 단순한 활동
2. 활동의 다양성
3. 점차 발전하는 명확한 단계화
4. 깔끔한 종결
5. 음악의 적절성
6. 자신감 있는 진행
7. 사랑스런 눈맞춤
8. 나지막하지만 확신이 있는 목소리
9. 적절한 강화제의 사용
10. 치료사의 친절한 시범
11. 환자 모두가 참여하는 안전한 활동
12. 구체적이고 적절한 치료사의 질문 및 토의 활동
13. 활동의 적절성

6 최종평가보고서 양식

최종평가보고서에는 다음과 같은 내용들이 포함된다.

① 내담자 성명
② 보고서 작성자 성명
③ 참여한 치료사 성명
④ 치료양식구분(개인/집단)
⑤ 집단구성인원
⑥ 보고일자
⑦ 치료개시일과 종료일
⑧ 세션횟수
⑨ 단위시간
⑩ 내담자 병명
⑪ 세션참가횟수
⑫ 치료 목적
⑬ 치료 목표
⑭ 바람직한 행동을 위한 음악치료 전략
⑮ 수집된 자료(표/그래프)
⑯ 수집된 자료설명
⑰ 기타 관찰평가
⑱ 치료사 소견

보고서 양식 예시

최종평가보고서

클라이언트의 이름	구 ○ ○	보고일자	1999년 6월 8일
보고서 작성자의 이름	김 종 인	시작일과 종료일	시작 : 1999년 4월 3일
함께 참여한 SMT 이름	이 은 미		종료 : 1999년 6월 5일
개인/그룹치료양식	그룹치료	세션회수와 시간	9회, 50분 세션
그룹멤버의 숫자	8 명	클라이언트 소속계층	자 폐 증
지도교사	김경숙, 김은주, 김혜정, 음승희	세션참가회수	9 회

음악치료 활동과 관련 목표들의 요약

구과 함께한 9주간의 음악치료활동은 Hello Song, 음악활동에 대한 설명, 치료사의 시범, 클라이언트의 자기표현활동과 Good-bye Song으로 구성되었다. 그에 따라 적용된 활동을 살펴보면, 반기는 노래 즉, Hello Song에 있어서는 구가 안정한 감정을 느낄 수 있도록 '에델바이스'를 개사한 곡을 반복하여 사용하였다. 본격적인 음악활동이 전개되기 전에 구에게 간단히 당일 음악활동에 대한 간단한 설명을 해 주었으며, 그 활동에 대한 시범을 먼저 보여 주었다. 치료사의 시범에 따라 구는 자신을 표현하는 활동을 하였으며, 이때 치료사는 구가 좀더 자기표현활동을 잘 수행할 수 있도록 보조하고 지원하였다. 마치는 노래 즉, Good-bye Song에 있어서는 반기는 노래에서와 마찬가지로 같은 형식의 일정한 곡을 반복 사용하여 구가 음악활동의 종결을 인식할 수 있도록 하였다.

주로 사용된 악기로는 치료사의 클래식 키타와 더불어, 카바시, 페달드럼, 핸드 드럼, 레인스틱, 우드블럭, 봉고, 옴니코드, 귀로, 잘러폰 등 구가 쉽게 연주할 수 있는 악기를 사용하였다. 특히 옴니코드에 큰 관심을 가지기도 하였다.

일련의 적용되었던 치료활동의 성격을 구체적으로 살펴보면 다음과 같다.
① 치료사의 지시에 따라 악기를 연주하는 활동을 통해 집중력을 향상시키고자 하였으나, 구는 무표정한 얼굴로 말없이 몇분간을 보내기도 하였다.
② 배경음악을 통한 그림그리기와 같은 활동에서 구는 매우 흥미를 보이기도 했다. 이에 따르는 관련 치료목적으로서는 사회기술 향상 중에서도 자신을 색칠하는 활동을 통해 표현하는 데에 있었다.
③ 또한 구는 노래에서 지시하는 색을 찾는 활동이나 지시하는 색깔과 똑같은 스티커를 붙이는 활동에 관심을 보였다. 이는 인지/지각기술면에서 부족한 기능을 보이는 구에게 색을 통해 인지적인 자극을 주고자했기 때문이었다.
④ 또한 배경음악을 사용하여 움직이는 신체활동의 경우, 느린 리듬에서는 느리게 빠른 리듬에서는 빠르게 움직이는 양상을 종종 보이기도 했다. 이러한 활동을 함에 있어서, 대체적으로 자유롭고 창조적으로 신체를 움직여 표현하였다.

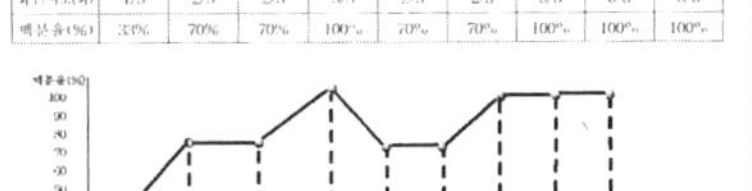

트리트먼트 데이터(Treatment data)

총 세션회수는 5회이며, 각 세션시간은 50분으로 하였다. 세션에서 목표로 하는 활동을 3회 지시하여 3번을 수행하는지에 대한 데이터를 수집하여 그래프화 하였다.

날짜(월/일)	4월 3일	4월 10일	4월 17일	4월 24일	5월 1일	5월 8일	5월 15	5월 29일	6월 3일
회수/시도(회)	1/3	2/3	2/3	3/3	2/3	2/3	3/3	3/3	3/3
백분율(%)	33%	70%	70%	100%	70%	70%	100%	100%	100%

트리트먼트 데이터에 대한 설명(Explanation if Treatment Data)

우선 4월 3일날 수집된 데이터는 총 3회 시도에 1회만 반응하였으며 백분율로는 약 33%의 성취율을 보였다. 4월 10일에는 3회 시도에 2회, 70%의 성취율을 보였으며, 4월 17일에도 역시 3회 시도에 2회 반응하여 70%의 성취율을 유지하였다. 그러나 4월 24일 최종 데이터 수집일에는 3회 시도에 3회 모두를 성취함으로써 100%의 백분율을 나타냈다. 따라서 데이터 수치상 절대차이 100%로 주목할 만한 격차를 보였다. 이는 평균 68%의 성취율을 보인 것이었다. 따라서 적절하게 계획된 음악치료세션이 구에게 사회교류기술면에서 긍정적인 영향을 미친 것을 알 수 있었다.

베이스라인 데이터에서 볼 수 있듯이, 4월 24일에 100%의 성취률을 보였다. 그러나 5월 1일날 수집된 데이터는 총 3회 시도에 2회만 반응하였으며 백분율로는 약 70%의 성취율을 보였다. 반면 5월 15일부터 6월 3일 최종 데이터 수집일까지는 3회 시도에 3회 모두를 성취함으로써 100%의 백분율을 나타냈다. 따라서 데이터 수치상 절대차이 100%로 주목할 만한 차이를 보였다. 이것은 평균 88%의 성취를 나타내는데, 베이스라인 데이터를 근거로 하여 적절하게 계획된 음악치료세션이 구에게 지속적으로 사회교류기술면에서 긍정적인 영향을 미친 것을 알 수 있었다. 그러나 몇가지 면에서 의문점이 남아있다. 과연 3회에 걸친 이러한 100%의 성취율이 구의 기능을 정확하게 대변하고 있는 것인가 하는 문제이다. 구의 여러 가지 기능에 대한 올바른 이해의 부족으로 인해 과제를 좀더 쉽게 제시될 개연성을 배제할 수 없다.

요약(Summary Paragraph)

구는 자폐성향을 보이는 아동으로서, 전반적으로 양호한 기능의 상태를 보이나 몇가지 점에서 부적절한 기능을 보였다. 구의 가장 커다란 문제는 다른사람과의 관계형성을 못하는 데 있으며, 이러한 부족한 기능을 보완하기 위해 사회기술향상을 목적으로 진행되었으며, 음악치료가 제공하는 안전한 환경은 구으로 하여금 편안한 마음으로 세션에 참여하도록 도움을 주었다. 따라서 치료사는 구의 부족한 사회교류기술의 향상을 위해 그룹 내에서 성공적으로 자신을 표현할 수 있는 환경을 마련해야 할 것이며, 앞으로의 세션을 통해 다른 사람에게 자신의 감정이나 생각이 수용되는 경험을 더 많이 제공할 수 있는 음악활동이 당분간 계속 제공되어야 할 것이다.

7 치료단계를 명확하게 구분하자

치료단계를 세분화한다면 그만큼 치료사가 환자에게 집중하고 있다는 뜻이 되고, 환자는 치료 중에 수행해야 할 내용을 더 쉽게 달성할 수 있다. 환자에게 무작정 핸드벨을 쥐어주고 치료사의 피아노 반주에 맞춰 핸드벨을 연주하라고 해보면 단계 세분화의 필요성을 금방 알 수 있을 것이다. 핸드벨 연주활동의 치료단계를 세분화하는 예를 들어보자.

단계 1. 우선 환자에게 핸드벨을 보여준다.
단계 2. 치료사가 간단히 핸드벨에 대해서 설명한다.
단계 3. 환자에게 핸드벨을 나눠 준다.
단계 4. 환자에게 핸드벨을 자유롭게 소리내고 잘 살펴보도록 시간을 준다.
단계 5. 치료사는 환자에게 핸드벨 잡는 방법을 가르쳐준다.
단계 6. 치료사는 환자에게 핸드벨을 연주하는 방법을 가르쳐준다.
단계 7. 치료사는 환자에게 악보를 제시하고 악보 보는 방법을 설명한다.
단계 8. 치료사가 지시할 때, 환자는 악보를 보고 핸드벨을 연주하도록 한다.
단계 9. 환자가 악보의 곡을 잘 연주하면 조금 더 어려운 곡을 제시한다.
단계 10. 연주가 모두 끝나면 치료사는 환자와 핸드벨 연주 경험에 대해 함께 토의한다.

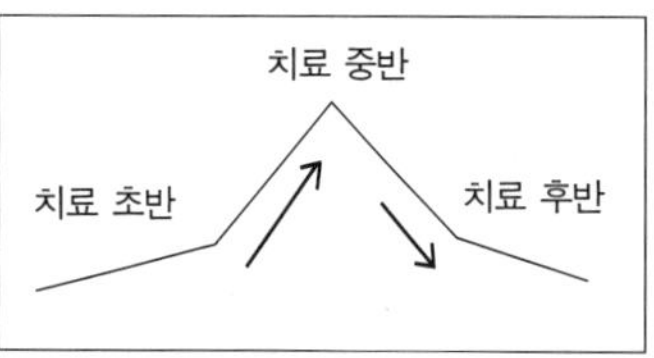

'치료를 사전에 계획할 때, 치료사는 반드시 머릿속에 치료장면들을 상상'해야 한다. 그렇게 한다면, 치료과정의 단계는 한없이 세분화될 수 있다. 물론 치료단계를 세분화하는 것이 항상 합당한 것은 아니다.

그러나 단계가 명확하게 구분된 것과 그렇지 못한 것과는 실제 치료장면에서 큰 차이를 드러낸다. 단계를 세분화할 때 지나쳐서는 안 될 내용이 바로 절정(climax) 부분이다. 만일 활동내용이 처음부터 끝까지 한결 같아서 역동성이 없으면 치료효과는 그만큼 반감되고 만다. 평범한 활동에 절정 부분을 첨가하는 능력은 치료사의 또 다른 필수능력이다.

8 직관이 중요하다

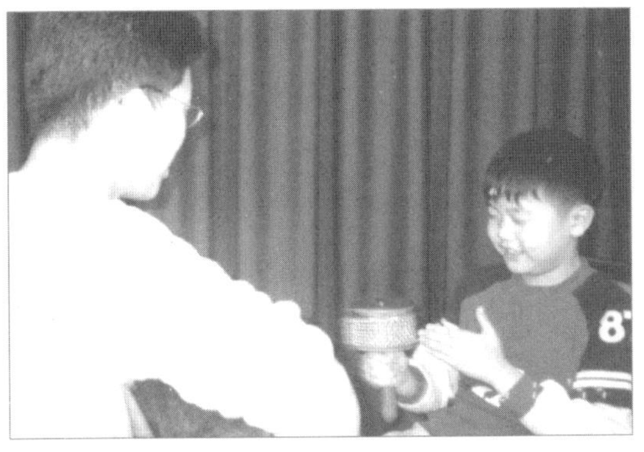

치료사의 직관력은 치료의 전 과정을 바라보는 치료사의 통찰력에 있다. 치료사가 가지는 이러한 직관력은 다양한 치료 영역에서 폭넓게 활용된다.

치료 이전 상황에서, 환자에게 적절한 활동을 선정하거나 노래곡목을 선정할 때, 치료사가 가지는 직관력은 중요한 의미를 지닌다. 치료 중에는 환자의 상태를 살피면서 그때마다의 상황에서 결정하고 변경해야 할 부분들이 많다. 이때도 어김없이 치료사의 직관은 재가동되어야 한다. 말할 것도 없이 이러한 과정들은 과학적이고 임상적인 지식에 근간을 두고 이루어져야 할 것이다. 그러나 치료 과정에서 항상 과학적으로 앞뒤가 딱딱 맞아떨어지기를 기대하는 것은 쉬운 일이 아니다.

치료사의 직관력도 그 치료사의 치료경력과 열의에 비례하여 성장하고 확대된다. 똑같은 활동을 해도 환자의 반응이나 치료 목적, 성취도 면에서 치료사마다 큰 차이를 드러내기도 한다. 이러한 차이가 생기는 이유는 치료사가 가지는 치료적 임상적 자질 때문이기도 하지만, 그 밖에도 고유한 직관과 순발력, 생각의 유연성, 변화에 대한 허용, 치료사 자신의 신체적 정신적인 강인함 등이 이유가 되기도 한다.

9 음악교수법 I
달크로즈

에밀 자크 달크로즈(Emile Jaques Dalcroze, 1865~1950)

● 스위스의 음악교육가 · 작곡가.

● 출생지 : 오스트리아 빈

● 주요 저서 : 《리듬, 음악과 교육》(Rhythm, Music and Education, 1922)

● 주요 작품 : 〈자니〉(1893), 〈산초 판자〉(1897)

달크로즈 교수법의 3대 구성요소는 다음과 같다.

1. 유리드믹스

달크로즈의 리듬교육법으로서, 다음과 같은 34개 항목의 리듬 요소를 단계적으로 제시하고 있다.

> 1) 시간(time), 공간(space), 힘(energy), 무게(weight), 균형(balance), 유동성(plasticity)의 상호 연관 관계 2) 박(beat)의 성질: crusic, metacrusic, anacrusic beat의 이해 3) 템포(tempo) 4) 점차적으로 변하는 템포(accelerando/ritardando) 5) 강약(dynamics) 6) 점차적으로 변하는 강약의 변화(crescendo/diminuendo) 7) 아티큘레이션(articulation) 8) 액센트(metric, agogic, dynamic, tonic, ornamental, harmonic accents) 9) 박자 10) 쉼표 11) 음의 길이 12) 음의 분할(subdivision) 13) 패턴(pattern) 14) 내재된 박(intrinsic beat) 15) 프레이즈(phrase) 16) 단선율 형식(동기, 악절, 주제와 변주, 가요형식) 17) 축소(diminution) 18) 확대(augmentation) 19) 리드믹 대위법 20) 당김음(syncopation) 21) 반주가 있는 단선율 22) 대위적 형식 23) 카논 24) 푸가 25) 부가 리듬 26) 혼합마디(unequal measure) 27) 혼합 박(unequal beat) 28) 혼합마디와 혼합박(unequal measure & unequal beat) 29) 복합 박자(polymeters) 30) 복합 리듬(poly-rhythm) 31) 헤미올라(hemiola) 32) 리듬적 변화(rhythmic transformation) 33) 12음 나누기(divisions of twelve) 34) 루바토(rubato)

– 유리드미(Eurhythmy) : 정확하면서도 공간 속에서 다양한 박의 흐름을 담고

있는 생명력 있는 리듬.

- 에이리드미(Arrhythmy) : 박이 불분명하고 공간 속에서 움직임과 흐름이 없는
리듬.

- 어리드미(Errhythmy) : 정확하고 규칙적으로 박이 진행되지만 단조롭고 기계
적인 리듬.

2. 솔페이즈(Solfege)

솔페이즈란 고정도 창법에 의한 성악연습법을 말한다. 즉, 조에 따라 도의 위치를 이동시키는 것이 아니라, 곡을 도·레·미·파·솔·라·시의 7개 음정으로 부르는 연습법을 말한다. 이것은 프랑스·이탈리아에서 주로 사용되고 있다. 또 이 말은 솔페이즈의 교본을 가리키는 말로도 쓰이는데, 대표적인 솔페이즈 교본으로는 프랑스의 《솔페주 뒤 콩세르바투아르》(*Solfege du conservatoire*)를 들 수 있다. 이 밖에 음악의 기초교육 전반을 가리킬 때도 있다.

3. 즉흥연주(Improvisation)

즉흥연주는 16~18세기에 중요시되었으나 작곡가들이 자신의 의도를 정확하게 기보하려는 경향을 보이면서 점차 사라지기 시작했다. 그러나 달크로즈는 음악을 교육할 때 즉흥연주가 가지는 중요성을 깊이 깨닫고 학생들에게 제한된 형식, 구, 아티큘레이션, 리듬적인 요소와 같은 일정한 패턴을 주어 그것을 즉흥적으로 표현하게 함으로써 음악성을 기르는 훈련을 하였다. 또한 그는 이러한 즉흥연주가 피아노뿐만 아니라 다양한 악기, 육체적 행위로 가능하다고 주장했다.

달크로즈 교육은 음악가, 음악교육가, 음악치료사, 연극인, 무용인 등 직업이나 성별, 연령에 제한 없이 음악교육이나 정신적 치료를 필요로 하는 모든 사람에게 이용될 수 있다. 만 2세 이상의 어린이라도 달크로즈 교육을 받을 수 있는 것이다. 현재 미국, 일본, 대만, 스위스 등 각지에서 달크로즈 교육이 널리 이루어지고 있다. 음악적 감수성을 키워주고 음악을 자연스럽게 접하도록 유도하는 달크로즈 교육은 음악교육의 새로운 방향을 제시하였다.

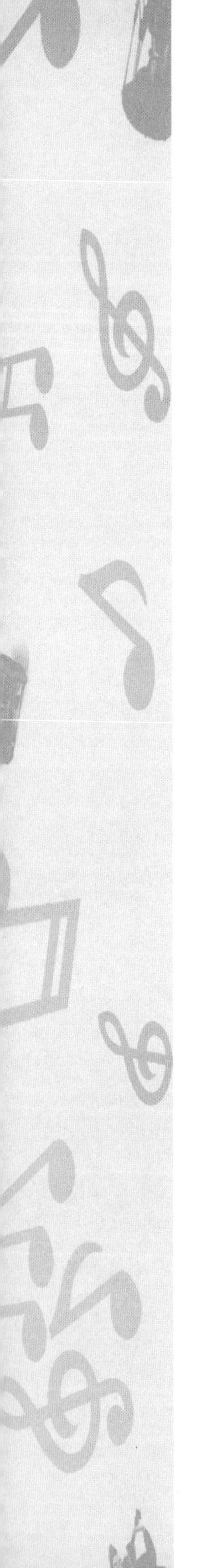

음악교수법 Ⅱ

10 코다이

졸탄 코다이(Zoltan Kodaly, 1882~1967)

● 헝가리의 작곡가 · 민족음악학자 · 교육가 · 지휘자

● 출생지 : 헝가리 케치케메트

● 주요 작품 : 〈하리 야노시〉(1926), 〈헝가리 시편(詩篇)〉(1923), 〈무반주 첼로소나타〉
　　　　　　(1915)

　코다이는 어린 시절부터 가톨릭계 학교에서 정식으로 음악을 배우기 시작하였고 성가대에도 참여하였다. 1900년 리스트대학에 입학하여 프랑스문화와 라틴 인문주의를 전공한 뒤, 1902년 장학금으로 부다페스트 음악원에 들어가 한스 케슬러에게 작곡을 배웠다. 이것을 계기로 해서 그의 작품에는 인상주의적 경향이 나타나게 되었고, 훗날 16세기 이탈리아의 다성음악(polyphony) 경향에도 영향을 끼쳤다. 그는 헝가리 민요의 수집과 연구에 뛰어난 업적을 남겼으며 민요 연구 분야에서 처음으로 과학적 조직적인 체계를 확립, 여기에 바탕을 둔 혁신적인 방법에 따라 헝가리 음악교육의 획기적이면서 근본적인 개혁을 이룩하였다.

　그는 민족음악학자로서 헝가리의 민족음악을 연구하고 이를 음악교육에 적용하여 세계적인 코다이 교수법을 만들었으며, 오랫동안 게르만음악의 지배에 있던 헝가리의 민족음악 요소를 찾아 부다페스트 음악원에서 알게 된 음악동료 바르토크와 함께 민요를 찾고 조사하기 시작하였다. 그뿐 아니라 이를 바탕으로 해서 민요체계를 완성하였고, 코다이 교수법을 창안하여 헝가리 국민음악 교육에 앞장서서 헝가리를 세계적인 음악국가로 설 수 있도록 했다.

　코다이 음악교수법은 민요를 강조하고 이를 이용한 합창교육으로서, 내청(inner hearing)을 개발하여 음악을 읽고 쓰고 이해하면서 음악적 능력 향상과 함께 지적 발달, 정서적인 발전을 할 수 있는 방법이다. 대표작에는 오페라 〈하리 야노시〉(1926), 칸타타 〈헝가리 시편(詩篇)〉(1923), 〈무반주 첼로소나타〉(1915), 관현악곡 〈여름날 저녁〉(1906) 등이 있다.

코다이는 여러 대학에서 명예박사학위를 받았으며, 헝가리에서는 1942년을 '코다이의 해'로 선포하기도 하였다. 그는 수많은 관현악곡, 합창곡, 오페라 등의 작품을 포함하여 교육에 필요한 많은 음악교본, 이론서 등을 남겼다.

Q&A **음악치료사가 되려면 어떤 준비를 해야 하나요?**

음악치료사는 음악적 소양과 함께 치료 경험 또한 풍부하게 갖추고 있어야 한다. 따라서 국내에서는 질 높은 음악치료사의 양성을 위해 대학원에서 학위과정을 개설하고 있다. 대학에서의 전공에 상관없이 지원할 수 있으며, 총 2년 6개월 과정으로 3학기의 임상실습과 4개월 이상의 인턴과정을 포함하고 있다. 국가가 인증하는 자격증은 아직까지 없으며, 대학원에서 주는 학위와 학회에서 주는 인증서가 자격증을 대신하고 있다.

칼 오르프(Carl Orff, 1895~1982)

● 독일의 작곡가 · 지휘자 · 교육가.

● 출생지 : 독일 뮌헨

● 주요 작품 : 〈카르미나부라나〉, 〈안티고네〉, 〈아프로디테의 승리〉

칼 오르프(Carl Orff)는 독일 뮌헨에서 태어났다. 그는 현대 독일의 대표적인 작곡자였지만 음악교육자로서 더 많이 기억되고 있다.

그는 1914년에 독일 뮌헨음악대학을 졸업하고 그후 뮌헨, 만하임, 다름슈타트 가극장 등 독일 각지에서 지휘활동을 하였다. 1921년 뮌헨으로 돌아와 카민스키(Laura Kaminsky, 1886~1946)에게 사사하고, 르네상스와 바로크음악에 흥미를 가졌다. 1924년부터는 귄터(Dorothee Gunther)가 설립한 귄터 학교(Gunther Schule)에서 음악과 체육을 결합하여 교육하였으며, 달크로즈 교육의 영향으로 1935년까지 음악교육부에서 교육자로서의 길을 걷기도 하였다. 1924년 당시 독일의 유명한 무용가인 귄터와 위그만(Mary Wigman)을 만나게 되면서 평생을 음악교육에 전념하게 된다.

오르프는 위그만에게 달크로즈 교수법 가운데 하나인 유리드믹스 이론을 배우게 되면서 많은 영향을 받는다. 귄터 학교는 체육과 무용교사를 양성하는 학교였지만, 이 학교에서 오르프는 무용과 음악의 새로운 접목을 위한 연구에 몰두하였다. 이곳에서 만난 맨들러(Karl Maendler)의 도움으로 오늘날 '오르프 악기'라 불리는 독특한 악기 개발을 하게 되었고 이러한 오르프 악기만으로 구성된 기악 합주단을 만들었다. 이 합주단은 당시 독일 전역에 순회연주를 하였고 교육 관계자들의 관심을 끌었다.

이러던 가운데 2차 세계대전으로 귄트 학교가 무너지게 되었고, 오르프는 음악교육에 관한 관심을 접게 되었다. 그러나 뜻하지 않은 일이 발생하였다. 2차 세계대전이 끝난 뒤, 바바리아(Bavaria) 라디오 방송국에서 오르프의 음악교육용 작품이 녹음되어 있는 레코드를 발견하고 이를 방송함으로써 많은 이들의 관심을 끌기 시작했다. 그의 작품이 인기를 끌면서 5년 동안이나 계속 방송되었고, 오르프는 더욱 정열을 쏟았다. 이러한 계기로 그는 음악교육의 중심을 어린이에게 돌리고 '기초 음악'(elemantary music)이라는 새로운 개념의 음악작품을 만들기 시작했고, 음악적 동료인 케트만(Gunild Keetman)과 협력하여 〈어린이를 위한 음악〉(Musik für Kinder)을 만들었다. 이러한 작품들은 유아교육 기관에서 연구하고 실행하게 되었다. 이때 사용했던 작품들을 수정하여 정리해 놓은 것이 바로 음악교육용 작품 〈슐베르크〉(Schulwerk) - 또는 〈슐웍〉라고 부른다 - 이다.

그의 대표작으로는 〈카르미나 부라나〉(Carmina Burana, 1937)가 있고, 〈카툴리 카르미나〉(1943), 〈안티고네〉, 〈아프로디테의 승리〉 등 그리스를 소재로 한 극음악을 많이 작곡하였다.

치료 관련 지식

훌륭한 음악치료사는 해박한 치료 관련 지식을 갖춘 사람이다. 마냥 사람이 좋고 인자하다 하여 그 치료사를 훌륭하다고 할 수 없기 때문이다. 그렇다면 어떤 치료 지식을 갖추어야 하는가?

음악치료의 교육과정은 음악적 영역과 치료 관련 영역 그리고 음악치료 관련 영역으로 나눌 수 있다. 이 가운데 치료 관련 과목들을 살펴보면 다음과 같다.

치료 관련 과목은 음악치료를 하면서 알아야 하는 인접 학문과 환자를 이해하기 위해 꼭 필요한 과목, 즉 해부학, 생리학, 이상심리학, 정신병리학, 특수아동심리학 등이 포함된다. 전 미국음악치료협회(NAMT)에서 제시한 치료 관련 과목을 보면, 해부학 및 생리학 과목 과정에서는 사람의 신체구조와 기본적인 생리현상, 그리고 각 기관의 기능에 대한 지식을 배우는 반면, 국내의 경우 아직까지 치료 관련 과목에서 특수교육과 관련된 장애인과 정신과 영역, 일반인 대상의 심리학 과목으로 한정되어 있다.

저자의 음악교육학 석사논문의 내용에 따르면, 치료 관련 과목과 관련하여 다음과 같이 기술하고 있다.

> 한국과 미국 NAMT(전 미국음악치료협회)의 치료 관련 과목을 살펴보면, 6개 기관 모두가 개설한 공통 교과목은 '이상심리학' 이었고, 이화여대의 2학점 배당을 제외한 나머지 대학에서 3학점씩을 배당하고 있었다. 그 다음 공통 과목으로는 '특수아동심리학' 을 들 수 있는데, 이화여대와 미국 2개 대학에는 같은 명칭의 과목은 개설되어 있지 않았다.
>
> 특이할 만한 점은 숙명여대와 캔자스대학 두 대학만 '통계학' 과목을 개설하고 있다는 것인데, 숙명여대의 경우 2학점짜리 한 강좌만 수강하지만, 캔

자스대학의 경우 2학점짜리 '통계학' 과목을 Ⅰ과 Ⅱ로 나누어 수강하게 되어 있다. 통계학은 음악치료 임상에서 여러 가지 실험적 자료를 수집, 처리, 변환하는 능력을 기르는 과목인데, 한국의 음악치료의 확실한 자리매김을 위해 연구와 통계, 임상치료 관련 과목의 확충이 필요하다고 할 수 있다.

또 한가지 특이한 점은 NAMT는 치료와 관련해서 많은 과목을 수강할 것을 요구하고 있는데, 치료 관련 과목 총 학점 합계를 살펴보면 다음과 같다. 우선 숙명여대의 경우 9학점, 이화여대 2학점, 명지대와 한세대가 각각 6학점씩 배당하고 있으며, 캔자스대학은 12학점, 뉴욕대학은 18학점이었고, NAMT의 경우 20학점으로 가장 많은 학과목과 학점수를 나타내었다. 이것은 한국과 미국으로 나누어 비교해 보아도 의미가 있는데, 한국의 경우, 치료 관련 총 학점 합계가 2학점부터 9학점까지인 데 반해 미국의 경우, 12학점에서 20학점에 이르는 높은 학점수를 나타내어 많은 차이를 보였다. 따라서 환자에 대한 이해와 더불어 그 환자가 가지고 있는 병리적 증상에 대한 폭넓은 이해를 위해 한국의 각 대학에서 치료 관련 과목의 전문적인 학과목 개설이 요청된다.

(김종인, 2000, 〈한국과 미국의 음악치료 석사학위 교육과정 비교분석〉, 강원대 교육대학원 석사학위논문)

물론 이상의 내용은 1999년도 기준으로 작성된 논문이라 그동안 각 대학에서 많은 변화가 있었기 때문에 정확하게 일치하지 않을 수도 있다. 총 학점수의 긍정적 증가와 더불어 내용의 다양화 등을 그 예로 들 수 있다. 그러나 한 가지 분명한 것은 이러한 제도적 장치들이 음악치료사의 부단한 연구와 노력을 능가할 수는 없을 것이다.

치료의 질은 치료사의 질을 능가할 수 없다!

훌륭한 음악치료사란 어떤 사람일까? 그는 과연 음악을 하는 치료사인가, 아니면 치료를 하는 음악가인가? 이 질문은 음악치료가 어떻게 적용되느냐에 따라 답이 달라진다. 또한 음악치료사는 음악의 전문인이자, 치료의 전문인이어야 한다는 뜻과 일맥상통한다 할 것이다. 여기서 말하는 치료의 전문인이란 임상적인 전문가를 의미한다.

치료사는 환자와 관계를 맺어가면서 환자의 관점에서 그들을 볼 수 있어야 한다. 이와 같은 치료사와 환자의 '동일시'는 치료 목표를 달성하는 데 중요한 의미를 지닌다. 이를 통하여 환자와 치료사와의 관계가 끊임없이 형성되고 변형되어가기 때문이다.

또 임상적 전문가로서 음악치료사는 치료가 진행되는 순간에도 계속적으로 이러한 치료의 과정이 환자에게 미칠 영향력에 대해 깊이 있게 관찰할 수 있는 눈이 있어야 한다. 이렇게 하여 치료사는 환자에게 가장 적당한 치료활동을 다시 수정할 수도 있고, 아니면 처음에 계획했던 활동을 그대로 추진해갈 수도 있는 것이다.

임상가로서 음악치료사는 집단 속에서의 역동적인 힘을 느낄 줄 알아야 한다. 그리고 이러한 역동성을 자유롭고 자연스럽게 이용할 줄도 알아야 할 것이다. 얄롬(Yalom)은 이처럼 음악치료에 속한 집단이 어떠한 과정을 거치면서 발달하여 가는가를 4단계로 설명하고 있다. 음악치료사는 집단이 어떤 단계를 통해서 형성되고 성장하여 역동성을 가지게 되는지 잘 알고 있어야 한다.

1. **형성(Forming)** : 집단치료활동을 위해 환자 개개인을 실제로 의미 있는 집단으로 모으는 과정을 뜻한다. 이러한 집단을 형성하는 기준은 환자의 병태와 연령 등에 좌우될 수 있다.

2. **규범(Norming)** : 한 치료집단이 형성되면 이 집단의 기능이 무엇이고 환자들 상호간 어떤 행동을 할 것인지에 대한 일치된 규범이 자연스럽게 정해질 것이다.

3. **쇄도(Storming)** : 특정한 규범을 환자들간에 합의는 했지만 환자들의 다양한 의견을 수렴하여 계속적인 수정과정을 거치게 되는 과정이다.

4. **실행(Performing)** : 음악치료집단에서 치료가 실제로 시행되는 단계를 의미한다.

이러한 집단치료활동 구성원들의 역동적인 만남과 여러 가지 음악치료활동을 통하여 다양한 체험을 함께 하게 되고, 이러한 체험으로 환자는 자신을 이해하게 되고 타인을 이해하게 된다. 그렇게 될 때 비로소 자신의 정체성을 정립하게 되고 사회교류기술을 향상시킬 수 있게 되는 것이다.

'Case by Case'라고 했다. 임상에서는 항상 돌출상황이 치료사 앞에 기다리고 있다. 따라서 그야말로 훌륭한 음악치료사로서의 자질을 갖추기 위해서는 다양한 치료환경에 노출되고 경험하며 그것을 극복해 가는 끊임없는 과정을 통해서만 비로소 얻게 될 것이다. 훌륭한 음악치료사는 다각적인 임상경험 속에서 탄생하게 되는 것이다.

Q&A 음악치료사는 어떤 곳에서 일하고 있나요?

현재 한국의 음악치료사들은 일반병원, 정신병동, 장애인 복지관, 대학 및 대학원 강사, 음악치료센터, 영재교육원, 각종 연구소, 예술치료센터, 특수학교, 재활학교, 정신보건센터, 노인복지관, 청소년대안교실, 문화센터, 보건소, 치매주간보호소 등에서 일하고 있다.

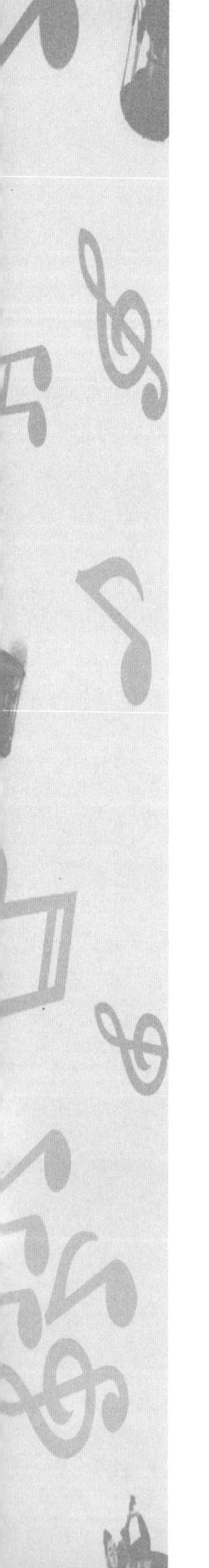

성악실력

노래를 못하는 음악치료사?

음악치료사에게 노래실력은 어떤 의미를 갖는가? 꼭 필요한가? 아니면 조금 못해도 괜찮은가?

실제 임상상황을 그대로 재현하는 대학원 음악치료기술 수업은 정말 모든 이들에게 공포의 대상이었지만, 그 안을 들여다보면 재미있는 사실을 발견할 수가 있다. 그것은 다름 아닌 예비 음악치료사들의 노래실력이다. 어떤 이는 너무도 우렁차고 맑은 음성으로 환자를 압도하는가 하면, 또 어떤 이는 2m 남짓 거리에서도 귀를 쫑긋 세워야 그 음성을 겨우 분간할 수 있을 만큼 작은 목소리를 지니고 있었다. 문제는 이러한 사람들이 의외로 많다는 것이었다. 정작 중요한 치료기술보다는 노래 부르는 성량을 개발하는 것이 시급한 문제라는 생각이 들었다.

가장 큰 이유는 치료사의 타고난 성량 탓도 있으나 궁극적인 원인은 다른 데 있다. 예컨대 우리가 두려운 존재 앞에서는 떨려서 목소리가 기어들어 가는 것과 같이, 임상치료의 경험이 부족한 이들에게는 환자가 그 두려운 존재가 되어 버리는 것이다. 그래서 마침내 '노래'를 사용하여 치료해야 하는 활동에서 정작 활동의 핵심인 노래를 자유자재로 요리할 수가 없게 되는 것이다. 이러한 문제를 극복하는 방법은 의외로 간단하다. 그것은 치료사의 모든 관심의 초점을 '환자'로 전환하면 되는 것이다. 치료사 자신 앞에 앉아 있는 환자의 문제점, 환자의 태도, 그리고 환자의 전이감정에 초점을 두어야 한다는 것이다.

음악치료사는 실제로 노래를 잘해야 한다. 음악으로 치료를 시행하는 사람이기 때문에 자신이 노래를 잘 못 부른다고 생각이 들면 그는 노래를 많이 불러보아야 하고, 노래 잘하는 이에게 한 수 가르침을 받아야 마땅할 것이다. 강조하건대 음악으로 치료를 하고자 하는 사람이라면 노래실력은 기본으로 갖춰야 할 것이다.

반주실력

반주실력과 그 음악치료사의 자질은 반드시 필요충분조건 관계에 있지 않다. 그럼에도 음악치료사에게 음대생 수준의 반주실력을 요구하는 이유는 물고기가 물 속에서 헤엄을 치며 사는 이치와 같다. 음악치료사의 반주실력, 특히 건반악기 기술에 대해 음악치료사 양성을 위한 교육과정에는 다음과 같은 내용을 언급하고 있다(최병철, 1999).

1. 다양한 장르의 작품을 능숙하게 연주하는 능력(고전음악, 대중음악, 전통음악)
2. 간단한 작품, 노래의 반주, 4성부 화성진행을 보고 읽을 수 있는 능력
3. 모든 키에서 기본적 화성을 연주할 수 있는 능력
4. 멜로디를 화성화하여 연주할 수 있는 능력
5. 간단한 노래를 변형시켜 연주할 수 있는 능력
6. 노래를 부르면서 능숙하게 반주할 수 있는 능력
7. 앙상블에서 성악 또는 다양한 악기 연주 시 반주할 수 있는 능력

이상의 내용을 살펴보면 음대생 가운데에서도 피아노 전공 학생에게나 필요한 목록들이다. 이러한 기술이 필요한 것은 임상적 상황에서 그 해답과 필요성을 찾을 수 있다. 예를 들어 자폐성 아동과 음악치료 활동을 시행하다보면, 계획했던 활동에 이내 싫증을 내게 마련이다. 음정도 맞지 않고 이름 모를 노래를 입에 달고 흥얼흥얼대기도 한다. 이리저리 뛰어다니며 이것저것 만져도 보고, 소리도 내본다. 이러한 상황에서 음악치료사는 자폐성 아동이 싫증을 낼 때마다 새로운 반주와 화성을 창안하여 그 아동의 관심을 집중시켜야 한다. 음정도 맞지 않을 때는 그 틀린 음정에 맞게 전조해서 반주해야 한다. 이름 모를 노래를 흥얼거리면 그 노래에 반주를 실어 아동의 닫힌 마음의 문고리를 잡아야 한다. 만약 악기에 관심을 가지고 스스로 다가와 소리내기를 시도한다면 그 기회를 놓치지 말고 치료사는 반주로써 그 아동의 심리적 상태를 지지하고 격려해야 하는 것이다. 반주실력은 바로 이럴 때 발휘되는 것이다.

16 치료사의 시범이 중요하다

모든 치료활동을 성공으로 이끄는 마술과도 같은 방법이 있다.

그것은 활동을 시행하기 전에 치료사가 먼저 환자에게 시범을 보이는 것이다. 이것은 아주 단순한 작업이지만 큰 효과를 발휘한다. 노인이나 아동과 함께 하는 음악치료 활동의 경우에는 더욱 그러하다.

치료사는 환자에게 치료활동을 하기 전에, 먼저 시범을 보일 필요가 있다. 먼저 패들 드럼을 치는 시범을 보이고, 먼저 노래를 부르고, 먼저 춤을 추고, 먼저 자신의 의견을 말하고, 먼저 자신의 느낌을 악기를 통해 표현하는 등의 시범을 보여야 한다는 것이다. 이러한 치료사의 친절하고도 모범적인 시범은 환자가 자신도 할 수 있다는 자신감을 갖게 하고, 시행착오의 횟수를 줄일 수 있는 중요한 수단이 된다. 또한 정확한 시범을 보고 환자는 좀더 정확한 동작을 익힐 수 있게 되고 환자 자신도 모르는 사이에 과감한 자기표현을 하게 된다.

그러나 치료사의 사전시범이 항상 순기능만 하는 것은 아니다. 때로 집단활동에 참여한 대부분의 환자들이 치료사의 시범동작을 보고 거의 비슷한 행동을 따라하기 때문이다. 따라서 치료사의 시범은 정확하되 다양해야 하는 것이다. 치료사는 필요하다면 집단활동 중에도 내담자한 개인과 함께 시범을 보일 수도 있다. 함께 손을 잡고, 북을 치고, 함께 달걀 쉐이커를 옆으로 전달해 보고, 환자의 손을 맞잡고 핸드벨을 울려야 하는 것이다. 필요하다면 치료사는 좀더 천천히 시범을 보일 필요도 있다.

이와 같은 과정을 통해 환자는 좀더 올바른 동작을 익혀 나가고 환자는 다른 외부의 영향력을 인식해 나간다. 또 환자는 치료사와의 관계를 확고히 함과 동시에 비로소 환자는 다른 사람에게도 관심을 돌릴 줄 알게 되고, 필요할 때 도움을 요청할 수 있게 된다.

백문(百聞)이 불여일견(不如一見)

이 말은 학습만을 목적으로 적용되는 것은 아니다. 어떤 동작을 익히는 데 말로만 들으면서 하는 경우와 책을 보고서 익히는 경우, 또 교사의 시범을 보며 따라하는 경우 가운데 어떤 것이 가장 효과적일까? 그 답은 '교사로부터의 시범이 있을 경우'이다. 이럴 경우 최고 수십 분의 일로 시간을 단축시킬 수 있을 뿐 아니라 정확한 동작을 익히는 데도 도움이 된다. 치료에 적용시켜 생각해 보면, 치료사가 시범을 보이는 것은 내담자의 원활한 활동수행을 위해 가장 중요한 과정 가운데 하나이다. 여러 가지 경우에 내담자는 스스로 어떤 행동을 하거나 자신을 표현하는 일에 무척 소극적인 경향을 보이기 쉽다. 따라서 치료사가 보여주는 동작시범은 내담자에게 좀더 편안한 마음을 가지고 세션에 참여할 수 있도록 도움을 준다.

Q&A 음악치료사의 직업전망은 어떻습니까?

이미 미국 내에서도 21세기 유망직종으로 꼽힌 바 있는 음악치료사는 단순한 질병치료의 차원에서 벗어나 인간의 삶과 치료의 질에 관심을 돌리고 있는 추세에 맞는 선진국형 직업이다. 우리나라가 선진국으로 가는 데 있어서 매우 합리적으로 인간복지에 공헌하는 직업이며, 배우고자 하는 학생이나 음악치료에 대한 의료진과 장애아 부모, 관련자들의 관심도 날로 높아가고 있다. 치료팀의 일원으로 병원이나 장애기관, 복지관, 특수학교, 요양원, 실버타운 및 기타 관련분야에 취업하거나 자격을 갖춘 개인이 임상 클리닉을 운영할 수도 있다.

17 마음의 문을 열어라!

환자 마음의 문을 열려면 치료사 마음의 문부터 열어야 한다. 때로 우리는 시종일관 경직되어 있는 치료사를 본다. 치료가 끝나면 등을 돌리고 가기 바쁘다. 그들의 관심은 환자가 아닌 치료사 자신에게 향해 있는지 모른다. 여기에는 여러 가지 이유가 있을 수 있으나, 가장 중요한 원인은 치료사의 나약함, 자신감의 결여일 것이다. 이들은 자신을 밖으로 내보이지 않은 채, 환자가 마음의 문을 열어 보이기만을 기다린다.

과잉행동을 보이는 한 초등학교 6학년 여학생과 노래 만들기를 통한 개별치료를 하고 있는데, 나는 그 여학생에게 마음속에 있는 이야기를 솔직하게 노래로 털어 보라고 했지만 그 아이는 그렇게 하지 않았다. 치료사가 먼저 마음의 문을 열어 보이는 과정을 놓쳤던 것이다. 뒤늦게 치료사 자신의 가슴속 이야기를 노래로 불렀을 때서야 여학생은 말문을 여는 것이었다. 그러고 나서 그 아동의 치료과정은 실로 놀라웠다.

치료사의 위엄만으로는 환자 마음의 문을 열 수 없다. 치료의 열쇠는 아마도 음악이나 음악활동뿐만 아니라, 음악 속에 묻어나는 치료사의 진실성과 환자에 대한 진정한 관심일지도 모른다. 치료과정을 원활하게 운영할 수 있도록 치료사는 먼저 마음의 문을 열 수 있어야 한다. 그럴 때 비로소 치료사는 자신을 잊고 환자를 바라볼 수 있는 것이다.

마음의 문을 열라!는 말은 오직 음악으로 치료를 행하는 음악치료사들에게만 국한된 말은 아니다. 환자들을 대상으로 치료하는 모든 의료 관련인들에게 해당되는 말이면서, 환자, 그리고 그들의 가족들 또한 포함하는 말이다.

진정한 전문가란 다른 치료 영역, 새로운 연구결과 발표 등을 활짝 열려진 마음으로 수용할 줄 아는 사람일 것이다. 활동진행과정에서, 활동방법에서, 다른 치료 영역에 대해서, 새로운 연구결과에 대해서 우리는 좀더 열린 마음을 가져야 할 것이다.

Open your mind!

 18 치료 목적에 초점을 두어라!

100m쯤 앞에 있는 나무까지 선을 긋고자 한다. 삐뚤어지지 않게 선을 그으려면 어떻게 해야 할까? 방법은 간단하다. 100m 앞에 있는 나무를 계속 보면서 긋다 보면 비교적 곧은 선을 그을 수 있게 된다.

치료사도 치료활동을 열심히 하다보면 문득, '이 활동의 목적이 뭐지?' 하는 생각을 하게 될 때가 있다.

'목적을 잃어버린 활동?'

물론 있을 수 있다. 그러나 치료현장에서만큼은 예외이다. 치료사들은 환자를 처음 만나게 되면 항상 면접과 진단평가를 하게 된다. 이때 환자 가족들과 만남은 필수적이다. 이것은 환자의 현재, 과거의 병력과 장애정도 또는 진전도, 장점과 약점 등을 파악하고자 하는 것이다.

그렇다면 왜 진단평가를 하는 것인가? 그것은 환자의 약점을 보완하고 바람직한 방향으로 향상시키고자 하는 목적을 설정하기 위해서이다. 치료사의 모든 치료활동은 환자 각자가 가지는 특정한 목적을 성취하기 위해서 행해진다. 또 일정 시간의 치료활동을 끝내고 최종적인 평가를 하는 이유는 무엇인가? 그것 또한 치료 초기에 설정한 치료 목적의 성취여부를 알아보기 위한 것이다.

이러한 모든 과정들은 바로 '치료 목적'이라는 단어로 귀착된다. 자유분방한 즉흥연주나 리듬앙상블의 경우라도, 특정한 치료 목적 아래 이루어지는 활동에 불과한 것이다. 따라서 치료사는 환자와의 첫 대면, 관찰, 진단평가, 치료계획, 치료시행과정, 계속적 평가, 최종평가라는 전 과정을 통하여 '지금 내 앞에 앉아 있는 이 환자의 부족한 기능은 무엇이고, 나는 그것을 어떻게 충족시킬 수 있을까?'라는 질문을 계속해야 한다. 그것이 치료 목적을 달성하는 지름길이기 때문이다.

19 반주할 때는 환자를 보라!

반주할 때는 환자를 보라!

환자를 보지 않으면 그들의 주의집중력은 금방 산만해지고 만다. 치료사는 반주할 때도 이와 같이 환자를 바라볼 수 있어야 한다. 그렇게 하려면 우선 반주하는 악기에 충분히 숙달해야만 가능하며, 그뿐 아니라 노랫말 또한 완벽하게 외워야만 실수 없이 그들을 바라보며 반주하는 것이 가능하다. 이것은 매번 치료과정 속에서 반복된다. 그런데 왜 반주할 때 환자를 바라봐야 할까? 그것은 치료사 자신감의 표현이기도 하지만, 더 중요한 이유는 환자들의 주의를 모으고 집중시키며, 그들의 태도를 통해서 내면을 읽고자 하는 의도에서이다.

반주하며 환자를 바라볼 때는 한 가지 유의할 점이 있다.

바로 '미소짓는 일'이다. 반주를 하면서 미소짓는 일은 생각보다 쉽지 않다.

얼굴 가득 미소와 포근한 느낌을 담아서 환자를 바라봐야 할 것이다. 이것은 많은 연습이 필요하다. 이처럼 환자를 바라보며 환하게 미소짓는 것은 치료활동에 대한 자신감과 함께 환자에 대한 꾸밈없는 관심과 태도를 보여주는 것이다. 또 이렇게 했을 때, 치료사에게 주어지는 특별한 선물은 환자가 더 안정되게 주의집중을 하는 것이고, 치료사를 좀 더 깊이 있게 신뢰하게 되며, 이와 더불어 성공적으로 치료를 가능하게 하는 것이다.

20 과장하라!

- 반기는 노래를 부를 때 반가운 표정을 지으며 자신의 평소 모습보다 더 과장하라!
- 환자에게 악기를 연주하는 시범을 미리 보일 때, 동작을 크게 하며 과장하라!
- 환자 앞에서 이야기할 때는 입 모양을 크게 하며 과장하라!
- 환자가 색깔악보를 핸드벨로 연주할 때, 치료사는 악보를 가리키며 손동작을 과장하라!
- 노래를 환자에게 불러줄 때는 노래 소리를 크게 높여 과장하라!
- 환자에게 칭찬할 때는 아낌없이 과장하라!
- 집단으로 악기를 이용한 음악치료 활동을 할 때, 지휘하는 치료사의 동작을 과장하라!
- 치료사가 환자의 행동을 악기로 모방할 때, 좀더 악기의 표현을 과장하라!
- 치료사의 질문에 환자가 긍정적으로 반응할 때, 격려하고 행복한 표정을 지으며 과장하라!
- 환자가 노래의 선율 속에 자신의 생각을 넣어 부를 때, 진정 그 생각과 일치하고 있다는 표정으로 과장하라!
- 치료의 모든 장면에서 조금 더 과장하고 또 과장하라!

이렇게 평소보다 더 과장하는 연습을 통해, 치료사는 자신이 이미 과장된 모습을 일상적으로 지니고 있음을 발견하게 될 것이다.

모든 활동과정에서 과장하되, 진실하라!

21 내담자의 반응을 살펴라!

치료를 진행하는 동안 치료사가 반주하고 노래하며 악기를 연주하는 것 이외에 해야 할 중요한 일이 한 가지 있다. 그것은 '환자의 반응을 살피는 일'이다.

환자의 반응을 살피는 일은 치료사의 임상적 기술에 속하며 가장 기본이 되는 치료사의 의무이다. 치료사가 환자의 반응에 민감할수록 더욱 질 높은 치료를 시행할 수 있게 된다.

개별 치료활동을 할 때마다 느끼는 일이지만 미리 준비한 활동이 장애아동에게 전혀 흥미나 관심을 주지 못할 때가 있다. 그렇다고 치료사가 판단하기에 좋은 활동이라고 해서 장애아동이 전혀 흥미를 못 느끼는 활동을 계속 강요할 수는 없는 일이다. 그때는 치료사의 빠른 판단으로 그 장애아동이 적당한 활동을 할 수 있도록 해야 한다. 그런 의미에서 치료사는 음악영역에서 팔방미인이 되어야 할 것이다. 다양한 노래선곡이 가능해야 하며, 풍부한 치료지식 또한 갖춰야 한다.

예를 들어 환자가 노래만들기(song writing) 활동을 하다 말고 계속 눈물만 흘리고 있다고 가정하자. 과연 그것은 무엇을 의미할까? 치료사는 될 수 있는 한 신속하게 그 의미를 파악하여 적절한 조치를 해야 할 것이다. 노랫말 내용에 감정이 이입되어 오는 눈물인지, 환자의 과거문제와 관련된 것인지 등을 알 수 있어야 하는 것이다.

이때 치료사에게 필요한 것은 적절한 질문을 할 줄 아는 능력이다. 치료사의 질문은 구체적이고 조금 집요해야 한다. 이와 같은 질문태도는 치료사가 얼마만큼 환자에게 관심을 가지고 있는지 확인하는 데 도움을 준다. 특정한 환자의 행동을 보는 듯 마는 듯한 치료사의 태도는 환자에게 좋지 않은 영향을 끼치게 되는 것이다. 이처럼 환자의 반응을 살피는 일은 치료효과를 높이기 위한 기본이 된다.

말을 너무 많이 하지 마라!

음악치료사는 '음악'으로 환자를 치료하는 것이다. 최대한 치료과정에는 최대한 '말'을 줄이는 것이 좋다. 왜냐하면 필요 이상의 말은 치료과정 전반에 걸쳐 흐르는 리듬을 깰 수도 있기 때문이다. 환자가 감상을 통하여 한창 자신의 내면을 깊게 성찰하고 있는데, 느닷없이 치료사가 설교 아닌 설교를 해버리면 환자의 내면성찰 과정이 방해받게 되는 것이다. 그때는 자연스럽고 부드럽게 끝내는 것이 더 바람직하다. 노래만들기(song writing)활동을 하면서 자신의 아름다웠던 경험을 그림으로 표현한다고 했을 때, 환자의 자기 그림 발표와 다음 환자의 발표 사이에서도 노래 후렴 부분의 간단한 제창 정도면 그것으로 족하다.

다시 말하자면, 치료사는 환자에게 마음 깊이 음악을 느낄 수 있는 기회를 될 수 있는 대로 많이 부여하는 것이 합당하다는 것이다. 성악 즉흥연주에서도, 기악즉흥연주에서도, 노래만들기에서도, 음악심상기법을 사용할 때도 역시 마찬가지일 것이다.

또 음악과 음악의 연결되는 과정 속에서 말을 너무 많이 하는 것도 불필요한 일이지만, 음악치료활동을 끝내려는 그 시간에도 역시 치료사의 장황한 설교는 금물이다.

말 없이, 음악의 힘으로!

23 음악이 주는 생리적 영향력

음악의 생리적 영향에 대한 연구 가운데 저자가 실험한 〈음악활동이 인체 면역글로불린(IgM)의 변화에 미치는 영향〉에 대한 논문을 소개하고자 한다.(김종인, 2000)

이 연구는 음악활동이 인체 면역글로불린(IgM)의 변화에 영향을 미치는지 알아보기 위하여 실시되었으며 음악감상그룹, 악기연주그룹, 통제그룹의 세 가지 그룹으로 나누어 각각의 IgM 변화를 비교하였다.

실험대상은 인천시에 소재한 초등학교에 재학 중인 9~10세의 취학아동으로, 그 가운데 16명을 무선표집하여, 실험 1집단(악기연주집단)은 6명, 실험 2집단(음악감상집단)은 5명, 통제집단은 5명씩 각각 나누었다. 이 실험은 일회성이었고, 실험처치시간은 모두 20분으로 하였으며 사전·사후에 채혈하였다. 특히 집단끼리의 사전·사후와 집단 안에서 사전·사후의 IgM 변화에 통계적으로 의미 있는 차이가 있는지 알아보았다.

또한 연구 대상자의 특성, 즉 연령, 성별, 과거 음악경험을 조사하여 그에 따른 IgM 변화에 미치는 영향을 알아보고자 하였다. 음악활동 프로그램에 참여한 두 실험집단과 아무런 처치를 가하지 않은 통제집단의 채혈시점(사전·사후)에 따른 IgM의 변화에서도 의미 있는 차이를 보이는지 알아보기 위해 사전검사를 공변량으로 하여 ANOVA(Analysis of variance between groups)를 이용하여 분석하였다. 그리고, 음악활동을 실행한 두 실험집단 각각의 집단 내 사전·사후 점수 유의도를 알아보기 위해서 대응비교 t-검증을 실시하였다.

또한 연구 대상자의 특성에 따른 각 집단의 IgM 점수의 차이를 알아보기 위해 독립표본 t-검증과 일원배치 분산분석(one-way ANOVA)을 시행하였다.

이 연구를 통해 얻은 결과는 다음과 같다.

첫째, 음악활동을 실행한 실험집단이 통제집단에 비해 IgM의 변화에서 의미 있는 증가폭을 보인 것으로 나타났다(p<.05).

둘째, 악기연주집단이 음악감상집단에 비해 IgM의 변화에서 의미 있는 차이를 나타내지 못하였다(p>.05).

셋째, 연구 대상자의 특성에 따르는 IgM의 변화에서 연령, 성별에서는 의미 있는 차이를 보였으나(p<.05), 과거 음악경험에서는 의미 있는 차이를 보이지 않았다(p>.05).

결론적으로 음악활동이 인체 면역글로불린의 변화에 긍정적인 영향을 미친다는 사실을 알 수 있었으며, 특히 적극적인 음악활동인 악기연주활동의 역동성과 그에 대한 대상자들의 선호도는 다른 음악활동보다 인체의 면역체제에 더욱 커다란 영향을 준다는 사실을 알 수 있었다.

차후 음악을 통한 면역반응 변화에 대한 객관적 해석과 다양한 접근방법이 요구되며, 스트레스와 면역반응을 가져오는 상관적 변인으로서의 음악과 다양한 정서의 유형과 특징, 그리고 대처방법에 대한 연구가 지속되어야 할 것이다.

24 음악이 주는 심리적 영향력

음악이 인간에게 끼치는 심리적인 영향력은 크다. 그러한 영향력을 좀 더 과학적인 방법으로 연구한 논문을 소개하면 다음과 같다.

김소진, 〈유쾌성, 불유쾌성 음악자극과 그림자극이 청소년의 정서 변화에 미치는 영향〉 – 숙명여대 음악치료대학원 석사학위논문

이 연구의 목적은 청소년의 정서를 변화시키는 데서 유쾌성·불유쾌성 음악자극과 그림자극의 영향을 검증하는 것이다. 연구 결과, 청소년의 정서변화에서 음악과 그림이라는 자극유형에는 의미 있는 차이를 보이지 않았으나(p>.05), 유쾌성 또는 불유쾌성으로 규명된 자극성격에는 의미 있는 차이를 보이는 것으로 나타났다(p<.001).

한편 자극유형과 자극성격 사이의 상호작용 효과는 나타나지 않았으며, 성별 또한 정서변화에 미치는 영향력에서는 별다른 차이가 나타나지 않았다(p>.05).

이상의 결과는 청소년들의 정서변화에서는 음악과 그림 같은 자극의 유형보다는 유쾌성, 불쾌성과 같이 정서와 직접 관련되는 자극에 더 민감하게 반응한다는 것을 나타낸다.

김향숙, 〈음악적성 및 음악흥미와 정서지능과의 관련성 연구 : 중고생을 중심으로〉 – 숙명여대 음악치료대학원 석사학위논문

이 연구의 목적은 중·고등학생의 음악적성과 음악흥미가 정서지능과 어떠한 관련성을 가지는가를 분석하고, 정서지능에 영향을 주는 개인의 음악적 특성 변인이 무엇인지를 밝히려는 것이다.

음악흥미는 음악적성보다 정서지능과 높은 상관관계를 가지며, 음악적

성, 음악흥미, 레슨기간, 가족 가운데 전공자 유무 등의 음악적 변인은 집단의 정서지능에 차이를 보이는 것으로 나타났다.

이 연구의 목적은 음악활동 프로그램이 초등학생의 정서지능 향상에 미치는 영향을 알아보기 위한 것이었다.

연구 결과, 음악활동 프로그램이 초등학생의 정서지능 향상에 의미 있는 영향을 미친 것으로 나타났다(p< .01). 하위영역에서는 정서표현(p< .01)과 정서활용(p< .001) 영역에서 유의한 차이를 나타냈다. 이는 음악활동 프로그램이 초등학생의 정서지능을 향상시키는 데 긍정적인 영향을 미친다는 사실을 보여주고 있다.

Q&A 음악감상만으로 질병이 치료가 될까요?

그렇지 않다. 많은 사람들이 음악치료를 생각할 때, 어떤 음악을 들으면 어디에 좋다더라는 처방식 음악감상기법을 먼저 떠올리게 된다. 물론 어떤 음악을 듣고 즐거워진다든지, 슬퍼진다든지 하는 경험을 누구나 했을 것이다. 그러나 그것은 음악의 영향력 가운데 일부일 뿐이지 일관된 효과를 나타내지는 못한다. 식이요법 환자에게 몸에 좋다고 해서 무작정 음식을 먹이지 않듯이, 감상자의 음악적 선호도, 음악적 배경, 들려줄 음악과 관련된 과거경험 등을 정확히 고려하여 적정량을 처치할 수 있는 숙련된 음악치료사가 필수적이다.

25 음악이 주는 사회적 영향력

김말희, 〈치료적 그룹 음악활동이 시설아동의 친사회적 행동에 미치는 영향〉 - 숙명여대 음악치료대학원 석사학위논문

이 연구의 목적은 그룹 음악활동 프로그램이 시설기관에서 양육되는 초등학교 아동의 친사회적 행동에 미치는 효과를 알아 보는 것이었다.

연구 결과는 첫째, 음악활동을 시행한 시설아동 집단의 친사회적 행동은 음악활동을 받지 않은 집단의 아동들보다 통계적으로 의미 있는 향상을 나타냈다(p=.022).

둘째, 친사회적 행동의 하위영역 가운데 음악활동을 시행한 시설아동 집단은 그렇지 않은 집단의 아동보다 도움주기(p=.030)와 위안하기(p=.010)의 영역에서 의미 있는 향상을 보였다.

한편, 나누기와 협동하기의 영역에서는 두 영역 모두 음악활동을 받은 집단이 음악활동을 한 뒤 점수가 높아지긴 했으나 통계적으로 의미 있는 수준에는 미치지 못하였다(p>.05).

이유진, 〈음악활동이 정신지체 청소년의 사회생활 능력 향상에 미치는 효과〉 - 숙명여대 음악치료대학원 석사학위논문

이 연구의 목적은 정신지체 청소년의 부적응행동을 감소시켜 사회생활 능력을 향상시킴으로써 효과적으로 사회생활을 할 수 있도록 하는 데 미치는 음악활동의 효과를 알아 보는 것이었다.

연구 결과는 첫째, 음악활동에 참여한 뒤 정신지체 청소년의 사회생활 능력은 향상된 것으로 나타났다.

둘째, 음악활동에 참여한 뒤 정신지체 청소년의 주의집중행동은 향상된 것으로 나타났다(p<.01).

셋째, 음악활동에 참여한 뒤 정신지체 청소년의 사회생활 능력과 주의집중행동은 거의 모든 영역에서 향상되어 나타났다.

이 연구의 목적은 음악활동이 주의력결핍 과잉행동의 정도가 높은 아동의 주증상인 부주의행동, 충동성, 과잉행동을 감소시키고 친사회적 행동을 증가시키는 데 미치는 효과를 알아보기 위한 것이었다.

첫째, 음악활동에 참여한 뒤 아동들의 주증상은 감소된 것으로 나타났다($p < .05$). 그리고 주증상의 하위영역인 부주의행동, 충동성, 과잉행동 가운데에서 과잉행동이 가장 크게 감소된 것으로 나타났다($p < .005$).

둘째, 음악활동에 참여한 뒤 아동들의 친사회적 행동은 증가한 것으로 나타났다($p < .005$).

셋째, 아동들의 주의집중행동의 정도는 악기를 사용한 음악활동에서 더 높은 것으로 나타났다.

Q&A 음악치료는 일반인을 대상으로 하지는 않나요?

음악치료는 일반인을 대상으로 다양한 활동을 하고 있다. 스트레스 대응훈련, 청소년 선도, 사원연수, 영유아 감성증진, 대인공포 극복, 창의력 개발, 무대공포증 예방치료, 환경음악, 영어학습 등에 사용되고 있다.

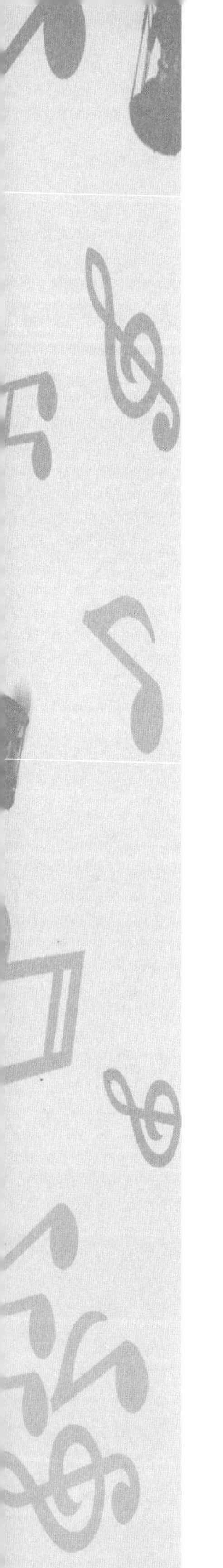

26 음악치료 모델의 종류

행동 모델(Behavioral model)

■ 이론의 배경

음악의 구조는 사람의 행동과 연관되어 질서와 조직을 가져다 준다. 행동 모델에서 음악은 기능적으로 내담자의 과거 음악적 경험과 현재 상황에 기초한 구조적 도구로서의 역할을 담당한다. 그리고 이것은 치료사의 진단평가에 의해 설정된 행동 변화를 위한 예측가능한 도구가 된다. 행동 모델에서 행동은 반드시 측정할 수 있고 관찰할 수 있는 행동을 대상으로 하며, 이러한 행동은 치료사가 예측할 수 있는 행동이며, 이를 기반으로 치료사는 반드시 분명한 치료 목적과 행동 목표를 가지고 치료에 임하도록 한다.

■ 음악의 역할

음악환경을 제공하여 원하는 행동의 변화를 가져오도록 하는 것으로서, 이때 음악환경은 내담자의 과거와 현재 상황에서 나온다. 행동적 모델에서 음악의 역할은 내담자에게 내부적으로 그리고 외부적으로 영향력을 행사하여 내담자 개인의 신체생리적 반응을 가져오도록 할 뿐만 아니라, 즐거운 경험을 바탕으로 심리상태의 변화까지 연결되도록 한다. 치료에서 음악 외적인 목적을 가져오는 음악의 역할은 다음과 같다.

1. 정보 운반자로서 음악
2. 조건적 음악(강화제)
3. 자극적 역할로서 음악
4. 학습을 위한 배경으로서 음악

■ **임상에서 적용하기**

음악이 신체에 미치는 영향을 근거로 하여 재활치료 영역에서 보행 연습, 호흡증진, 언어생성 및 구어력 향상 등의 치료 목적을 가진다. 정신과에서는 정신재활과 관련된 여러 가지 치료 목적들(자긍심 향상, 집중력·지속력 증진, 사회기술 발달, 문제해결능력 향상, 정서수정 등), 노화에서는 인지와 운동영역에서의 향상, 특수교육에서는 학습기술 향상, 지각 개념 발달, 행동조절 등과 관련된 치료 목적을 가진다.

음악치료의 방법은 전통적 연주의 형태, 노래만들기(song writing), 즉흥연주 음악치료, 노래 부르기와 노랫말 분석 등이다. 이 방법은 캠벨(Don Campbell)과 스탠리(Ralph Stanley)가 정리한 과학적 방법을 사용하는 모델이다. 양적 데이터를 사용하면서 많은 인원이 대상이 되는 기술 및 실험연구(Quantifiable large sample research)와 사례 연구를 포함한 소수의 인원이 대상이 되는 기술 및 실험연구(Small sample research)가 있다.

심리분석 모델(Analytical model)

■ **이론의 배경**

심리분석치료가 다른 치료와 다른 점은 치료사와 내담자의 관계에 의존한다는 것이다. 음악심리치료는 음악적 경험을 사용하는 것으로 정의되는데, 치료사와 내담자가 음악을 만들고 감상하는 것으로 일차적인 커뮤니케이션 방법을 사용하는 것이다. 다시 말해 음악심리치료는 치료사와 내담자의 내면적 처리과정을 촉발시키기 위해 음악경험을 사용하는 것이다. 이때의 음악경험은 무의식으로부터 전의식, 그리고 의식의 다양한 단계를 보여주는 것인데, 치료는 개인의 억압된 과거 생각들이 내담자의 현재 의식의 경험으로 불러질 때 가능해진다.

심리분석치료는 일반적으로 음악경험에서 음악 자체의 변화가 음악 외적인 변화로 인도되는 변형적 치료(transformative therapy)와 음악경험과 말을 사용하여 내담자의 내관을 넓히도록 하는 내관치료(insight therapy)의 두 종류로 구분된다.

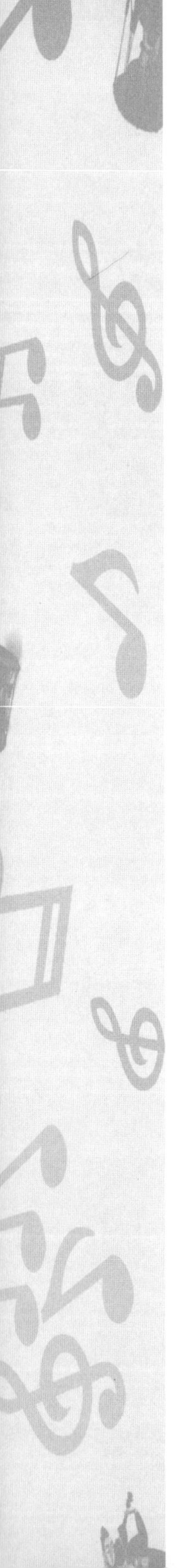

■ 음악의 역할

심리분석치료에서 음악은 과도적 대상(transitional object)이 된다. 이때 음악은 치료사와 내담자를 이어주는 안전한 연결고리 역할을 하는 것으로 내담자의 생각과 느낌을 말하도록 하는 것이다. 변형적 치료에서는 음악 또는 음악경험이 치료적으로 변형되어 그 자체로 완성된다.

이러한 음악적 경험은 크게 세 가지, 즉 (1) 즉흥연주(improvisation), (2) 노래 부르기(song), (3) 음악적 상상(music imaging)이 있는데, 이것들은 내담자의 개인적인 처리과정이 되며 음악적 결과는 대개 갈망하는 치료결과로 연결된다. 내관치료에서는 음악적 경험과 함께 말이 사용되면서 내담자의 음악적 경험을 통해 관련 문제들로 접근을 하게 된다. 이때 음악의 역할은 단지 음악 자체만이 아니라 치료사와의 관계와 함께 의존되는 상황이 되는 것이다.

■ 임상에서 적용하기

정신치료의 상황에 기여한다. 일반적인 치료 목적으로는 (1) 자아인식, (2) 내면의 갈등해결, (3) 감정방출, (4) 자아표현, (5) 감정과 태도의 변화, (6) 사람관계 기술의 향상, (7) 건강한 관계의 발달, (8) 감정적 충격에서 치료, (9) 깊은 자기성찰, (10) 현실인식, (11) 인지적 재구성, (12) 행동변화, (13) 삶의 의미와 충족, (14) 영적 개발 연구이며, 전체적인 치료과정을 내포하는 질적 연구가 이루어진다. 데이터는 숫자보다 소리/음악, 서술, 그림, 개인적 기록 등이 포함되는 단어로 구성된다.

27 치료를 원하는 이들을 뭐라고 부를까?

우리는 치료를 원하는 이들을 무엇이라고 부를 수 있을까? 실제 치료현장에서는 여러 가지 용어로 이들을 부르고 있다. 환자, 내담자, 클라이언트, 학생, 아동, 노인, 청소년 등등. 이 책에서도 다양한 용어들을 사용하고 있는데, 이유는 활동의 성격과 특성에 따라서 치료의 대상영역이 달라지기 때문이다. 이들 용어의 사전적 정의를 살펴보면 다음과 같다.

- 환자 : 병이 들거나 다쳐서 앓는 사람, 병자.
- 내담자 : 특정한 이유 즉 청탁, 치료, 소송 등으로 부탁이나 의뢰하는 사람.
- 클라이언트 : 내담자, 의뢰인, 소송 의뢰인.
- 학생 : 학교에서 학문을 배우는 사람, 동의어는 학도.
- 아동 : 몸과 마음이 아직 완성기에 이르지 않은 나이가 어린 사람. 대략 3세 가량에서 12세까지 일컬음. 초등학교에서 공부하는 아이, 동의어는 학동, 어린이 등이 있음.
- 노인 : 나이가 많은 사람을 일컬음.

그러나 음악치료를 시행할 때 이들 단어의 뜻은 다음과 같다.

- 환자 : 병원이나 의료시설에서 치료를 받는 사람들의 총칭.
- 내담자 : 해결해야 할 자신의 문제를 의뢰해오는 사람들의 총칭.
- 클라이언트 : 내담자 또는 의뢰인.
- 학생 : 교실에서 음악활동을 할 때의 대상자.
- 아동 : 치료대상이 되는 학령기 아동의 총칭.
- 노인 : 일반 노인이나 노인질환자들을 일컫는 말.

28 정말 환자가 개선되고 있을까?

　　정말 환자가 좋아지고 있을까? 과연 내가 지금 수행하는 치료활동이 옳은 것일까? 이런 저런 질문을 하면서 확신이 서지 않을 때가 있다. 이를 위해서 치료사는 환자와 치료활동을 처음 하기 전에 진단평가를 하게 되며, 치료활동 중에도 평가는 계속된다. 여기서 환자의 현재상태를 보여주는 진단평가를 하기까지 기초자료를 몇 회기 동안 모으게 되는데, 이를 기초선 자료(기저선 자료, baseline data)라고 한다. 기초선 자료를 설정하기 위해서는 최소한 3회기의 치료활동이 필요하다. 그렇지 않으면 좀더 정확한 자료를 수집하기가 힘들다.

　　그런 다음, 음악치료를 시작한 뒤 환자의 행동상태를 점검하게 된다. 일반적으로 4회기 이상 환자의 긍정적 행동의 빈도가 높아지면 개선되어 전개된 치료라고 생각할 수 있다. 환자에게 아무런 진전 없이 계속된 치료활동회기는 활동에 대한 철저한 분석과 수정작업을 거쳐 활동에 새로운 변화를 주어야 할 것이다.

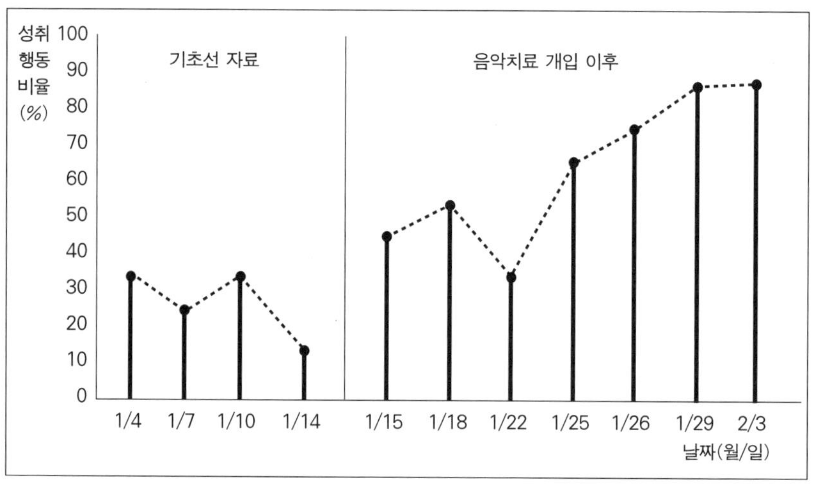

 29 모방도 훌륭한 치료법이다

모방(imitaion)기법은 여러 장애의 영역 가운데서도 특히 자폐성 장애아동들을 대상으로 많이 사용하는 기법이다. 다른 사람에게 전혀 관심조차 없는 자폐성 장애아동이 자신의 동작과 소리를 치료사가 모방하여 행동하거나 소리를 내게 될 때, 자폐성 장애아동 자신의 내부에만 머물러 있던 관심이 외부로 표출되기 시작하는 것이다. 이것은 참으로 놀라운 기적과도 같은 순간이다.

저자는 자폐성 장애아동을 개별치료 하던 중에 겪었던 사례를 소개하고자 한다. 영진이(가명)는 첫 번째 치료활동 중에 무척 산만한 모습을 보였다. 30초 이상 의자에 앉아 있는 모습을 보기가 힘들었다. 저자가 가장 먼저 취했던 치료개입 활동은 영진이의 산만한 행동들을 우드 블록으로 모방하는 것이었다. 영진이가 뛰면 우드 블록을 더 빨리 연주하고, 행동이 멈춰지면 악기 소리 또한 멈췄다. 기타를 이용하여 즉흥적으로 이러한 과정들을 반복하기도 하였다. 때로는 아동이 전혀 움직임이 없거나, 아무것에도 관심이 없어 보일 경우에는 여러 가지 악기소리로 주의를 이끌어내곤 했다.

이렇게 몇 회가 지나지 않아 영진이는 치료사에게 관심을 보이기 시작했고, 특히 치료악기들에 관심을 보였다. 그 중에서도 '귀로'와 '탬버린'에 관심을 가졌는데, 영진이와 치료활동을 하면서 많은 시간을 악기를 들고 모방하는 데 투자했다. 현재 정상아동들과 함께 학교를 다니고 있는 영진이는 담임선생님으로부터 달라진 모습으로 칭찬을 받는가 하면 자신의 느낌을 다른 사람들에게 곧잘 표현하기도 한다.

이처럼 모방기법은 환자들의 닫힌 마음을 여는 중요한 기법이 된다. 어쩌면 여기서 언급한 영진이뿐만이 아니라, 정상인이라고 자처하는 우리들 또한 다른 사람들의 사려 깊은 '지지'와 '모방'을 그리워하고 있는지도 모르겠다.

즉흥연주의 유용성을 알자

즉흥연주는 음악치료 방법에서 빼놓을 수 없는 중요한 자리를 차지하고 있다.

즉흥연주의 뜻은 말 그대로 '사전에 계획하지 않고 즉흥으로 연주'하는 것을 의미한다. 그것은 성악을 사용할 수도 있고 기악이나 몸동작을 사용할 수도 있다. 목적을 가지고 연주할 수도 있고, 그렇지 않을 수도 있다.

즉흥연주가 지니는 장점으로는 즉흥연주의 특성상, '창의성'을 향상시킨다는 면을 꼽을 수 있다. 그러나, 무엇보다 즉흥연주가 유용한 이유는 치료사와 환자 사이, 환자와 환자 사이의 '관계형성'을 돕는다는 것이다. 이것은 모방(imitation)과 반영(reflection)을 통해서 성취된다. 환자가 만들어 내는 동작이나 소리, 악기연주 등을 치료사가 지속적으로 치료활동 중에 악기나 소리, 동작을 통하여 거울처럼 모방하고 그림자처럼 반영해 나갈 때, 환자는 조금씩 조금씩 자신을 내보이게 되는 것이다.

즉흥연주 상황은 현실세계와 많이 닮은 점이 있다. 예컨대, 환자에게는 여러 가지 악기가 주어지고 그 가운데서 하나를 선택하도록 권유받게 되며, 자유롭게 악기를 살펴보는 경험을 가진다. 그러고서 치료사와 '그야말로' 즉흥적인 연주가 시작되는 것이다. 인생도 이와 마찬가지로 여러 가지 선택의 기로에서 방황하게 되며, 그 가운데 어떤 것을 선택해서 한 번밖에 없는 인생을 '즉흥적으로' 살아가고 있는 것이다. 때로는 악기가 소리나 음색, 리듬의 표현에서 한계를 가지듯이, 인생의 여러 장면에서도 자신은 원하지만 쉽게 달성하지 못하게 하는 한계성들이 도처에 숨어 있다. 그러나 이러한 '악기의 한계성(제한성)'을 극복하고 그 악기만이 지니는 독특한 특징을 살려 연주를 해나가는 것은 환자에게는 참으로 유용한 경험이 되는 것이다. 이러한 경험은 연주를 하는 초반부에는 오직 환자의 악기와 치료사의 악기 사이의 교류에 불과했지만, 이것은 곧 악기가 아닌 환자와 치료사라는 인간끼리의 만남을 가능하게 하는 것이다.

다음은 즉흥연주의 일반적인 효과를 기술한 것이다(최병철, 1999).

1. 감정을 곧바로 표현하도록 돕는다.
2. 감각을 좀더 세련되도록 돕는다.
3. 현실생활에 적응할 수 있도록 돕는다.
4. 창의성 향상을 돕는다.
5. 협동심을 갖도록 돕는다.
6. 타인과 관계형성을 돕는다.
7. 언어적, 비언어적 의사소통이 가능하도록 돕는다.
8. 사회로 안전하게 복귀할 수 있도록 돕는다.
9. 자아성찰의 기회를 갖도록 돕는다.

Q&A 음악치료는 음치(音癡) 치료인가요?

음악치료가 음치치료는 아니다. 즉, 노래 못하는 사람을 노래를 잘 부르게 만드는 것이 치료의 주된 목적은 아니라는 것이다. 그러나 음치를 치료해서 그 사람의 자아 존중심을 향상시키는 것을 목적으로 삼을 수는 있다. 따라서 음악치료는 합당한 교육을 받은 음악치료사가 내담자에게 음악이라는 도구를 체계적으로 사용해서 목표하는 행동을 이끌어내는 것을 말한다.

31 동질성의 원리(iso-principle)

슬플 때 우리는 경쾌한 음악을 들어야 할까? 아니면 조용하고 다소 우울한 음악을 들어야 할까? 그럼, 기쁠 때는? 내 수준보다 조금 높은 음악을 들어야 할까? 아니면 내 수준보다는 낮은 음악을 들어야 할까? 뱃속에 아이를 가진 임신부는 태아를 위해 듣기 싫어도 클래식을 들어야 할까?

우리는 고통받는 사람들과 의사소통의 통로를 마련하기 위해 음악을 사용하게 된다. 임상치료 상황뿐만 아니라 생활 속에서 음악을 감상하고 사용하면서 몇 가지 고려해야 할 사항이 있다.

첫째는 '환자가 어떤 음악을 선호하는가' 하는 것이다. 아무리 좋은 음악이라 할지라도 좋아하지 않는 음악을 계속 든다면 환자는 아마도 기분전환이나 병의 치료는커녕 병을 다시 얻게 될 것이다. 따라서 음악을 감상하고자 할 때는 먼저 음악 선호도를 살펴야 할 것이다.

둘째는 '환자의 음악적 수용력은 어느 정도인가'를 고려해야 한다. 음악을 듣는 감상자(환자)가 어느 정도의 음악적 정보량을 갖고 있는가 하는 것이다. 음악적 정보량이 적은 사람에게 쇤베르크의 12음기법의 음악이나 고전, 현대음악을 들려주게 되면 무척이나 따분해 할 것이다. 반대로 음악적 정보량이 풍부한 사람에게 음악적 정보량이 비교적 적은 동요만을 계속해서 들려준다면 역시 마찬가지의 결과를 가져올 것이다. 그 사람의 음악적 정보량에 적절한 음악을 선정하여야 할 것이다.

셋째는 '동질성의 원리' 위에서 감상이 이루어져야 한다. 이 말은 마음속에 슬픈 감정을 가지고 있을 때는 슬픈 음악을 통하여 개인의 내면세계와 일치시켜야 한다는 것이다. 슬픔에 찬 사람에게 갑자기 수용할 수 없을 정도로 강한 비트의 곡은 오히려 악영향을 끼칠 뿐이다.

치료상황에서는 감상활동을 자주 하게 되는데, 이상의 내용을 잘 고려한다면 환자 내면세계와의 교류를 좀더 원활히 하게 될 것이다.

32 저 항

항상 같은 악기만 고집하는 환자가 있는가 하면, 특정 악기는 회피하는 환자가 있다. 또 어떤 환자는 부드럽고 평온한 음악을 들으면서 오히려 불쾌한 감정을 나타낸다. 저자 또한 음악심상기법을 동료와 함께 하면서, 동료의 질문에 순순히 답해 준 것 같지는 않다. 위에서 지적한 모두가 저항의 여러 가지 다른 모습들이다. 드보르킨(Dvorkin)은《음악심리치료의 역학》(*The Dynamics of Music Psychotherapy*)에서 저항의 개념을 다음과 같이 밝히고 있다.

> 저항이란 '환자가 억압된 것이 의식으로 드러나는 것이 두려워서 치료과정을 피하고 방해하려는 시도를 말한다. 또 내담자가 치료과정에 참여 또는 관련을 회피함으로써 무의식 속의 억눌려진 요소를 그대로 유지하려는 어떤 종류의 시도'로서 정의 내릴 수 있다.

이렇게 치료 도중에 자신의 내면세계를 선뜻 내놓지 못하는 주된 이유는 억압되어 왔던 문제들이 의식화되면 과거의 고통을 재경험하게 될지도 모른다는 두려움을 무의식적으로 느끼는 것이다. 이에 대해 드보르킨은 다음과 같이 언급하고 있다.

> 내담자는 음악이 마음속 방어의 벽을 허무는 힘이 있으며, 느낌에 접근하는 데는 언어보다 더 강력하다는 것을 알기 때문에 음악이나 노래만들기를 꺼려한다. 특히 언어능력이 뛰어난 내담자의 경우 더욱 그러하다. 그들은 대화를 할 때는 무척이나 편안한 태도를 보이다가도 성악 또는 기악즉흥연주를 하는 동안에는 자신을 통제하지 못할까봐 매우 두려워한다. 또 음악이 억압을 조장하거나 한 개인의 성격의 미성숙한 부분을 이끌어낼 수도 있기 때문에, 내담자는 혹시 자신 속의 받아들여지지 않는 부분이 드러나면 어쩌나 하는 위협을 느끼는 것이다.

33 전이와 역전이

일반인에게는 전이와 역전이가 조금 생경할 수 있는 개념이다. 그러나 결론을 말하자면, 우리가 전이, 역전이 개념을 알고 치료활동을 개입시키는 것과 그렇지 않은 것은 확연한 차이를 보인다는 것이다. 이는 오직 치료에서뿐만 아니라, 생활 속에서도 참으로 유용한 개념이다.

전이(transference)

브루시아(Bruscia)는 전이를 정의하기를, '치료상황에서 환자가 자신의 과거와 연관된 경험을 회상하게 되는 과정'이라고 하였다. 예컨대 어떤 환자가 치료 도중에 아무 이유 없이 훌쩍훌쩍 운다고 하자. 과연 이 환자는 의미 없이 울고 있는 것일까? 그 환자가 울게 된 원인은 현재의 치료상황이 자신이 겪었던 과거의 경험과 연관되어 자신에게 다가왔기 때문이다. 치료 도중 환자는 치료사를 자신이 미워했던 권위적인 아버지로 생각할 수도 있으며, 치료사의 사려 깊지 못한 태도에 '우리 어머니는 그러지 않았는데'라고 하면서 정많은 어머니를 향한 전이 감정을 치료사한테서 느낄 수도 있다.

이러한 전이의 개념에는 방어기제 가운데, 투사(projection)와 저항(resistance)의 개념을 포함하고 있다. 만약 아무 이유 없이 어떤 사람이 미워진다면 자기 내면에 존재하는 혐오하는 자아상을 상대방이 가지고 있는 경우라고 생각해볼 수 있다. 이것이 바로 투사의 개념을 설명하는 좋은 예이다.

한편 저항은 환자가 치료과정에 참여하는 것을 이유 없이 피하려는 경향을 보이는 것인데, 이것은 어떤 활동이나 개인을 반대하고 저항함으로써 환자가 지니고 있던 과거의 응어리들을 무의식적으로 유지하려는 시도로 정의될 수 있다. 따라서 환자의 긍정적 전이는 발전시키고, 부정적 전이는 적극적으로 막거나 치료상황에서 치료사에게 마음껏 투사시켜 해결해야 한다.

역전이(Countertransference)

함축적으로 정의하자면, '환자의 전이감정 때문에 치료사의 감정이 동요되는 현상'이라고 할 수 있다. 예를 들어 치료과정 중에 환자 때문에 치료사가 슬프고 우울해지거나 괜히 미워지고 지겨워지는 경우이다. 이렇게 특별한 이유 없이 치료사의 마음속에 생긴 이런 감정을 '역전이'라고 한다. 치료사가 가지는 이러한 역전이 감정은 좀더 깊이있게 환자의 상황을 이해하는 데 도움을 주기도 한다.

이렇게 전이와 역전이는 치료상황에서 끊임없이 치료사와 환자에게 나타나는 총체적인 경험인 것이다. 치료사는 주의 깊게 환자의 전이감정을 살펴서 적절한 치료를 위한 자료로 활용해야 할 것이며, 치료사 자신이 가지는 역전이 감정을 자연스럽게 치료상황에 접목시킬 수 있도록 해야 할 것이다.

Q&A 음악치료를 받으려면 악기를 잘 다루어야 할까요?

치료받는 사람이 음악적 배경이 있는 경우, 특정 악기를 가지고 치료사와 즉흥 연주를 하기도 하지만, 대개의 경우 음악치료에서 사용되는 악기는 리듬악기들이다. 처음 악기를 대하는 사람이라 할지라도, 그 악기를 잡고서 이리저리 흔들기만 하면 소리가 나는 타악기를 많이 사용한다. 이렇게 하는 이유는 치료받는 사람들이 쉽게 연주할 수 있도록 배려하기 위해서이고, 또 그 연주 과정에서 그들의 안정감, 자신감, 즉흥성 등을 향상시키려는 치료 목적을 달성하기 위해서이다.

34 모차르트 효과

영화 〈흑수선〉을 본 사람이면, 영화 전편을 두고 흐르는 헨델의 오페라 〈세르세〉에 나오는 아리아 〈나무 그늘 아래서〉(Ombra mai fu)라는 음악을 듣게 된다. 참으로 감동적인 음악이다. 그리고 또 영화 〈아웃 오브 아프리카〉(Out of Africa)에서 나오는 모차르트의 〈클라리넷 협주곡 A장조 2악장〉은 그가 죽던 해에 작곡한 세계적인 걸작 가운데 하나이다. 듣는 것만으로도 곡이 주는 숭고함을 맘껏 느끼게 된다. 진정 음악은 우리의 정서나 기억에 깊은 여운을 남긴다.

‘모차르트 효과’가 국내에 소개되자, 많은 사람들은 관심을 가졌다. 그것은 모차르트 음악을 들으면 머리가 좋아진다는 연구결과 때문이었다. 그런데 이러한 음악감상을 통한 인지능력 향상에 대한 연구에 왜 많은 위대한 음악가들 가운데 ‘모차르트’ 음악일까? 아마도 그 이유는 모차르트 자신이 바로 ‘천재’였기 때문일 것이다. 모차르트는 그의 짧은 인생에서 기적 같은 음악세계를 창조하였다. 그가 손을 댄 모든 음악분야에서 보석 같은 선율들을 이끌어냈다. 형식과 균형에 대한 특별한 그의 감각과 더불어 오차 없는 고도의 솜씨가 그에게 있었다.

1997년에 돈 캠벨(Don Campell)이 《모차르트 효과》라는 책을 세상에 내놓았다. 모차르트 효과(Mozart effect)! 이것은 캘리포니아대학 연구팀이 대학생 세 집단을 대상으로 모차르트의 〈두 대의 피아노를 위한 소나타 D장조 K.448〉를 듣고 난 뒤, 이 음악을 들은 집단과 그렇지 않은 집단을 비교연구한 것에서 시작되었다. 검사 결과, IQ의 하위영역 가운데 공간지각능력에서 음악을 들은 집단이 그렇지 않은 집단보다 8～9점 높게 나왔다. 이 연구팀의 논문은 ‘모차르트 효과’로 발전했다. 불가리아 심리학자 게오르기 로자노프(Georgi Lozanov) 박사는 고전음악을 이용한 외국어 학습법을 개발하였는데, 음악을 들으면서 외국어 공부를 하면 최소한 5배의 학습효과가 있다고 주장했다. 또한 청각

훈련과 외국어 발성을 통해 우뇌와 좌뇌가 서로 교류함으로써 동시에 활성화되어 집중력과 암기력이 증대된다는 설명이다. 범죄예방에서도 '모차르트 효과'가 사용된 예가 있는데, 미국 플로리다주 웨스트팜비치시는 한 해 동안 시내의 범죄다발지역에 스피커를 설치해 하루 종일 모차르트와 베토벤 등의 작품을 들려줬더니 범죄 발생건수가 크게 줄었다는 보도내용이다.

이미 대부분의 사람들이 음악이 주는 정서적 교육적 효과에 대해 잘 알고 있다. 많은 임산부들이 태아를 위한 교육의 일환으로 고전음악을 듣고 있다. 어떤 업체에서는 특정 음악과 주파수 감상을 통하여 집중력 향상을 이끌어내고, 그에 대한 결과로서 학습의 효과를 증진시키는 제품을 선보인 지 오래이며, 많은 학습자들로부터 호응을 얻고 있는 것이 사실이다.

그러나 우리는 라도시(Rodocy, 1997) 박사의 '모차르트 효과'에 대한 따끔한 지적에도 귀기울일 줄 알아야 할 것이다.

'모차르트 효과'는 면밀하게 제한된 특정 상황에서는 실제로 일어날 수 있는 현상이다. …… 그러나 이것만으로 음악이 인간의 머리를 좋게 한다고 확언하기는 어렵다.

Q&A '치유음악목회'란 무엇인가요?

치유음악목회란 음악적 영향력과 신앙의 관련성을 통한 개인의 환경과 현재 형편을 도와주는 찬송생활 유도, 소규모 그룹을 통한 신앙고백, 확인, 구원의 확신, 관계개선, 연대감 형성, 소명의식 발견, 상호간의 위로와 격려 등을 목적으로 하며, 이를 위해 모든 계층을 아우를 수 있는 음악프로그램을 개발하고 특정한 문제행동이나 장애행동에 대한 개인 및 집단치료를 시행한다. 현재 숙명여대 음악치료대학원에서는 치유음악목회 전공과정과 치유음악목회 전문가과정이 개설되어 있다.

사이코 드라마와 음악 사이코 드라마

1. 사이코 드라마

일명 '심리극'이라고도 하는 이 '사이코 드라마'는 1921년 심리치료사였던 모레노(Jacob L. Moreno,1889~1974)에 의해 창시되었다. 이것은 '자발성을 핵심으로 하는 즉흥적인 연극'이다. 사이코 드라마가 일반 연극과 다른 점은 치료를 위해 사용된다는 것이다. 희곡, 배우, 관객을 요소로 가지고 있는 연극과는 달리, 사이코 드라마의 주요 구성요소는 다음과 같다.

- 주인공　　　・연출자　　　・상대역(보조자)　　　・관객　　　・무대 공간

이때 주인공이란 자신의 문제를 풀어나갈 환자이다. 연출자는 극 전체를 총괄하여 이끄는 치료사 또는 상담자가 될 것이다. 또, 상대역은 연출자를 도와 환자의 문제풀이 과정에 대응하면서 돕는 역할을 하게 된다. 여기서 관객들은 주인공(환자)의 여러 가지 행동을 보면서 자신의 경우를 감정이입하게 된다.

■ 사이코 드라마의 진행과정

사이코 드라마의 진행과정은 다음 세 가지로 나누어진다.

- 준비　　　　　・연기(행동)　　　　　・적응(종합)

여기서 준비과정은 참으로 중요한데, 다음 단계로 가는 환자의 의지를 촉발시키는 단계이기 때문이다. 이때는 대개 춤, 간단한 역할극, 상황극, 상상의 표현 등을 통해 마음의 긴장을 풀고 자신의 마음을 행동으로 표현해 보고자 하는 참여의식을 높여준다. 행동단계에서는 주인공이 자신의 문제를 극에서 제시하게 되고, 상대역으로부터 심리적인 지지를 받게 되는 일련의 과정을 통해, 자신의 갈등상황에 대한 내관(insight)을 갖게 된다. 또 자신의 문제상황을 행동으로 나타냄으로써 일

종의 감정순화(카타르시스)과정을 경험하게 된다. 이러한 과정을 통하여 자연스럽게 적응단계로 넘어가게 되는데, 이 단계에서는 연출가(치료사)의 역할이 무엇보다 중요하다. 행동단계에서 밖으로 표출된 주인공의 잘못된 행동과 바람직하지 못한 사고 등의 문제들을 바람직한 새로운 적응행동과 사고로 변화시키고 연습해가는 단계이기 때문이다.

■ **사이코 드라마의 기법**
- 이중자아 : 사이코 드라마의 핵심기법으로서 주인공이 자신의 내면 문제들을 쉽게 표출하려 하지 않을 때 사용하는 기법이다. 이것은 상대역을 맡은 보조자가 주인공의 내면에 깊게 접근하여, 복받쳐 오르는 주인공의 응어리진 감정 등을 대신 표출해 주고, 때에 따라서는 주인공의 잘못된 감정, 행동에 반대하기도 하는 독백 형식의 방법이다.
- 역할교대 : 정신분열병 환자에게 주로 사용되며, 주인공과 상대역을 맡은 보조자가 서로 바꾸어 역할을 함으로써 주인공의 바람직한 사고와 행동을 이끌어내고자 사용되는 방법이다.

2. 음악 사이코 드라마

모레노 모델이라고도 하는 이 방법은 일반적인 심리극을 음악을 통해서 모든 상황을 수행한다는 점에 특징이 있다. 주로 그룹이 함께 함여하게 되며, 치료사 2명이 음악진행과 심리극을 분담하게 된다.

■ **목적**
타인과 교류 향상, 문제상황 조절, 현실의식 증진, 적응행동 습득

■ **방법 및 절차**
- 준비과정 : 악기를 선택하고, 삶의 중요한 주제를 즉흥연주함.
- 심리극 주인공 선정 : 자원할 수도 있고, 지정받을 수도 있음.
- 상황 설정 : 심리극의 상황을 설정하고, 조연을 선택함.
- 심리극 실행 : 자신이나 타인의 대화를 음악을 통해 수행함.
- 토의과정 : 주인공의 심정을 그룹과 함께 나누고 필요에 따라 재시도함.

36 색깔종, 색깔악보

색깔종(Color Bells)을 이용한 활동은 아동은 말할 것도 없고 어른들로 무척 좋아하는 활동이다. 색깔종 활동은 색깔인지나 집중력 향상 등의 치료 목적에 주로 사용된다. 이러한 활동을 해 나가기 위해서는 우선 잘 그려진 색깔악보가 필요하다. 환자들이 쉽게 볼 수 있을 만큼 커다란 괘도를 준비하고 특정 노래의 음정을 음표가 아닌 색깔로서 표시하는 것이다. 이것은 색종이를 오려서 붙일 수도 있고, 직접 그려 넣을 수도 있다. 모양은 네모나 동그라미가 적당하다.

이렇게 만들어진 색깔악보를 가지고서 다양한 활동을 시도해 볼 수 있다. 색깔종 활동은 8명이 한 조로 구성되지만 그 이상도 가능하다. 한 음정을 2개 이상의 같은 색깔종으로 소리낼 수 있기 때문이다. 한 사람이 색깔종 한 개를 가지고 할 수도 있고, 양손에 들고 연주할 수도 있다.

이때 주의할 점은 정신기능이나 근육조작기능 수준이 낮은 환자들에게는 양손에 들고 연주하는 것은 무리일 것이다. 연주방법은 색깔종 손잡이를 손으로 감싸 잡고 팔을 굽혀 올린 자세가 기본 자세이다. 그런 다음 색깔종을 소리내기 위해서는 굽힌 팔을 아래로 내렸다 올리면 한 음이 소리나게 된다. 이때 손을 내려 팔이 완전히 펴지는 순간 팔목을 살짝 아래로 튕겨 주면 더욱 맑은 소리를 얻을 수 있다. 색깔종 소리는 여운을 남기므로 한 손으로 연주할 경우 연주 이후에 다른 쪽 손으로 색깔종을 움켜쥐면 소리 여운은 사라지게 된다. 양손으로 연주하게 될 경우에는 소리낸 뒤에 가볍게 색깔종을 어깨에 대게 되면 같은 효과를 거둘 수 있다. 다음은 색깔종의 색깔과 음정을 연결시켜 놓은 것이다.

빨간색 = C	**파란색** = A	**하늘색** = G
노란색 = E	**주황색** = D	**보라색** = B
녹 색 = F		

37 우리 악기로 음악치료를 한다

　　얼마 전 '우리 것이 좋은 것이여'라는 말이 유행한 적이 있었다. 요즘에는 너도나도 세계화를 부르짖고 있지만, 한편에서는 '세계적인 것의 한국화'를 주장하고 있다. 특별한 경우를 제외하고 우리는 우리나라에서, 한국인을 위해 치료할 것이다. 그렇다면 더욱 훌륭한 치료를 위해서는 우리나라를 잘 이해해야 하며, 우리나라 국민정서에 맞는 음악적 특성을 잘 이해해야 할 것이다.

　　음악치료는 서양에서 들어온 학문이다. 그러다 보니, 한국 상황에 맞는 '한국적 음악치료'가 절실히 요청되는 것이다. 우리 민족만큼 음악을 사랑하고, 음악과 함께 살아온 사람들이 있을까? 때문에 음악치료는 한국인의 정서에 가장 잘맞는 치료의 한 영역으로 성장이 가능하다. 그러나 음악치료에서 사용하는 악기들은 보통의 한국사람에게는 이름도 생소한 다른 나라 악기가 대부분이다. 물론 색다른 악기를 통해서 호기심을 자극하고 치료에 참여하고자 하는 의지를 더욱 강하게 한다는 면에서는 긍정적이다.

　　하지만 우리나라 민족정서에 맞는 악기로써 다가간다면 더욱 강력한 친밀감과 긍정적인 치료효과를 이끌어낼 수 있을 것이다. 북, 장구, 소고 등의 리듬악기를 통한 치료개입 또한 생각해볼 수 있고, 〈수제천〉이나 〈영산회상〉, 〈시나위〉, 〈제례악〉과 같은 곡을 감상곡으로 사용해 보는 것도 가능할 것이다. 뿐만 아니라 시조, 가곡, 판소리 등의 성악 형식을 차용한 성악 즉흥연주 활동 또한 시도해 볼만하다.

38 음악치료와 음악교육의 차이

음악치료와 음악교육은 어떻게 다를까?

우선 시행 목적에서 그 차이점은 확연히 드러난다. 음악교육의 주된 목적은 제7차 음악과교육과정의 목적에 잘 나타나 있는데, 내용은 다음과 같다.

첫째는 음악성 계발이고, 둘째는 창의성 계발, 셋째는 음악적 정서의 함양이다. 따라서 대부분의 음악과 교실수업은 보표부터 시작하여 음표, 쉼표, 박자, 강약, 음계, 형식 등으로 이어지는 음악 지식과 기술 습득에 주된 목적이 있다.

그러나 음악치료는 이와는 다른데 음악을 수단으로 사용하여 아동의 문제점을 찾고 음악 외적인 목적을 성취하고자 하는 것이 가장 큰 차이점이다. 즉, 노인질환자가 북을 4박자에 맞게 치는 활동이라면 단순히 북을 치는 기술을 습득하는 것이 아닌, 이러한 활동을 통하여 환자가 획득할 수 있는 음악 외적인 목적, 즉 집중력 향상, 지속력 향상, 숫자 인지, 자긍심 향상 등을 목적으로 삼는다. 따라서 음악치료가 음악치료일 수 있는 것은 다음과 같은 요소로 구성되기 때문이다(최병철, 1996).

1. 치료 계획 설정
2. 훈련받은 음악치료사
3. 정상인을 포함한 치료받는 환자
4. 음악이나 음악활동
5. 구체적 치료 목적 · 목표 설정

또한 음악치료는 음악교육과 같이 '일정한 구조를 가지고 계획된 교육과정을 이수해 나가는 활동'이 아니라 '유동적이고도 비구조적 절차'를 가진다는 것이 또한 차이점이다.

39 단순한 활동과 복잡한 활동

단순한 활동이 좋을까, 복잡한 활동이 좋을까?

치료의 시행에서 악기를 비롯한 다양하고 많은 준비물들을 가지고서 여러 가지 복잡한 활동을 계획하는 경우가 있다. 그리고 준비한 것들 모두를 환자에게 전달하면 그제서야 안도의 한숨을 쉬는 것이다. 이는 어찌 보면 치료사의 욕심을 채우는 일일 수도 있다. 물론 다양한 활동으로 환자들의 흥미와 관심을 유발하여 더 나은 치료 효과를 이끌어낸다면 더없이 합당하다. 그러나 치료의 질을 생각하기 이전에, 치료 활동에 투여되는 활동내용이나 악기를 비롯한 준비물의 양에 더욱 치우치는 경향은 엄연히 정도에서 벗어난 발상이다. 또 치료 장면을 곁에서 지켜보는 사람들이 '너무 유치하다'느니 '단순하다'느니 하는 등의 평가뿐만 아니라, 이러한 비교적 단순한 활동에 대한 자신의 평가 또한 인색한 것이 사실이다.

하지만 치료가 환자의 문제점을 해결하고, 바람직한 행동과 감정으로 변화시키는 것을 목적으로 한다고 보면, 역시 치료는 환자의 문제행동에 초점을 맞추어서 적용되어야 할 것이다. 마라카스 악기 하나, 환자에게 적절한 노랫말이 담겨 있는 노래 하나만을 가지고도 참으로 의미 있는 활동을 계획할 수 있다. 그러나 여기서 간과하지 말아야 할 것은 단순하고도 적절한 활동 근간에 있어야 할 바다처럼 넓게 흐르는 치료사의 치료에 대한 통찰력과 직관이다. 아무리 좋은 치료방법도 치료사의 질을 능가할 수 없기 때문이다.

이제 단순함의 미학을 깨달을 때이다!

40 음악치료의 정체성

음악치료는 어느 학문에 속할까?

인터넷 검색사이트에서 '음악치료'라고 치면, 음악치료의 주요 경로는 대개 건강, 의학의 하위영역 가운데 대체의학 아래 위치하고 있거나 음악 아래 위치한 것을 볼 수 있다. 이것은 음악치료가 확고한 정체성이나 전문성을 확보하지 못했다는 반증이 된다. '정체성'은 그 학문의 '전문성'과도 맞물려 있는 개념이다. 전문성이 확고한 학문은 정체성이 있는 학문일 것이다. 그렇다면 음악치료가 정체성을 확보하고 높이는 방법은 무엇일까? 음악치료계 내부의 전문성 확보와 외부의 지원이다.

음악치료 내부에서 확고한 전문성 확보책은 음악치료의 이론과 원리를 포함한 학문의 완성도에 있다. 다시 말해 음악치료라는 학문 안에 다른 학문과 비교되는 색다른 연구내용과 독특한 개념들이 숨어 있느냐 하는 것이다. 이를 가능하게 하기 위해서는 과학적 접근방법에 따른 실험자료를 수집하고 그를 통한 연구가 뒷받침되어야 할 것이다.

반면 외부에서 전문성을 확보하는 방법은 음악치료사의 자격기준과 교육내용이 강화되어야 음악치료의 정체성이 바로 설 수 있을 것이다. 음악치료를 하는 치료사의 자격기준은 음악치료의 정체성과 직결되는 중요한 사안이다. 따라서 치료사의 자격을 좀더 체계화, 단계화하는 과정이 필요하며, 교육내용 또한 자격기준과 함께 법규로서 정착되고 규정되어야 한다.

마지막으로, 음악치료의 전문성과 정체성을 확보하기 위한 중요한 제언으로는 최병철 박사가 언급한 것과 같이, 치료의 영역을 폭넓게 형성하여 패러다임(사물을 바라보는 사고의 틀)의 변화를 주어야 한다는 것이다. 이러한 과정을 통해 새로운 영역을 개척하여 음악치료 정체성의 영역 또한 넓혀가는 계기로 삼아야 할 것이다.

새로운 패러다임

지금 쓰고 있는 안경의 도수가 자신에게 맞지 않는다면 과감하게 다른 안경으로 교체해야 하듯이, 우리가 사물을 바라보는 방식이 잘못되었다면 교체할 필요성을 느끼게 된다.

패러다임!

패러다임은 앞에서 언급한 바와 같이 '사물을 바라보는 사고의 틀'로 정의할 수 있다.

똑같은 상황에서 어떤 사람은 자족하며 살고, 또 어떤 사람은 그렇지 못하다. 앞서 언급했듯이, 음악치료의 정체성과 전문성을 확보하기 위해서는 과감한 패러다임의 변화가 요구된다. 이것은 치료의 영역을 폭넓게 형성하여 패러다임의 변화를 주어야 한다는 의미이다. 지금까지 음악치료는 정신병원, 재활센터, 각종 복지관, 노인시설, 특수학교 등에서 해왔으나, 그러한 인식의 틀을 깨서 장애인이 아닌 정상인들을 위한 프로그램 개발 또한 이루어져야 할 것이다. 회사원들을 대상으로 하는 기업연수 프로그램 개발과 음악가들의 연주불안 감소 프로그램, 산모들을 위한 태교음악 프로그램, 초·중등·상담·특수교사들을 위한 음악치료방법 연수, 행복한 가족을 위한 음악치료 프로그램 등 수없이 많은 영역들이 있다.

이제 음악치료라는 한 독립개체가 병원이나 의료시설이라는 틀에서 탈출해서 또 다른 세계로 도전하고 모험을 해야 할 시기이다.

음악치료교육 석사과정

- **음악치료학** : 음악이 치료도구로 사용되는 일반적 원리와 이론적 근거를 제시하여 음악치료를 각 임상영역과 치료대상자에게 적용시킬 수 있는 타당한 조명을 갖도록 한다.
- **음악심리학** : 음향 발생의 원리와 소리가 사람에게 전달, 지각, 인지되는 과정과 이러한 음악적 학습내용에 따라 개인의 행동이 어떻게 변화되는지를 이해한다.
- **음악치료기술** : 음악치료의 임상현장이나 심리치료현장에서 요구되는 진단평가, 진행기록, 치료과정의 전반적인 평가와 데이터 수집방법, 그리고 행동수정의 원리와 방법을 익힌다.
- **음악치료연구** : 음악치료와 관련된 역사연구, 기술연구, 그리고 실험연구 방법을 소개한 학술논문을 읽고 그 형식적 내용을 분석한다.
- **음악과 인간행동** : 전문학술지에 발표된 연구논문에서 음악치료 임상사례를 분석 평가하며, 나아가 음악치료의 원리와 적용의 폭을 넓혀 전문인으로서의 자질을 갖추게 한다.
- **고급음악심리학** : 음악이 인간에게 인지될 때 일어나는 일련의 과정과 인간이 음악에 반응하는 지적 정서적 이론, 소리 자체에 대한 음향과 음향심리, 음감과 음악성을 연구분야로 한다.
- **음악치료철학** : 음악치료의 과거와 현재의 이론과 철학을 검토 평가하며, 철학적 내용과 연구 사이의 관련성을 검토한다.
- **실습** : 학기마다 각각 다른 치료대상 영역에서 3학기에 걸쳐 주 1시간의 실습을 교내 클리닉 또는 외부 병원에서 하도록 한다.
- **집단역학(그룹지도기술)** : 각 치료대상 영역에서 주의해야 하는 심리적인 접근방법과 효율적인 적용내용을 교육한다.
- **오락에서의 음악** : 오락에서 음악이 사용되는 원리와 기능적 역할을 살피고 이에 따른 다양한 시행방법을 익히도록 한다. 여러 가지 악

기 사용법과 함께 음악지도법의 내용도 포함한다.

- **상담심리학** : 개인의 성격발달과 학습의 의미를 이해하고, 이를 상담 현장에 적용하는 데 필요한 학문적 기초를 배운다. 또한 인간중심적, 실존주의적, 역설적, 형태주의적, 개인심리학적, 특성·요인적, 합리적, 정서적, 현실적, 행동적 상담 등의 내용을 포함한다.
- **특수아동심리학** : 특수아동을 정의하고 아동의 발달단계 모델을 소개한 뒤 감각, 운동, 신체, 학습과 인지, 그리고 정서장애를 가진 특수아동의 증상과 진단평가, 발달단계, 치료에 이르는 일련의 내용을 교육하여 이들을 대상으로 한 음악치료를 효율적으로 적용할 수 있도록 한다.
- **이상심리학** : 사람의 발달을 다양한 측면에서 조명하여 개인의 인격과 도덕성의 형성과정을 이해하고 정신병리학에서 정상과 비정상, 진단평가의 방법을 교육하며 다양하게 실시되는 여러 치료방법에 대한 폭넓은 이해를 하도록 한다.
- **통계학** : 행동과학 연구의 목적에 따른 기술통계와 여러 가지 추리통계기법을 이해하고 이를 실제로 적용할 수 있는 능력을 기른다.
- **피아노즉흥연주** : 음악치료에서 피아노를 즉흥적으로 사용하는 기술을 익힌다.
- **기타즉흥연주** : 음악치료에서 기타를 즉흥적으로 사용하는 기술을 익힌다.
- **인턴과정** : 자신이 원하는 치료대상자군을 찾아 직접 음악치료를 실습한다.

※ 위의 내용은 숙명여대 음악치료대학원의 2000학년도 교육과정을 기초로 한 것임.

활동 토론의 주제

- 서로 칭찬하기
- 소중한 것
- 나의 희망
- 존경하는 사람
- 고향
- 요리
- 별명
- 가장 슬펐던 일
- 가장 황당했던 일
- 좋아하는 꽃
- 좋아하는 가수
- 좋아하는 배우
- 가보고 싶은 나라

- 가족
- 무인도에서 하고 싶은 것
- 꿈
- 사랑하는 사람
- 직업
- 나의 소개
- 가장 기뻤던 일
- 가장 재미있었던 일
- 가장 놀랐던 일
- 좋아하는 노래
- 좋아하는 탤런트
- 기억에 남는 영화
- 좋아하는 친구

44 노래만들기를 위한 주제

<table>
<tr><td>

- 취미
- 느낌
- 가치
- 단결
- 책임감
- 감사
- 새 출발
- 찬탄
- 행복
- 고향
- 이혼
- 미해결과제
- 순응
- 변화
- 부모
- 분노
- 술
- 죽음
- 종교
- 절망
- 죄책감

</td><td>

- 우정
- 위축됨
- 속임
- 성공의 경험
- 인내
- 낙천주의
- 추억
- 확인
- 성장
- 마약
- 별거
- 미래의 목표
- 자신감
- 자기존재
- 자녀
- 이중감정
- 이별
- 애통
- 외로움
- 의존
- 관대함

</td></tr>
</table>

45 경쾌한 노래

- 고래사냥 　　　　　　　　　 송창식 노래
- 꿈을 먹는 젊은이 　　　　　 남궁옥분 노래
- 꿍따리 샤바라 　　　　　　　 클론 노래
- 개구쟁이 　　　　　　　　　　 산울림 노래
- 뭉게구름 　　　　　　　　　　 해바라기 노래
- 소양강 처녀 　　　　　　　　 김태희 노래
- 아빠와 크레파스 　　　　　 배따라기 노래
- 조개껍질 묶어 　　　　　　　 윤형주 노래
- 희망사항 　　　　　　　　　　 변진섭 노래
- 숲 속을 걸어요 　　　　　　 정연택 작곡
- 담다디 　　　　　　　　　　　 이상은 노래
- 파란 나라 　　　　　　　　　 혜은이 노래
- 터 　　　　　　　　　　　　　　 신형원 노래
- 꼴찌를 위하여 　　　　　　　 한돌 작곡
- 젊음의 노트 　　　　　　　　 유미리 노래
- 여름 이야기 　　　　　　　　 DJ DOC 노래
- 여행을 떠나요 　　　　　　　 박강성 노래
- 핑계 　　　　　　　　　　　　　 김건모 노래
- 거꾸로 강을 거슬러 오르는
  저 힘찬 연어들처럼 　　　　 강산에 노래
- 사람이 꽃보다 아름다워 　 안치환 노래
- DOC와 춤을 　　　　　　　　 DJ DOC 노래
- 사는게 뭔지 　　　　　　　　 이무송 노래
- 아침을 기다리는 사람들 　 여행스케치 노래
- 나는 문제 없어 　　　　　　 황규영 노래

46 조용하고 의미있는 노래

- 내가 만일 　　　　　　　　안치환 노래
- 만남 　　　　　　　　　　노사연 노래
- 아름다운 세상 　　　　　　박학기 노래
- 모두가 사랑이에요 　　　　해바라기 노래
- 사랑해 　　　　　　　　　라나에로스포 노래
- 아름다운 것들 　　　　　　양희은 노래
- 아침이슬 　　　　　　　　양희은 노래
- 사랑으로 　　　　　　　　해바라기 노래
- 얼굴 　　　　　　　　　　윤연선 노래
- 인생은 미완성 　　　　　　이진관 노래
- 친구여 　　　　　　　　　조용필 노래
- 그 날 이후 　　　　　　　해바라기 노래
- 노을 　　　　　　　　　　안호철 작곡
- 하늘나라 동화 　　　　　　이강산 작곡
- 과수원 길 　　　　　　　　김공선 작곡
- 바위섬 　　　　　　　　　김원중 노래
- 마법의 성 　　　　　　　　더클래식 노래
- 혜화동 　　　　　　　　　동물원 노래
- 가시나무 　　　　　　　　조성모 노래
- 넌 할 수 있어 　　　　　　강산에 노래
- 솔아 솔아 푸르른 솔아 　　안치환 노래
- 어머님께 　　　　　　　　GOD 노래
- 시청 앞 지하철역에서 　　　동물원 노래
- 그때 그 사람 　　　　　　심수봉 노래
- 내 인생은 나의 것 　　　　민해경 노래
- 새벽아침 　　　　　　　　수와진 노래
- 마음에 쓰는 편지 　　　　　임백천 노래
- 우리는 　　　　　　　　　송창식 노래
- 그것은 인생 　　　　　　　최혜영 노래

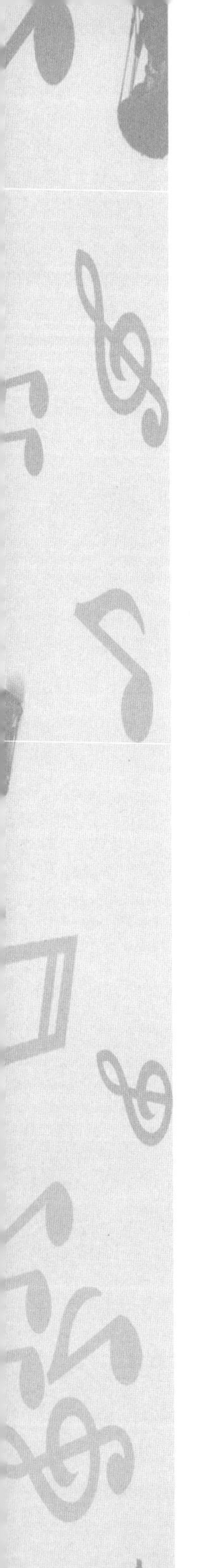

경쾌한 클래식

- **비발디** 바이올린 협주곡 〈사계〉(La quatto Stagion) 중 제1곡 〈봄〉.
- **헨델** 모음곡 〈수상음악〉(Water Music), 합주 협주곡집 제2번 F장조 op.6-2.
- **하이든** 현악 4중주곡 제17번 F장조 〈세레나데〉(Serenade) op.3-5.
- **베토벤** 바이올린 협주곡 D장조 op.61.
- **멘델스존** 바이올린 협주곡 E단조 op.64, 서곡 〈고요한 바다와 즐거운 항해〉(Meeresstille und gluckliche Fahrt) op.27.
- **슈만** 교향곡 제3번 Eb장조 〈라인〉(Rhein) op.97.
- **브람스** 바이올린 협주곡 D장조 op.77.
- **생상스** 바이올린 협주곡 제3번 B단조 op.61.
- **드뷔시** 교향시 〈물의 정〉(ondine), 교향시 〈바다〉, 모음곡 〈베르가마스크〉(Bergamasque), 피아노 소나타 〈물의 반영〉(Reflets dans l'eau), 야상곡 〈구름〉(Nuages).
- **무소르그스키** 모음곡 〈전람회의 그림〉.
- **라수스** 왈츠 〈파도를 넘어서〉.
- **라벨** 피아노곡 〈물의 유희〉(Jeux d'eau), 〈고귀하고 감상적인 왈츠〉(Valses nobles et sentimentales).
- **모차르트** 현악 4중주곡 제17번 B장조 〈사냥〉(Hunting).
- **슈만** 피아노 소품 〈어린이의 정경〉 op.15 중 〈트로이메라이〉.
- **브람스** 하이든의 주제에 의한 변주곡 op.56a, 바이올린과 첼로를 위한 2중협주곡 A단조 op.102.
- **드보르작** 첼로 협주곡 B단조 op.104.
- **말러** 교향곡 〈대지의 노래〉.

48 조용한 클래식

- **바흐** 〈환상곡과 푸가〉 G단조 BWV-542, 〈토가타와 푸가〉 BWV-565, 〈푸가〉 G단조 BWV-578, 〈미사〉(Masses) B단조 BWV-232.
- **모차르트** 현악 4중주곡 〈불협화음〉 제19번 C장조 K.465, 〈레퀴엠〉 D단조 K.626.
- **베토벤** 장엄미사곡 D장조 op.123.
- **슈베르트** 〈실짜는 크레에트헨〉.
- **멘델스존** 교향곡 제5번 D장조 〈종교개혁〉(Reformation) op.107.
- **쇼팽** 피아노곡 〈스케르초〉(Scherzo) 제1번 B단조 op.20.
- **베르디** 〈레퀴엠〉.
- **생상스** 교향시 〈죽음의 무도〉(Dance macabre) op.40.
- **브루흐** 환상곡 〈콜 니드라이〉 제1부.
- **포레** 〈레퀴엠〉.
- **바르토크** 현악기, 타악기, 첼레스타를 위한 음악 제1악장.
- **스트라빈스키** 무용 모음곡 〈불새〉(L'Oiseau de feu) 제1악장.
- **모차르트** 교향곡 제40번 G단조 K.550, 피아노 협주곡 제20번 D단조 K.466, 현악 5중주곡 제4번 G단조 〈죽음과 소녀〉.
- **쇼팽** 피아노 소나타 제2번 Bb단조 〈장송행진곡〉 op.35.
- **슈만** 피아노 5중주곡 Eb장조 op.44 중 제2악장.
- **리스트** 〈헝가리 광시곡〉 제2번 C단조.
- **브람스** 바이올린 소나타 제3번 D단조 op.108.
- **차이코프스키** 교향곡 제6번 B단조 〈비창〉, 〈현악을 위한 세레나데〉 C장조 op.48.
- **시벨리우스** 교향곡 제2번 D장조 op.43, 〈슬픈 왈츠〉(Valse Triste).
- **거쉰** 〈랩소디 인 블루〉(Rhapsody in Blue) 제2부.

 49 음향학 · 음향심리학 · 음악심리학

- **음향학** : 물체가 진동하여 공기를 타고 귀로 들어와 소리로 수용되기까지의 과정을 연구하는 학문이다. 주요 내용은 주파수(frequency), 강도(intensity), 파형(wave form) 등이다.
- **음향심리학** : 수용된 소리가 음으로 지각되는 과정을 연구하는 학문이다. 주요 내용은 음고(pitch), 음량(loudness), 음색(timbre) 등이다.
- **음악심리학** : 지각된 음이 음악으로 인지되는 과정을 연구하는 학문이다. 주요 내용으로는 멜로디, 리듬, 화성, 빠르기, 형식, 음색, 강약 등을 들 수 있다.

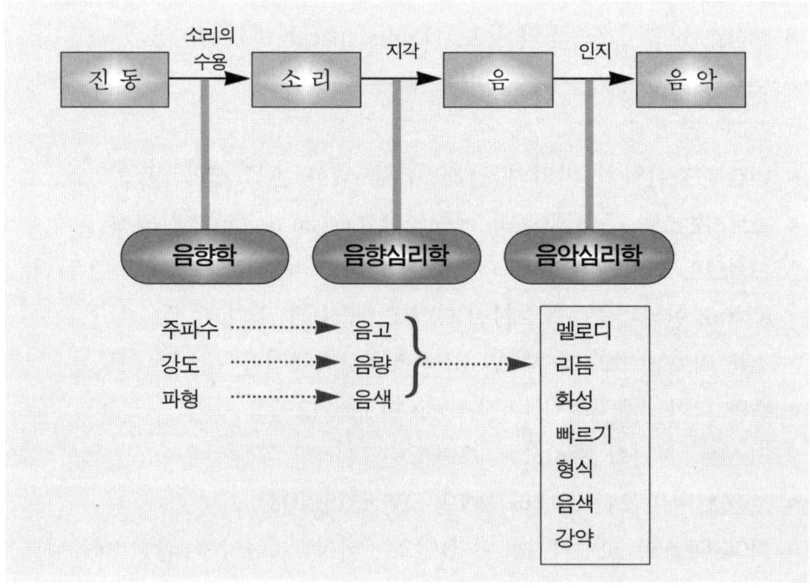

세계의 음악치료 주요 사건

1919년 : 엔덜톤, 콜롬비아대학 '음악치료 강좌' 개설.
신경정신과(현실감각 관련), 신체보조적 측면에서 접근.

1944년 : 미시간대학 ― 음악치료 강좌 개설.

1946년 : 캔자스대학 학과 개설 ― 개스톤(E. T. Gaston) 교수가 대학
원과정으로 개설.

1950년 : 음악치료협회(NAMT) 설립(미국).

1960년 : 미국음악공인협회(NASM) ― 학위에 관계 없이 음악치료사
자격 수여.

1961년 : 음악치료사 자격을 요구하기 시작(미국).

1968년 : 개스턴 교수의 저서 《음악치료》(*Music in Therapy*) 발간.
초창기의 음악치료는 음악의 힘에만 의존하는 치료 형태였
으나, 1968년 이 책을 계기로 음악의 힘과 더불어 치료사의
역할을 강조.

1971년 : 미국음악치료협회(AAMT) 설립 ― 이 협회에서 인증하는 공
인음악치료사를 CMT(Certified Music Therapist)라고 명명.

1985년 : 공인자격기준(BCMT) 마련
― 전국음악치료협회 공인음악치료사(RMT-BC)
미국음악치료협회 공인음악치료사(CMT-BC)

1991년 : 미국 예산책정을 위한 의회청문회에서 '노화와 음악'을 주제
로 예산이 할당되어 프로젝트 개발.

1998년 : 미국 두 음악치료협회가 연합하여 AMTA(America Music
Therapy Association) 설립.

한국의 음악치료 주요 사건

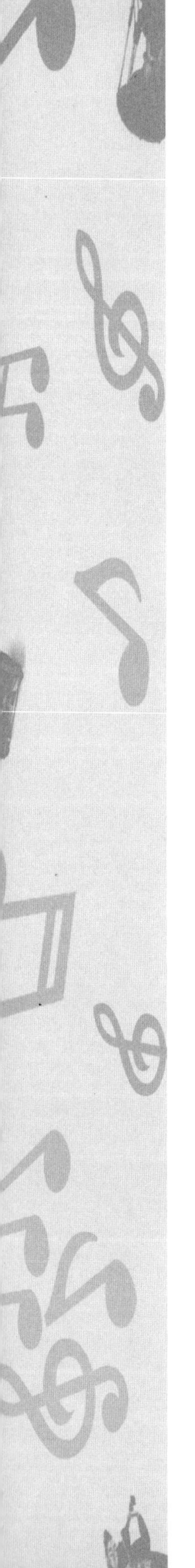

1964년 : 김재은이 자신의 저서 《아동의 심리요법》에 '음악요법' 이란 글을 실음.

1967년 : 국립정신병원에서 레크리에이션적인 음악활동 시작.

1968년 : 성모병원에서 음악감상 요법 시작.

1971년 : 김명희와 유석진이 음악요법을 성 베드로 정신병원에서 시작.

1981년 : 이화여대 언어청각센터에서 음악치료 시작.

1982년 : 한국예술요법연구회 결성.

1983년 : 유석진을 회장으로 하여 임상예술학회 발족.

1983년 : 김군자의 〈자폐아의 음악요법〉이라는 임상논문 발표.

1986년 : 비달(Anne Marie Vidal) 박사의 음악치료 워크숍 개최.

1986년 : 임은희가 여의도에 한국 최초의 개인 음악치료연구소 개설.

1987년 : 일본예술요법협회로부터 유석진, 김명희에게 Japan Prize 수여.

1990년 : 성 안드레아 정신병원에서 윤태원이 음악치료 활동 전개.

1990년 : 헤세(Barbara Hesser)의 음악치료에 관한 강의와 워크숍 개최.

1991년 : 음악치료사 최병철이 서울과 부산에서 음악치료 세미나 개최.

1992년 : 한국음악치료협회 발족(회장:윤태원).

1993년 : 한국음악치료협회에서 제1회 음악치료 세미나 개최(정영조, 최병철, 윤태원, 염현경).

1993년 : 한국음악치료협회에서 제2회 워크숍 개최(윤태원, 김동조).

1994년 : 한국음악치료협회 주관으로 미국 캔자스대학의 조지 덕슨 박사를 초청하여 음악치료 공개 세미나 개최.

1996년 : 하은경 개인 음악치료연구소 개원.

1996년 : 한국음악치료학회(회장:최병철)와 대한음악치료학회(회장:김군자) 설립.

1997년 : 대한음악치료학회 주관으로 콜린 리(Colin A. Lee)와 쉐이비(B. Scheiby) 초청 음악치료 워크숍 개최.

1997년 : 김군자 개인음악치료 연구소 개원.

1997년 : 숙명여대, 한세대, 이화여대에 음악치료학과 개설.

1998년 : 한국음악치료학회 주최로 윌러(Wheeler), 디지아마리노(Di Giammarino), 테일러(Taylor), 오스틴(Austin), 울프(Wolfe) 초청 음악치료 워크숍 및 국제학술대회 개최.

1998년 : 숙명여대 음악치료대학원 주최 아동심리검사, 음악적성검사 워크숍 개최.

1999년 : 숙명여대 음악치료대학원 지식경영을 위한 인적자원 개발 프로그램 (CLTM) 개발 · 연수.

1999년 : 한국임상치료사협회 발족.

1999년 11월 : 한국음악치료학회가 사단법인으로 재등록.

1999년 9월 : 숙명여대 음악치료센터 개원(숙대 본관 1층).

2000년 3월 : 숙명여대 음악치료대학원 치유음악목회 전공 개설.

2000년 4월 : 한국음악치료학회 지부(대전, 부산, 대구, 광주) 발족.

2000년 4월 : 하상 예술치료센터 개원.

2000년 7월 : 한국음악치료협회가 한국예술치료협회로 확대 발족.

2000년 8월 : 최병철 박사 치유음악목회 세미나 개최.

2000년 9월 : 숙명여대 두 번째 음악치료센터 개원.

2000년 9월 : 원광대 보건환경대학원 예술치료학과정 개설.

2001년 : 숙명여대 음악치료대학원 주관으로 로빈슨(Robbins) 초청 음악치료 워크숍 개최.

2001년 3월 : 이화여대 음악치료클리닉 개원.

2001년 11월 : 대한음악치료학회와 한국임상음악치료사협회가 '대한음악치료학회' 로 통합됨.

2002년 1월 : 숙명여대 음악치료대학원이 특수분야 직무연수기관으로 교육부 지정 및 유 · 초 · 중등 상담 · 특수교사를 위한 음악치료방법 연수.

2002년 3월 : 숙명여대 세 번째 음악치료센터 개원.

2002년 3월 : 숙명여대 전문예술인, 창작인, 프로작가를 위한 전문과정 개설.

2003년 3월 : 숙명여대 음악치료대학원 박사학위과정 개설.

 # 52 음악치료 관련 주요 인물

개스턴(Gaston, E. T.) - 음악치료의 아버지, 캔자스대학에 학과 개설, 관련적 음악치료 주장. 저서《Music in Therapy》.

노르도프(Nordoff, Paul) - 노르도프 · 로빈스 즉흥연주 음악치료법의 창시자이며 저서로는《Creative Music Therapy》가 있음.

라도시(Radocy, R. E.) -《음악심리학》저술.

라썸(Lathom, W.) - 1983년 그의 저서《장애아동을 위한 교육에서 음악치료의 역할》에서 음악치료의 5가지 기능을 구분함.

라이더(Rider, M.) - 음악의 생리적 영향력에 대한 연구, 음악과 시상하부와의 관련.

로빈스(Robbins, Clive) - 노르도프 · 로빈스 즉흥연주 음악치료법의 창시자로서 저서로는《Creative Music Therapy》가 있음.

메리암(Merriam, A. P.) - 음악의 사용과 기능을 구별하여 정의함.

모레노(Moreno, L. Jacob) - 심리치료사, 심리극의 창시자.

바틀렛(Bartlett, D.) - 미시간 주립대학에서 음악활동의 면역체제에 대한 효과성을 검증함.

박실(Boxill, E. Hillman) - 음악심리치료 전문가이며 저서로는《Miracle of Music Therapy》가 있음.

반데왈(Van De Wall, W.) - 음악치료의 개척자, 하프연주자, 콜롬비아 사범대 졸.

브루시아(Bruscia, K. E.) - 템플대 교수, 음악심리치료 전문가, 경험적 즉흥연주모델 주장. 저서로는《Improvisational Models of Music Therapy》,《Defining Music Therapy》,《The Dynamics of Music Psychotherapy》,《Case studies in Music Therapy》등이 있음.

소콜로프(Sokolov, Lisa) - 성악즉흥연주의 창시자.

스핀치(Spintge, R.) - 독일 의사이며 통증치료의 도구로서 음악의 역할을 소개.

시어즈(Sears, W. W.) - 경험적 음악치료 주장.

앨빈(Alvin, J.) - 자유 즉흥연주모델 창시자이며 저서로는《Music The-rapy for the Autistic Child》가 있음.

오스틴(Diane Austin) - 뉴욕대학 교수, 성악즉흥연주 음악심리치료 전문가.

윌러(Wheeler, B.) - 몬크레어 주립대학 교수, 정신과에 적용되는 음악치료모델을 3가지로 분류했으며, 저서로는《Music Therapy Reserch》가 있음.

최병철(Byung-Chol Choi) - 한국에 음악치료학과 개설, 센터 개설, 학회 창설, 각종 음악프로그램 개발, 박사과정 개설 등.

케스티(Cassity, M. D.) - 정신과 음악치료 목적영역 연구.

코헨(Cohen, N.) - 텍사스여대 교수, 언어장애 관련 음악치료전문가.

타우트(Thaut, M. H.) - 콜로라도 주립대학 교수, 자폐성 아동의 음악에 대한 선호도 연구, 정신과음악치료접근을 6가지 방법으로 구분함.

프리스틀리(Priestly, Mary) - 분석적 음악치료 모델의 창시자이며 저서로는《Essay on Analytical Music Therapy》가 있음.

헬렌 바니(Bonny, H.) - GIM음악치료법의 창시자.

호지(Hodges, D. A.) - 음악의 생리적 영향력에 대한 연구, 자극적 음악 성격 구분함.

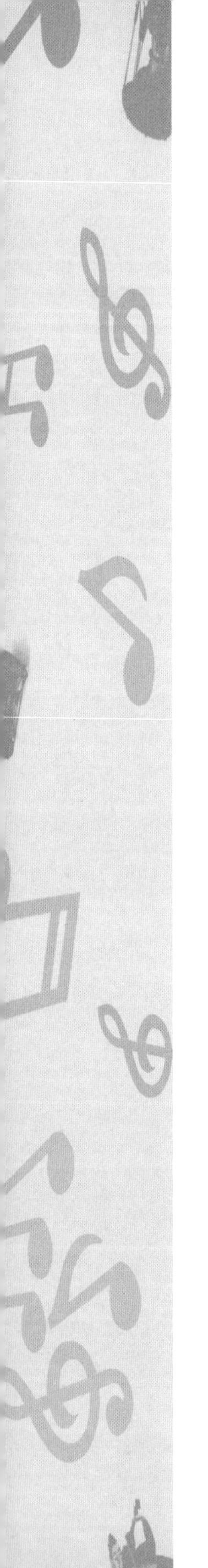

53 음악치료 관련 주요 용어

AMTA(American Music Therapy
Association) 미국음악치료협회
analytical model 심리분석적 모델
analytical music therapy
　　분석적 음악치료
assess 사정
assessment 진단평가
behavioral model 행동적 모델
client 클라이언트, 내담자
creating 창의적 활동
creative music therapy
　　창조적 음악치료
dynamics 그룹역동성
Dalcroz 달크로즈, 음악교육가
experimental improvisation therapy
　　경험적 즉흥연주 음악치료
entrainment 동조현상
evaluation 최종평가
evoke 환기
free improvisation therapy
　　자유즉흥연주치료
GIM(Guided Imagery and Music)
　　음악심상기법, 유도된 심상과 음악
harmonizing 소리의 조화
here-and-now 현장에서 바로 그

시간에 초점을 둔다는 뜻
imitation 모방
improvisation 즉흥연주
incorporating 합동
insight therapy 내관치료
integrative improvisation therapy
　　통합즉흥연주치료
ISO-pricipal 동질성의 원리
meaningful music experience
　　음악적 경험
metaphoric improvisation therapy
　　암시적 즉흥연주치료
mirroring 거울처럼 따라하기
movement 움직임활동
moving 음악이 관여하는 움직임
MT-BC 공인음악치료사
music imaging 음악적 심상
music making 연주활동
music therapy 음악치료
music psychotherapy
　　음악심리치료
musical self 음악적 자신
NAMT 전 미국의 전국음악치료협회
Orff 오르프, 음악교육가, 즉흥연주
　　의 한 형태(Orff 즉흥연주)

pregress note 세션진보기록

psychodynamic 역동심리

psychotherapy 심리치료

reading 독보

receptive expriences 수동적 경험

recreation experiences 재창조 경험

reflecting 반영

regression 기억, 회상, 회귀

relaxation 긴장이완

relieve 과거의 중요감정을 재경험 하고자 함

resolve 타인과의 관계를 해결하고 자 함

restimulate memory 과거의 즐거웠 던 감정을 다시 자극하고자 함

retreat 분노, 자신이 하찮다는 감정 에서 벗어나고자 함(과거로 향함)

return 돌아옴(GIM의 한 과정)

rhythmic entrainment 리듬 동조

rhythm for life 리듬을 통해 삶의 활력 회복

self-esteem 자긍심

self-discipline 자기훈련

self-reliance 자기신뢰

singalong 노래 따라 부르기

singing 노래하는 활동

songwriting 노래만들기

stabilzation 안정(GIM의 한 과정)

synchronizing 동조일치

therapeutic factor 치유인자

toning 신체공명

transformative therapy 변형적 치료

traveling 여행(GIM의 한 과정)

unisoning 소리의 혼합

validation Acknowledge someone's feelings, 타인의 감정을 이해하 는 것

vibroacoustic 음향적 진동

vocal improvisation 성악 즉흥연주

정신분석적 접근

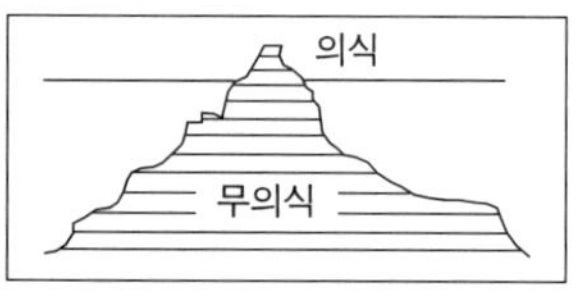

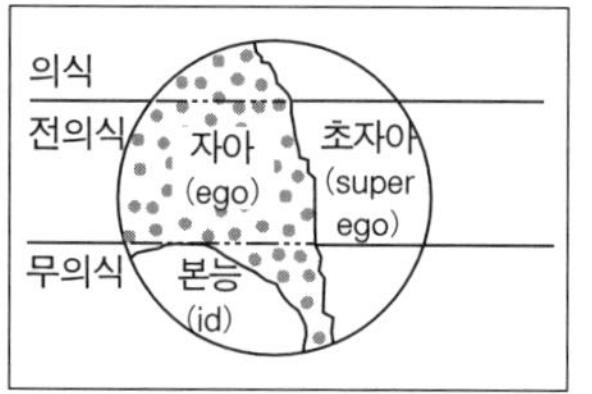

정신분석적 접근의 인격론과 무의식 가설과의 관계

'모든 결과에는 원인이 있다.' 정신분석적 접근을 이르는 말이다. 정신분석적 접근은 프로이트가 주창했다. 주된 인간관은 '심리결정론'과 '무의식가설', 두 가지를 들 수가 있다.

'심리결정론'이란 현재 나타나는 모든 행동이나 증상들은 무의식적인 동기와 본능적 충동에 따라 결정된다는 것이다. 즉, 생의 초기 6년 동안의 심리적 성적 동기가 인간의 성격 형성에 가장 큰 근원이 된다는 설명이다. 이것은 우리 속담의 '세살 버릇 여든까지 간다'는 말과 일맥상통한다 하겠다. 그만큼 인생 초기에 획득한 경험이나 습관이 그의 생애 동안 지속적으로 작용한다는 것이다.

'무의식가설'이란 위 그림에 나타나 있는 것처럼, 우리가 의식하는 세계는 그야말로 빙산의 일각에 지나지 않는다는 것이다. 드넓은 바다 속에는 무의식이라는 거대한 빙하가 꿈틀대고 있으며 우리가 설령 그것을 의식하고 있지 못한다 할지라도 무의식의 세계는 의식의 세계와 비교도 할 수 없을 만큼 위엄을 자랑하고 있는 것이다.

따라서 정신분석적 접근의 치료 목표는 무의식의 의식화, 자아(ego)의 강화를 들 수 있다. 무의식 속에 자신도 모르게 꼭꼭 숨겨 놓았던 응어리진 과거의 문제들을 의식 위로 끌어올리고자 하는 것이다. 과거에 우리가 느꼈던 분노나 고통, 모욕적 감정은 참는다고 해서 없어지지 않는다는 것이다. 그렇게 해결되지 못한 감정들은 무의식의 세계로 이사를 가서 그곳에서 둥지를 틀고 있다가 과거 상황과 비슷한 일이 다시 생기면 곧바로 그 세력을 과시하게 되는 것이다. 치료의 기법으로는 자유연상, 해석, 꿈의 분석, 저항전이 분석 등이 있다.

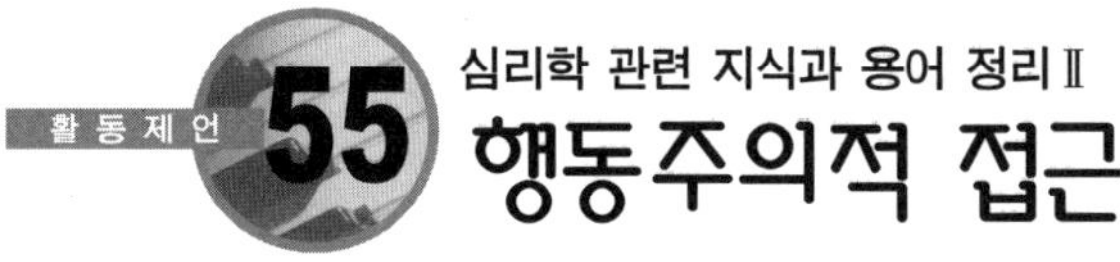

행동주의적 접근

우리의 현재 행동이나 성격은 습득된 것일까, 아니면 생득적인 것일까. 행동주의적 접근에서는 '학습'되었다고 설명한다. 어떤 특정한 자극이 유기체에게 가해지면 어떤 형태이건 그 자극에 대한 반응을 하게 된다. 이러한 과정에서 특정 자극이 반복해서 가해지게 되면 일정한 형태의 고착한 반응이 형성되는 것이다. 이렇게 반응하는 확률을 증가 고착시키는 작용을 '강화'라고 한다. 한마디로 인간의 모든 행동은 학습된 것이며, 따라서 또 다른 학습으로 현재 기습된 행동을 수정할 수도 있다는 가설이다.

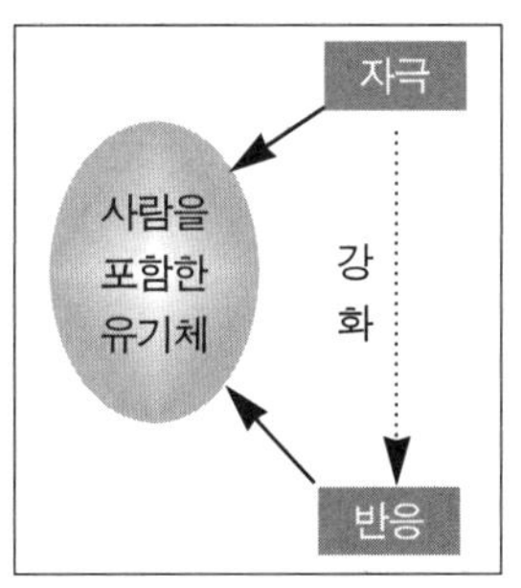

행동주의적 접근의 주요 치료 목표는 '바람직한 행동을 학습하는 것'과 '부적응 행동을 소거'하는 것으로 정리될 수 있다. 이를 성취하기 위한 주요한 기법은 다음과 같다.

1. **체계적 감감법** : 불안상황을 단계적으로 구분하여 '불안위계목록'을 만든 다음, 근육이완훈련을 통해 낮은 단계의 불안상황부터 상상 속에서 하나씩 극복해 나가는 과정이다.
2. **주장반응법** : 문제상황을 치료사와 토의한 뒤, 역할놀이를 통해 불안상황을 실연하여 극복해 보는 과정으로 현실상황에서도 불안반응을 가지지 않도록 하는 훈련과정이다.
3. **혐오치료** : 바람직하지 못한 행동의 결과를 상상하게 하는 등의 상징적, 시각적, 화학적 혐오자극을 가하여 바람직한 행동을 유발하는 과정이다.
4. **행동계약** : 사려 깊은 협의과정을 거쳐 구두나 문서로써 치료사와 특정 행동양식을 합의하고 성취해 나가는 과정이다.
5. **행동조형(shaping)** : 바람직한 행동을 여러 단계로 나누어 실행하고 강화하는 과정이다.
6. **모방학습** : 새로운 반응이나 기술을 습득시킨 다음, 그에 대한 공포반응을 제거하고 반응을 촉진시키는 과정을 거친다.
7. **토큰(token) 강화** : 행동변화를 위해 다양한 물건과 교환할 수 있는 토큰을 보상으로 제공한다.
8. **자기주장 훈련** : 교시 → 피드백(환자의 행동에 대한 치료사의 평가) → 모델링(좋은 모범)→ 행동연습(역할놀이) → 사회적 강화 → 적용과제의 부과
9. **자기조정 프로그램(자기지시 프로그램)** : 좋은 모델을 보며 지시를 따라 행동하고, 자기 스스로 지시하면서 행동한 다음, 마음속으로 지시를 속삭이면서 행동하는 일련의 과정이다.
10. **개념통제법** : 사고중단법, 통찰법이라고도 한다.

스트레스

1. 스트레스의 정의와 세 가지 요소

- **정의** : 환경적 사건이 개인의 중요한 목표에 대한 위협으로 느껴질 때 갖게 되는 심리적 또는 신체적인 긴장 상태.
- **스트레스의 세 가지 요소**

  ① 외부의 사건이나 상황이 개인에게 스트레스를 주는 경우.

  ② 개인이 가지는 특정 사건에 대한 평가나 지각.

  ③ 개인의 스트레스에 대한 다양한 반응 즉, 정서적 반응, 인지적 반응, 신체적 생리적 반응, 행동적 반응.

2. 스트레스의 원인

- 일반인에게 영향을 미치는 요인들 : 폭풍, 홍수, 지진, 가뭄, 전쟁.
- 개인생활에서 중요한 스트레스 요인들 : 죽음, 군입대, 결혼, 이혼, 진학, 취업.
- 개인이 통제하기 어려운 상황 : 업무과다, 제한시간이 있는 업무, 담배 끊기, 교통체증, 체중 조절, 다른 사람과 말다툼.
- 갈등상황의 세 가지 유형

  ① 접근 — 접근 갈등(＋＋갈등) : 두 갈등이 모두 좋은데 하나만 결정해야 하는 갈등.

  ② 회피 — 회피 갈등(－－갈등) : 두 가지 갈등이 모두 싫은데 하나를 결정해야 하는 갈등.

  ③ 접근 — 회피 갈등(＋－갈등) : 이렇게 보면 좋을 수도 있고 저렇게 보면 싫을 수도 있는 갈등.

3. 스트레스에 의한 반응

- 스트레스에 대한 정서적 반응 : 두렵고 불안하며 우울하거나 공격

적 정서반응을 보임.

- 스트레스에 대한 인지적 반응 : 논리적으로 제대로 사고하기가 어려움. 기억력의 현저한 감소.
- 스트레스에 대한 생리적 반응 : 가슴의 압박, 두통, 손에 땀, 혈압 변화, 불규칙한 호흡, 암.
- 스트레스에 대한 행동적 반응 : 타인에게 폭력 사용, 자살 등.

4. 스트레스에 대한 대처방안

스트레스에 대한 대처방안으로는 간접적 대처와 직접적 대처방법이 있을 수 있다. 간접적 대처란 스트레스 상황 자체를 변화시키려 하지 않고 그에 대한 개인의 반응만을 변화시키는 것을 의미하는데, 예를 들어 진정시키는 약물의 복용, 명상이나 휴식, 술 마시기, 운동, 레크리에이션과 같은 긴장을 감소하기 위한 전략을 사용하는 방법과 개인이 스트레스 상황을 억압이나 투사와 같은 방어기제를 사용하여 대처하는 방법으로 구분된다.

이와는 반대로 적극적인 스트레스 대처방안으로서 직접적인 대처방법을 들 수 있는데, 이것은 스트레스를 주는 시점이나 상황 자체를 변화하려는 노력을 의미한다. 즉, 스트레스 상황을 극복할 수 있는 구체적인 정보를 얻는 것을 포함하여 구체적 정보에 따라 행동을 계획하는 것이다. 예를 들어, 타인을 대한 적정한 기대수준 갖기, 반드시 해야 한다는 'must'의 개념 버리기, 상황을 재인식하기, 타인의 도움 받기 등을 예로 들 수 있다. 물론 음악치료는 스트레스 조절을 위한 다양한 기법들을 보유하고 있다.

치료개입

아래 설명한 내용들은 음악치료를 시행하고자 할 때, 고려하게 되는 다양한 치료개입방법들을 나타낸 것이다.

1. 집단치료

음악치료에서도 집단치료는 중요한 치료의 형태가 된다. 환자를 치료하는 데서 집단으로 만나는 심리치료의 한 형태이다.

- 가족치료　　　　　　　　• 부부치료　　　　　　　　• 음악치료

2. 인지적 치료법

인지치료는 환자에게 자신이 가지고 있던 잘못된 정보를 지각하게 함으로써 환자 스스로 정보를 해석하거나 지각하는 방식을 변화시켜주는 방법이다.

- RET(Rational-Emotive Therapy) : 합리적 정서치료
    ① 엘리스(Albert Eills)가 주창, 신념을 바꾸는 것을 초점에 둔다.
    ② 개인의 문제는 사상이나 목적에 대한 자신의 그릇된 해석으로부터 일어난다는 주장하는 고도로 지식적인 치료 접근법이다.
- 벡(Gayle Beck)의 인지적 치료

3. 인본주의적 치료법

인본주의적 인간관은 인간은 스스로 치료할 능력이 있다고 보는 관점에서 치료를 시행하게 된다.

- 로저스(Carl Rogers) : 비지시적 상담치료(내담자 중심 치료법)
    ① 무조건적인 긍정 : 자유방임적 치료형태를 취함.
    ② 감정이입(empathy) : 치료자가 내담자의 처지가 되어서 세상을 파악하는 것.

4. 심리적 치료법

- **정신분석학적 치료** : 환자의 과거 무의식의 갈등을 의식세계로 끌어
  올려 해소시키는 것이 주 치료 목적이다.

  ① 자유연상 : 머릿속에 있는 것들을 대화를 하여 의식의 표면으
  로 끌어내는 절차.

  ② 꿈의 분석 : 꿈의 내용을 분석자가 해석하여 치료하는 것.

  ③ 저항 : 대화 속에서 특정 부분에 대해 민감한 부분(저항하는 부
  분)을 포착하여 그 부분을 치료함.

  ④ 전이 : 환자가 가지고 있는 문제의 대상을 치료자에게 동일시
  키는 것으로 대상을 바꾸는 것.

5. 행동적 치료법

  ① 행동수정 : 조작적 조건형성의 원리를 이용하여 바람직한 것을
  보강하고 잘못된 것은 처벌하는 법.

  ② 체계적 감감법 : 특정 대상을 두려워하거나 민감한 반응을 일으
  키는 것을 점차로 감소시키는 것. 공포증 치료에 효과가 있다.

  ③ 자기주장훈련 : 사회공포증, 광장공포증 치료에 쓰이는 방법으
  로 자기주장의 기회를 갖도록 한다.

  ④ 모델링 : 사회학습 이론에서 나온 것으로 개인이 바람직한 행
  동을 할 수 있도록 누군가를 관찰함으로써 학습하는 것으로,
  대리학습을 말한다.

6. 의학적 치료법

뇌의 구조나 신경전달물질의 활동을 변화시킨다.

  ① 전기경련 충격치료(ECT : electrocinuulsive therapy) : 약한 전류
  를 짧은 기간 대뇌로 통과시키면서 흔히, 경련과 일시적인 혼수
  상태를 일으키는 치료로서 갑작스럽고 심한 우울증을 경감시키
  는 데 사용된다. 하지만 장기적 치료로는 사용되지 않고 뇌세포
  손상 등의 부작용이 심하다.

  ② 정신외과수술 : 심한 정신장애의 치료에 사용되는 뇌수술

  ③ 약물치료

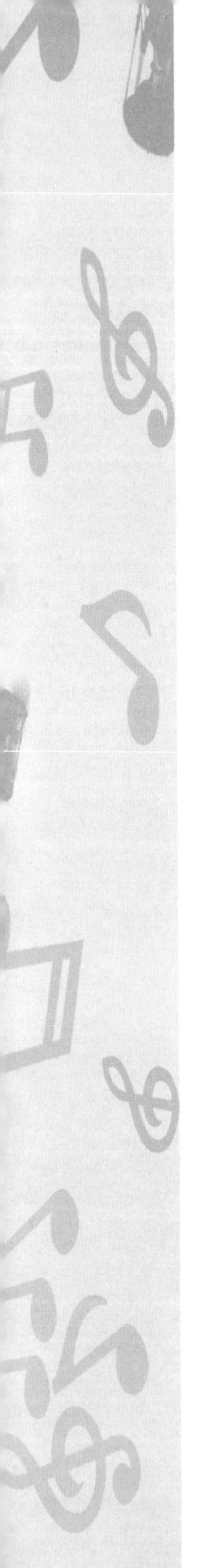

58 노인을 위한 음악치료

■ 노화의 정의

리첼(Reichel, 1983)은 '노화'란 '유기체의 생리적 능력과 기능이 점진적으로 손실되어 사망확률을 증가시키는 것'이라고 정의하였다. 또 웨어(Wear, 1977)는 이같은 점진적인 손실은 중년기에 시작하게 되는데, 노화와 관련된 증상은 체력이 약해지고 체중이 증가하며, 관절에 유연성이 떨어지고, 시력·청력이 감퇴될 뿐만 아니라 대소변 습관에도 이상을 보이는 등 전반적인 생활의 변화를 가져온다고 하였다.

■ 노인 음악치료의 필요성

1991년 9월 미국 상원위원회에서 '영원한 젊음 : 음악과 노화'라는 주제의 청문회가 열렸는데, 그 내용은 노인질병과 음악치료에 관한 것이었다. 이 청문회를 통해 음악치료는 더욱 새로운 분야로 그 필요성을 인정받게 되었으며, 노인학 연구를 위한 연방정부의 연구비 증가 등으로 노인학 관련 연구가 활발히 진행되면서 더 많은 노인들이 혜택을 받게 되었다(최병철, 1996).

■ 노인 음악치료의 목적영역

노인들을 위한 음악치료의 목적을 구분하여 살펴보면 다음과 같다.

1. 인지 영역 : 지적 자극 / 창의력, 현실 안내와 인식, 기억 / 회고, 집중력 / 주의력, 결정력.
2. 사회·정서적 영역 : 감정고조 / 동기유발, 언어교류, 자기표현, 자기정리, 필요표현, 여가선용, 협동 / 팀웍, 충동조절.
3. 운동 영역 : 호흡, 긴장이완, 리듬반응 / 협응, 신체적 조절(강화, 인내, 유연성).
4. 언어 영역 : 수용 / 표현언어력, 충동조절, 뚜렷한 구어사용, 수면장애 조절(정확도와 세기).

■ **노인을 위한 음악의 사용**

음악치료를 통해 음악이 노인들에게 효과적으로 사용될 수 있는 것은 그룹에서 사회화를 촉진시키고, 적절한 수준의 활동과 감정표현을 통해 기분에 영향을 미치기 때문이다. 또한 의식적인 목적을 가지고 만족스러운 활동의 증대를 통해 자긍심을 높이고, 비언어적인 표현으로 의사소통을 쉽게 할 수 있기 때문에 더 효과적으로 음악이 사용되고 있다.

■ **치료적 음악활동의 적용**

데이비스(Davis, 1992)는 노인 음악치료 활동은 무엇보다 환자의 기능에 기초하여 단계별로 적용시킬 수 있도록 해야 한다고 주장하면서, 더 구체적인 음악활동으로 다음과 같은 활동들을 제안하였다.

1. 감각기관 훈련 : 환경과 접촉을 회복시켜서 신체적, 사회적, 심리적인 기능을 향상시킨다.
2. 현실인식 : 시간, 장소, 사람을 포함하여 자신을 둘러싸고 있는 현실적 환경에 대한 내용을 반복적으로 확인시킴으로써 현실접촉을 유지한다.
3. 재동기 유발 : 사고와 언어교류를 자극함으로써 사회성을 발달시킨다.
4. 음악과 긴장이완 : 적절한 음악을 배경음악으로 하여 처한 환경에서 겪고 있는 긴장과 불안으로부터 해방되도록 한다. 나아가 스트레스로부터 주의를 환기시켜 긴장이완을 가져오기도 한다.
5. 오락과 취미생활로서의 음악 : 음악활동은 한 번으로 그치는 것이 아니라 꾸준히 지속하여 환자의 상태를 계속 호전시킬 수 있는 활동으로 아주 적합하다.
6. 회고 : 인생의 회고는 지나간 삶의 사건들과 경험들을 되돌아보는 것으로서, 개인으로나 그룹에서 효과적으로 사용될 수 있다.

아동기 정신질환

아동기에 나타나는 정신과적 질환은 성인의 분류체계보다 훨씬 더 다양하고 복잡하다. 성인의 정신질환 체계와 가장 큰 차이점은 정신과 질환을 가지고 있는 아동들은 아직까지 발달단계에 있으므로 변화의 가능성이 있다는 점이다. 질환의 명칭과 내용은 다음과 같다.

- **행동장애** : 물건을 훔친다거나 거짓말을 잘 하고, 자주 가출이나 결석을 하며, 싸울 때 위험한 무기를 사용한다든지, 폭력을 자주 사용하는 성향을 가지고 있다. 또한 동물을 심하게 못살게 대한다거나, 방화를 저지르는 경우도 있다. 이러한 행동이 최소 3개월 이상 지속되면 행동장애로 진단이 가능하다.

- **불안장애**

① 격리불안장애 : 일명 '학교공포증'이라고도 하며, 자신과 가까운 관계에 있는 사람이 떠나버리지 않을까 하는 불안을 느끼는 경우이다. 때에 따라서 악몽을 꾸거나, 배가 아프고, 머리가 어지럽다는 등의 신체적인 증상으로 나타나는 경우도 있다고 한다. 발병하는 연령은 만 8세 이후이며 2주 이상 위와 같은 증상이 나타나면 격리불안장애로 판정이 가능하다.

② 과불안장애 : 미래에 일어날 일이나, 과거에 자신이 했던 행동에 대해 불안감을 지나치게 가지는 경향을 보이는 경우이다. 자의식이 강하여 완벽함을 추구하는 성향을 지닌 아동에게 많다.

③ 회피장애 : 모르는 사람에 대해 불안을 느끼는 장애를 의미한다.

- **우울장애** : 우울한 기분이 들고 식욕을 상실하여 체중이 감소하는 경우도 있고, 모든 활동에 의욕이 없고 흥미가 감소되는 현상을 보인다. 또한 쉽게 피로함을 느끼고 필요 없는 죄의식을 느끼는 경향이 있다. 나이 어린 아동에게는 음악을 포함한 놀이 위주의 치료가 효

과적이며, 나이가 든 아동에게는 정신과 치료가 효과적이다.

- **주의력결핍 · 과잉행동장애** : 행동이 과장되고 충동적이며 주의력이 매우 결핍되어 있다. 구체적으로 외부자극에 매우 산만하고, 질문을 끝까지 듣지도 않고 대답해버린다든지 손이나 발을 안절부절 못하며 움직이고 비튼다. 공부나 놀이를 하면서도 집중하지 못하고, 말을 너무 많이 하며, 물건 등을 자주 잊어버리는 특징을 가지고 있다.
- **수면장애** : 악몽을 꾸거나 자다가 갑자기 깨어나 두려움에 떨며 우는 특성을 가진다.
- **학습장애** : 지능은 정상이나 특정 학습분야에서 지능을 제대로 발휘하지 못한다.
- **특수발달장애** : 여러 발달의 측면 가운데 특정 분야에 발달이 지체되는 것을 말한다.
- **반응성 애착장애** : 부모 사망 등의 뚜렷한 원인으로 대인관계의 형성이 전혀 이루어지지 않는다.
- **전반적 발달장애(자폐성 장애)** : 사회적 관계가 결핍되어 있고, 의사소통 능력에 결함이 있으며 계속적인 강박행동을 보이고, 변화에 대한 저항, 극단적인 자폐적 고립, 언어의 비정상 등의 특징을 나타낸다.
- **반항장애** : 주요한 특징으로는 화를 잘 내고, 자신의 잘못을 타인에게 돌리며, 욕을 잘하고 다른 사람에게 원한을 잘 품는 등 다른 사람들로 말미암아 쉽게 기분이 변하는 성향을 보인다. 정도가 심하면 행동장애로 변형될 수도 있다.
- **야뇨증** : 밤낮으로 고의 또는 부지불식간에 오줌을 싸는 장애이다. 만 5세 이후에 판정한다.
- **유분증** : 대변을 가리지 못하는 증상을 뜻한다.
- **틱장애** : 근육이나 소리에서 갑작스럽게 반복적이고 상동적인 경련을 일으키는 현상을 말한다. 이를 '근육틱', '음성틱'이라고 한다. 유전적인 원인이 크다고 알려져 있으며, 스트레스와 같은 심리적인 요인도 작용하는 것으로 보고된다.
- **정신분열증** : 아동기에는 매우 드물지만 소수의 아동에게 발견된다. 주요 증상으로는 망상이나 환각을 들 수 있다.

(출처 : 〈장애인 판정기준〉, 1993)

60 주의력결핍 · 과잉행동장애

주의력결핍 · 과잉행동장애 아동은 학령기 아동의 4~5%에 이르며, 청소년에서 성인기까지 지속되는 경우도 있다고 한다. 어떤 경우에는 반사회적 경향을 보이는 경우도 있다(조수철, 1993).

진단기준

1. 손, 발이 가만있지 못하고 움직이거나 몸을 비비꼰다.
2. 가만히 앉아 있으라고 해도 앉아 있지 못하고 돌아다닌다.
3. 외부 자극에 쉽게 산만해진다.
4. 놀이를 할 때 자기 순서를 기다리지·못한다.
5. 질문을 끝까지 듣지 않고 대답해버린다.
6. 할 수 있는 일을 시키는데도 따르지 않는다.
7. 공부하거나 놀 때 집중하지 않는다.
8. 한 가지 행동을 끝맺지 못하고 이것저것에 신경을 쓴다.
9. 조용히 놀지 못한다.
10. 말을 너무 많이 한다.
11. 다른 아이들의 놀이에 끼어 들거나 방해한다.
12. 다른 사람들이 얘기할 때 듣지 않는 것처럼 보인다.
13. 자기 일이나 물건을 잘 잃어버린다.
    예를 들어 장난감, 연필, 책, 숙제 등.
14. 위험한 행동을 자주 한다.
    예를 들어 찻길에 뛰어들거나 노는 모습이 위험하다 등.

이러한 행동 특징 가운데 여덟 가지 이상이 나타나는 경우, 주의력결핍 · 과잉행동장애라는 진단을 내린다. 발병연령이 만 7세 이전이지만,

유아자폐증이 있는 경우에는 주의력결핍·과잉행동장애 아동 진단을
내리지 않는다.

원 인

원인은 불분명하지만, 다음과 같은 사항들이 일부 관련된 것으로 보
고되고 있다.

1. **유전적인 소인** : 가족사에 흔히 나타나고, 쌍둥이 또는 형제 사이
   에서 발병률이 높다는 연구보고가 있다.
2. **기질적인 요인** : 임신 중에 산모가 과음하거나 납중독이 있을 경
   우, 뇌염을 앓은 뒤에 발병했다고 보고되었다.
3. **아동학대** : 유아, 유년기 때 부모로부터 심한 신체적 또는 감정적
   인 학대를 받아온 경우에도 발병할 수 있다.
4. **약물에 의한 경우** : 약물에 의해서도 발병할 수 있다.

Q&A 음악치료에 도움이 되는 학부전공은 무엇인가?

음악치료와 직접적인 관련이 있는 학부전공은 음악치료라는 이름에서도 알 수
있듯이, 음악과 치료관련학과들이다. 간호학이나 특수교육학, 사회복지학과 전공
자들도 음악치료와 관련이 깊은 학문영역이다. 기타 학문영역에서도 지원하는
경우가 있는데 대개의 경우는 음악전공자들이 많은 편이다. 음악치료에서 주된
도구가 되는 음악에 대한 이해나 음악기술습득은 단시일 내에 달성되기 힘들기
때문이다.

61 정신지체 아동의 특성

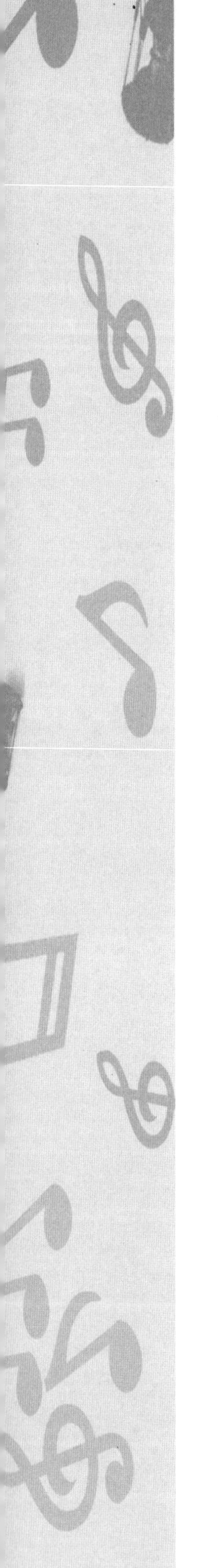

미국정신지체협회(AAMD)는 정신지체란 적응행동의 결함이 발달기간 중에 드러나는 것으로서, 일반지능보다 현저히 낮은 지능을 가진 자로 정의하고 있다. 과거에는 정신지체란 지적 능력이 결핍된 것으로 정의해 왔으나, 근래에는 이러한 타고난 지능 위주의 해석에서 벗어나 정보를 받아들이고, 정보를 수정하고, 적절하게 반응하는 아동의 능력을 기술하는 쪽으로 정신지체를 해석하는 시각으로 이동하고 있다.

이른바 이것을 정보처리과정이라고 하는데, 정보처리 모델은 감각기관을 통해 지각된 정보가 시각이나 청각적 완충기에 전달되고, 다음은 중앙처리자로 이동한 뒤 단기기억, 학습과정으로 순차적으로 옮겨져서 최종적으로 장기기억에 이르는 정보의 흐름을 말한다. 관련된 대부분의 정보는 시각과 청각양식을 통해 들어오게 되며, 어떤 정보는 근육감각 및 촉각양식을 통해 들어오기도 한다.

과거에는 정신지체 아동이 받아들이는 지각적 정보의 양에 결함이 있다고 믿었으나, 오늘날의 상당히 많은 연구자료들은 정신지체인 가운데 감각결함의 출현율이 일반인보다 다소 높기는 하지만 받아들이는 감각정보의 양은 정상인과 거의 같은 수준이라고 제시하고 있다.

갈톤(Garton, 1968)은 교육가능 정신지체 아동의 특성으로 다음 15가지를 들고 있다(김홍규, 1994에서 재인용).

> 1. 우호적, 적대적 환경에 대해 비상한 감수성을 갖는다.
> 2. 지적 활동이나 지시 등의 훈련에서 반응이 느리다.
> 3. 이야기를 듣는 것이나 활동에 대한 주의집중 시간이 짧다.
> 4. 언어구사의 제약이 크다.
> 5. 계획성이 결여되어 있다.

6. 상상력의 범위가 좁고 한계가 있다.

7. 개념사용의 한계가 좁다.

8. 노력하려고 하지 않는다.

9. 흥미의 범위가 협소하다

10. 경계인식능력이 부족하다.

11. 선악의 구별이 곤란하다.

12. 정서적 안정이 적다.

13. 윗사람에 대한 충실성을 갖는다.

14. 습관 형성 뒤에는 강한 고집성을 갖는다.

15. 신체 성장은 정상아의 성장도와 비슷하다.

정신지체인을 위한 음악치료의 적용 내용을 에터베리(Atterbury, 1985)는 다음 다섯 가지 영역으로 구분하였다. (1) 사회성과 정서적 행동을 향상시키기 위한 음악치료, (2) 운동력 향상을 위한 음악치료, (3) 의사소통의 기술을 향상시키기 위한 음악치료, (4) 취학 전 아동 및 취학 아동의 학습력 증진을 위한 음악치료, (5) 여가 선용을 위한 음악치료이다.

62 방어기제의 개념과 종류

'방어기제'(Defence Mechanism)란 말은 1894년 오스트리아의 신경과 의사 프로이트(Sigmund Freud)의 논문 〈방어의 신경정신학〉에서 처음 사용되었다. 그 사전적 의미는 "두렵거나 불쾌한 정황 또는 욕구불만에 직면했을 때 스스로를 방어하기 위하여 자동적으로 취하는 적응행위"이다.

- **퇴행(Regression)** : 스트레스를 받게 될 때, 현재의 성장기보다 어린 시절의 행동으로 물러나는 것을 말한다. 예) 대소변 가리기가 끝난 다섯 살 아이가 동생 출생 이후 다시 대소변을 가리지 못하게 됨.

- **억압(Repression)** : 무의식적으로 내부에 있는 불안요소를 억누르는 것을 의미한다. 프로이트학파는 억압이 모든 신경증적 행동, 정신신체 장애, 그리고 성심리적 장애의 근본원인이 된다고 주장한다. 불가능한 욕구나 생각 등을 의식적인 노력으로 억누르는 행위는 '억제'라고 한다.

- **합리화(Rationalization)** : 그럴듯한 명분(이유와 근거)을 내세우는 일을 말한다. 예) 차가 막혀서 늦었어요, 이솝우화의 신 포도 이야기 — 키가 작아 못 따먹는 포도를 여우가 애써 신 포도라고 합리화함.

- **승화(Sublimation)** : 각 개인의 충동을 사회적으로 용납되는 생각이나 행동으로 전환하여 표현하는 자아 기능이다. 예) 비행청소년이 태권도시합에서 우승함.

- **투사(Projection)** : 자신의 생각 속에 사회적으로 수용될 수 없는 태도나 충동을 타인이나 환경 탓으로 돌리는 과정을 말한다. 즉, 자기의 결점을 타인이나 사물에 전가시킨다. 편집증 환자는 투사를 남용한다고 한다.

- **전위(전치, 대치 : Displacement)** : 특정 대상에 대한 본능적 충동 표현을 재조정하여 다른 대상으로 감정이 옮겨가는 것을 일컫는다.

예) 때리는 시어머니보다 말리는 시누이가 더 밉다.

- **동일시(Identification)** : 다른 사람의 성격, 태도, 가치, 행동을 무의식적으로 자신의 것으로 생각하는 것이다. 예) 뱁새가 황새 따라가다 가랑이가 찢어진다.

- **합일화(Incorporation)** : 자기와 자기 아닌 것을 구분하지 못하여, 원하는 대상이나 사물이 자신과 일체라고 여기는 원시적인 형태의 자아기능을 말한다. 함입(introjection)과 같은 의미이다.

- **격리(Isolation)** : 괴로운 생각이나 기억, 감정 등을 의식 속에서 몰아내는 과정을 말한다.

- **반동형성(Reaction-formation)** : 자신이 느끼는 것과 정반대로 행동하는 것이다. 예) 미운 자식 떡 하나 더 준다. 미운 사람에게 쫓아가 일부러 인사한다.

- **대리형성(Substitution)** : 목적했던 것을 갖지 못했을 때 원래의 것과 비슷한 것을 취해 만족을 얻는 것을 말한다.

- **저항(Resistance)** : 억압된 것이 의식으로 들어오는 것을 두려워하여 치료과정을 피하고 방해하려는 시도를 말한다.

- **백일몽(Dreams)** : 깨어 있는 상태에서는 불가능한 소망들을 꿈 속에서 만족시키는 과정을 의미한다.

- **환상(Fantasy)** : 실제로 이룰 수 없는 욕구를 마음속에서 만족시키는 것을 말한다.

- **전환(Conversion)** : 심리적인 갈등상황이 신체적 증상으로 바뀌어 나타나는 것이다.

- **해리(Dissociation)** : 의식에서 떨어져 나와 하나의 독립적인 기능을 하는 경우를 말한다. 예) 지킬박사와 하이드

- **보상(Compensation)** : 자신의 단점을 만회하기 위해 장점을 지나치게 강조하는 것이다.

- **부정(Denial)** : 인정하기 싫은 사건이나 기억을 전혀 보지 않으려고 하는 방어기제이다.

- **주지화(Intellectualization)** : 지적인 관념(철학 등)을 사용하여 현실을 합리화하는 것이다. 예) 내일이 시험인데 놀고 있는 학생이 '공부가 인생의 전부는 아니야'라고 말하는 것.

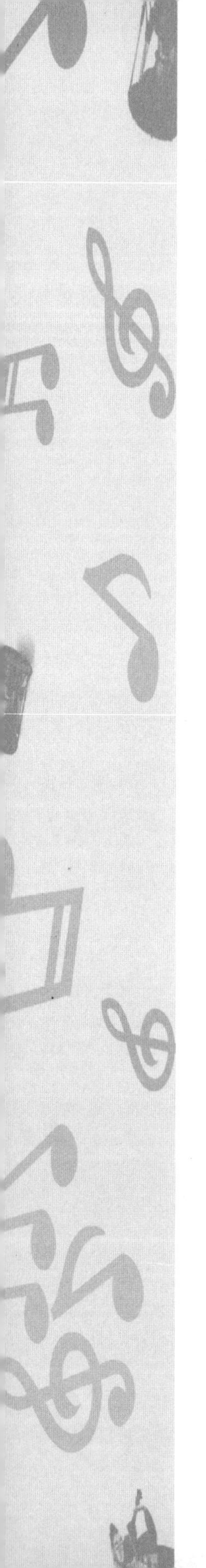

abnormal behavior 이상행동
abuse 남용, 학대
aggression 공격성
aging 노화
agoraphobia 광장공포증
alcohol abuse 알코올 남용
alcohol intoxication 알코올 중독
alcoholism 알콜리즘
alogia =aphasia, 운동성 실어증
Alzheimer's dementia
    알츠하이머 치매
amnesia 기억상실증
amor lesbicus =sapphism,
    여자동성애
analytic psychology 분석 심리학
anancastia 강박행위
anancastic personality
    강박성 인격
anorexia 식욕부진
anorgasmia 성불감증
anthropophobia =homilophobia,
    대인공포증
antisocial personality
    반사회성 인격
apraxia 실행증
asomnia =insomnia, 불면증
assault 공격

attention gettion 관심끌기
auditory hallucination 환청
autism 자폐증
aversive treatment 혐오 치료
baby blues 출산 후 우울
bad trip 불쾌한 환각체험
battarism 말더듬
binge eating 폭식
bipolar disorder 양극성장애
borderline personality disorder
    경계성 인격장애
boundary ego 자아경계
breakdown nervous 신경쇠약
breathing related sleep disorder
    호흡 관련 수면장애
bulimia 대식증
castration anxiety 거세불안
child abuse 아동학대
cognition 인지
collective unconscious 집단무의식
compensation 보상
compulsive ritual 강박의식
computed tomography
    = CT, 전산화 단층 촬영
conditioned learning 조건화학습
conduct disorder 행동장애
countertransference 역전이

defence mechanism 방어기제

delusional disorder 망상장애

dementia 치매

depersonalization 이인증

depression 우울증

displacement 전치, 전위

dissociation 해리

distortion 왜곡

drug abuse 약물남용

echolalia 반향언어증

ego 자아

ego syntonic 자아동질성의

ego dystonic 자아이질성의

egocenteric 자기중심의

empty nest syndrom
　　빈둥우리 증후군

epilepsy 간질

excitation 흥분성

extroversion 외향성

fear 공포

dichotomous thinking
　　이분법적 사고

digit span 숫자주의력

displacement 전치, 전위

free association 자유연상

frigidity 불감증

gender 성

geriatric psychiatry 노인정신의학

Gestalt psychology 형태심리학

grandious delusion 과대망상

gustatory hallucination 환미

hallucination 환각

homoeroticism 동성애

hysteria 히스테리

id 원본능

idea 관념

impulse 충동

incest 친족성교, 근친상간

incoherence 지리멸렬, 사고산란

inferiority 열등감, 열성

insight 병식, 통찰

insomnia 불면증

instinct 본능

intelligence quotient
　　= IQ, 지능지수, 지능계수

introspection 내성, 자기성찰

intuition 직관

juvenile delinquent 비행소년

libido 리비도, 성욕

maladaptation 적응장애

mania 조증

melancholic 우울성

neurosis 신경증

obsession 강박사고

panic attack 공황발작

paranoia 편집증

persecutory delusion 피해망상

projective identification
　　투사적 동일시

psyche 정신

psychotic 정신증적

PTSD = posttraumatic stress disorder,
　　외상 후 스트레스 장애

64 자폐성 장애와 치료

자폐성 장애는 '자폐증', '전반적 발달장애', '유아자폐증' 등으로 불리고 있었으나, 최근 들어 '자폐성 장애'라는 명칭으로 장애의 한 범주로 인식되고 있다. 이 질환은 1943년 캐너(Leo Kanner)에 의하여 학계에 처음 보고되었다고 한다. 공식적인 병명으로 처음 인정을 받은 것이 1980년(DSM-Ⅲ)이니 최근의 일이라고 할 수 있다. 그에 따른 특성과 원인, 치료방법을 살펴보면 다음과 같다.

■ 특성

콜만(Coleman, 1987)과 길버그(Gillberg, 1986)는 아동기 증후군인 자폐성 장애의 특성에는 다음과 같은 요소가 포함되어 있음을 밝혔다.

- 사회적 관계의 결핍
- 의사소통 능력의 결함
- 계속적인 강박행동
- 변화에 대한 저항
- 극단적인 자폐적 고립
- 언어의 비정상

따라서 '아동기의 심각한 행동장애' 또는 '전반적 발달장애'로 특징지어질 수 있다.

■ 원인

조수철(1993)은 자폐성 장애의 원인에 대해 다음과 같이 언급하였다.

원인은 불명이나 최소한 부모의 잘못된 태도에 의하여 발병된 것으로 생각되지는 않는다. 일부 학자들에 의하여 유전적인 소인이 연구된 바도 있으나 그 가능성은 극히 희박할 것으로 생각된다. 경우에 따라서는 특정한 질환, 예를 들면 선천성 풍진 등과 동반될 수 있으나 극히 드문 경우이다.
염색체 이상과도 관련이 있을 수 있다. 흔히 경련성 질환, 또는 뇌의 검사
에서 이상소견들이 발견되기 때문에 뇌의 발달과정에서 이상이 있을 가능
성이 시사되나, 현재로서 분명히 밝혀져 있는 바는 없다.

■ **치료방법**

- **행동치료** : 행동적 접근에 의거하여 바람직하지 못한 행동을 바람
  직한 행동으로 변화시키는 데 그 목적이 있다.
- **특수교육** : '전반적 발달장애'라는 명칭에서도 알 수 있듯이, 발달
  의 전반적 영역에 걸쳐 장애를 가지고 있기 때문에 각 영역에 대
  한 특별한 교육이 필요하다.
- **약물투여** : 자폐성 장애를 치료하는 데 쓰이는 약물은 거의 전무
  하나, 자신과 타인에게 해를 입힐 정도라면 행동을 진정시키는 데
  약물을 사용할 수 있다.
- **부모교육** : 가정에서 아동을 대하는 태도를 교육하고 또 자폐성
  아동을 자녀로 둔 것에 대한 죄책감을 갖지 않도록 부모교육을
  실시한다.
- **음악치료** : 자폐성 장애아동의 대부분이 음악에 대해 거부감을 갖
  고 있지 않다고 알려져 있다. 심지어 일반아동보다 훨씬 뛰어난
  음악적 재능을 보이는 경우도 적지 않다. 음악을 통해 자폐성 장
  애아동에게 흥미와 관심을 불러일으켜, 아동이 가지는 상동행동이
  나 자학행동, 비정상적인 언어사용, 부족한 학습능력 등의 문제를
  다양한 음악활동을 통해서 충족시키는 데 유용한 치료방법이다.

- **뇌성마비(Cerebral palsy)** : 분만 전, 분만 중 또는 분만 후에 발달과정에 있는 뇌에 손상을 주어 수의근육의 조절이 안 되거나 장애를 가져오는 영구적인 장애증상을 뜻한다.
  ① spasticity(경련형) ② rigidity(경직형) ③ athetoid(무정위 운동형)
  ④ tremor(진전형)   ⑤ ataxia(실조형)

- **소아마비(Poliomyelitis)** : 소아마비는 후천적으로 생기는 장애의 일종으로, 척수전각세포에 소아마비 바이러스가 침입함으로써 근육의 힘이 빠지는 이완성 마비로서, 비대칭으로 오는 것이 보통이며 감각에는 이상이 없다.

- **척수손상(Spinal cord injury)** : 척수는 뇌기저부에서 시작하여 척추강을 통하여 요추부까지 내려오는 커다란 신경줄기의 다발이다. 이러한 신경의 줄기는 뇌에서 신체로 전달되기도 하고, 신체에서 뇌로 자극을 올려보내기도 한다. 사고나 질병으로 말미암아 척수가 손상되면 그 손상부위 이하로 감각과 수의운동이 없어진다.

- **말초신경장애(Peripheral nerve disorder)** : 척수나 뇌에서부터 피부나 근육에 이르는 말초신경이 손상되어 운동기능장애 및 감각기능장애를 가져오는 경우이다. 예로서 안면신경마비, 좌골신경마비, 상완신경총 손상 등이 있다.

- **절단(Amputation)** : 신체의 돌출부위를 제거하는 것을 절단이라고 한다. 주로 팔, 다리 절단을 의미하는데 생명을 연장하기 위해서 진행된다.

■ **관절염(Arthritis)** : 관절염이란 관절의 염증을 의미하나 지금은 관절
이나 전신의 결체조직에 통증을 가져오는 질병상태를 일컫는다.

■ **뇌졸중(Stroke)** : 뇌졸중은 뇌혈관장애로 몸의 좌측이나 우측에 갑자
기 마비가 온 것을 의미한다. 따라서 '편마비' 또는 '반신불수'라고
도 하여 신체 반측의 운동 및 감각장애가 주 증상이 되며, 여러 가
지 뇌 증상이 동반한다. 일반적으로 '중풍'이라고도 한다.

■ **청각장애(Hearing impairment)** : 청자와 화자가 모두 알 수 있을 정
도의 충분한 청각능력을 갖지 못한 상태를 의미한다. 이와 유사하게
보청기를 껴야 들을 수 있는 상태를 '난청'이라고 하고, 듣는 것 만
으로는 상대방이 말하는 것을 이해할 수 없는 정도의 청각장애상태
를 '농'이라고 한다.

■ **언어장애(Language disorders)**
① 실어증(Aphasia) : 뇌손상으로 언어의 상징체계를 해석하고 조합
하는 능력에 장애가 생긴 것을 의미한다.
② 언어실행증(Apraxia of speech) : 조음장애와 같이 동반될 수 있는
발음과 운율의 감각운동성 장애이다. 특징은 말을 할 때 구강근육
을 계획적으로 제 위치에 놓거나 연달아 움직이는 능력이 결핍되
어 있다.
③ 발음장애(Dysarthria) : 중추 · 말초신경의 손상으로 언어 기전 가운
데 운동조절의 장애에 의한 언어능력의 장애양상을 의미한다. 들은
내용을 이해하고 단어선택도 잘 하며 문법적으로 단순하게 배열하
나 단어, 소리를 적절한 강세나 크기, 고저를 표현하지 못한다.

■ **근긴장저하아 증후군(Floppy Infant Syndrome:Neuromuscular Disorders)**
■ **진행성 근이영양증(Progressive Muscular dystrophy)**
■ **척추이분증(Spina Bifida)**

■ **제1급**

1. 정신분열병으로 망상, 환청, 사고장애, 기괴한 행동 등의 양성증상 또는 사회적 위축과 같은 음성증상이 심하고, 현저한 인격변화가 있으며, 기능 및 능력장애로 말미암아 주위의 전적인 도움이 없이는 일상생활을 해나가는 것이 거의 불가능한 사람(정신병 진단을 받은 지 1년 이상 경과한 사람에 한한다. 이하 같다).

2. 양극성 정동장애(조울병)로 기분, 의욕, 행동 및 사고장애 증상이 심한 증상기가 지속되거나 자주 반복되며, 기능 및 능력장애로 말미암아 주위의 전적인 도움이 없이는 일상생활을 해나가는 것이 거의 불가능한 사람.

3. 반복성 우울장애로 정신병적 증상이 동반되고, 기분, 의욕, 행동 등에 대한 우울증상이 심한 증상기가 지속되거나 자주 반복되며, 기능 및 능력장애로 말미암아 주위의 전적인 도움이 없이는 일상생활을 해나가는 것이 거의 불가능한 사람.

4. 분열 정동장애로 1호 내지 3호에 준하는 증상이 있는 사람.

■ **제2급**

1. 정신분열병으로 망상, 환청, 사고장애, 기괴한 행동 등의 양성증상 및 사회적 위축 등의 음성증상이 있고, 중등도의 인격변화가 있으며, 기능 및 능력장애로 말미암아 주위의 많은 도움이 없으면 일상생활을 하기 어려운 사람.

2. 양극성 정동장애(조울병)로 기분, 의욕, 행동 및 사고장애 증상이 있는 증상기가 지속되거나 자주 반복되며, 기능 및 능력장애로 말미암아 주위의 많은 도움이 없으면 일상생활을 하기 어려운 사람.

3. 만성적인 반복성 우울장애로 망상 등 정신병적 증상이 동반되고,

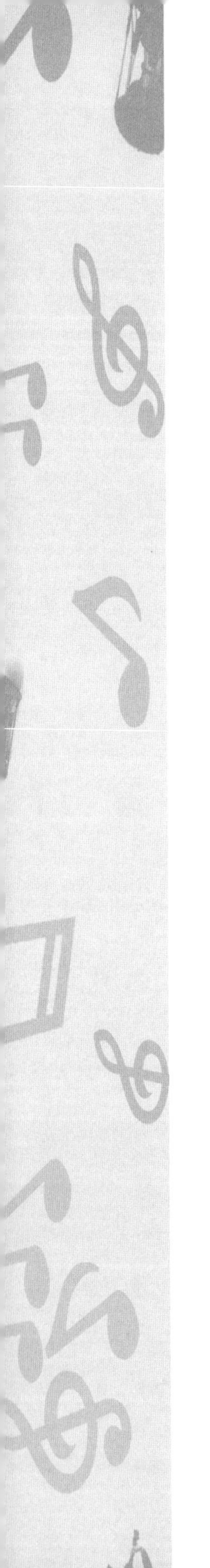

기분, 의욕, 행동 등에 대한 우울 증상이 있는 증상기가 지속되거나 자주 반복되며, 기능 및 능력장애로 말미암아 주위의 많은 도움이 없으면 일상생활을 하기 어려운 사람.

4. 만성적인 분열 정동장애로 1호 내지 3호에 준하는 증상이 있는 사람.

■ 제3급

1. 정신분열병으로 망상, 환청, 사고장애, 기괴한 행동 등의 양성증상이 있으나, 인격변화나 퇴행은 심하지 않은 경우로서 기능 및 능력장애로 말미암아 일상생활 혹은 사회생활을 하기 위한 기능 수행에 제한을 받아 간헐적으로 도움이 필요한 사람.

2. 양극성 정동장애(조울병)로 기분, 의욕, 행동 및 사고장애 증상이 현저하지는 않지만 증상기가 지속되거나 자주 반복되는 경우로서 기능 및 능력장애로 말미암아 일상생활 혹은 사회생활을 하기 위한 기능 수행에 제한을 받아 간헐적으로 도움이 필요한 사람.

3. 반복성 우울장애로 기분, 의욕, 행동 등에 대한 우울증상이 있는 증상기가 지속되거나 자주 반복되는 경우로서 기능 및 능력장애로 말미암아 일상생활 혹은 사회생활을 하기 위한 기능 수행에 제한을 받아 간헐적으로 도움이 필요한 사람.

4. 분열 정동장애로 1호 내지 3호에 준하는 증상이 있는 사람.

🎼 장애인의 분류(장애인복지법 시행규칙 제2조 2항)

대분류	중분류	소분류	세분류
신체적 장애	외부신체 기능의 장애	지체장애	절단장애, 관절장애, 지체기능장애, 변형 등의 장애
		뇌병변장애	중추신경의 손상으로 인한 복합적인 장애
		시각장애	시력장애, 시야결손장애
		청각장애	청력장애, 평형기능장애
		언어장애	언어장애, 음성장애
	내부기관의 장애	신장장애	투석 치료 중이거나 신장을 이식받은 경우
		심장장애	일상생활이 현저히 제한되는 심장기능 이상
정신적 장애		정신지체	지능지수가 70 이하인 경우
		정신장애	정신분열병, 분열형 정동장애, 양극성 정동장애, 반복성 우울장애
		발달장애	소아자폐 등 자폐성장애

■ 제1급(중증 정신지체)

지능지수 34 이하인 사람으로 일상생활과 사회생활의 적응이 현저하게 곤란하여 일생동안 타인의 보호가 필요한 사람이다. 전체 정신지체 가운데 7% 정도를 차지해서 그리 흔하지는 않다. 정신지체의 정도가 심할수록 중복장애의 빈도가 높아지기 때문에 다른 소아 청소년기 장애와 혼란을 가져올 수도 있다.

■ 제2급(중등도 정신지체 : 훈련이 가능한 아동)

지능지수 35 이상 49 이하인 사람으로 일상생활의 단순한 행동을 훈련시킬 수 있고, 어느 정도의 감독과 도움을 받으면 복잡하지 않고 특수기술을 요하지 아니하는 직업을 가질 수 있는 사람이다. 전체 정신지체 가운데 12% 정도를 차지하며 사회적 민감도가 낮거나 발달이 지체되어 있다. 이 집단의 경우는 초등학교 2학년 정도의 교육이 가능하다.

■ 제3급(경도 정신지체 : 교육이 가능한 아동)

지능지수 50 이상 70 이하인 사람으로 교육을 통한 사회적·직업적 재활이 가능한 사람이다. 전체 범주의 80~85% 정도가 이에 속하며 취학 전 발달과정에서 감각운동 발달면에서 지체현상을 보이고, 이 집단의 경우 초등학교 6학년 정도의 교육이 가능하다고 한다. 그리고 이들은 관련인의 감독 아래, 직업훈련을 통해 사회에서 직업인으로서 기능을 수행할 수도 있다.

■ 개요

(1) 음성·언어장애는 음성 또는 언어장애로 의사소통이 어렵거나 의사소통이 이루어지지 아니하는 경우를 말하는데, 정도에 따라 그 기능을 상실한 사람과 현저한 장애가 있는 사람으로 구분한다.

(2) 음성·언어장애는 음성장애, 발음장애, 실어증, 말더듬증 등이 있을 때 나타나는데 여기에서 음성장애는 단순한 음성장애보다는 발음(조음)장애 등을 포함하고 있는 구어장애의 의미를 갖는다.

■ 제3급

음성기능 또는 언어기능을 잃은 사람.

■ 제4급

음성·언어만으로는 의사소통을 하기 곤란할 정도로 음성 또는 언어기능에 현저한 장애가 있는 사람.

Q&A 음악치료대학원 입학시험은?

한국에는 숙명여대를 비롯해서 이화여대, 명지대, 한세대, 원광대 등에서 음악치료학과가 개설되어 있으며 모두 대학원과정이다. 학교마다 입학기준에 조금씩 차이는 있겠지만, 서류전형과 면접시험으로 선발하기도 하고, 필기 평가나 실기시험을 보는 곳도 있다. 4년제 대학을 졸업한 사람이면 학부의 전공학과에 상관없이 누구나 응시할 수 있다.

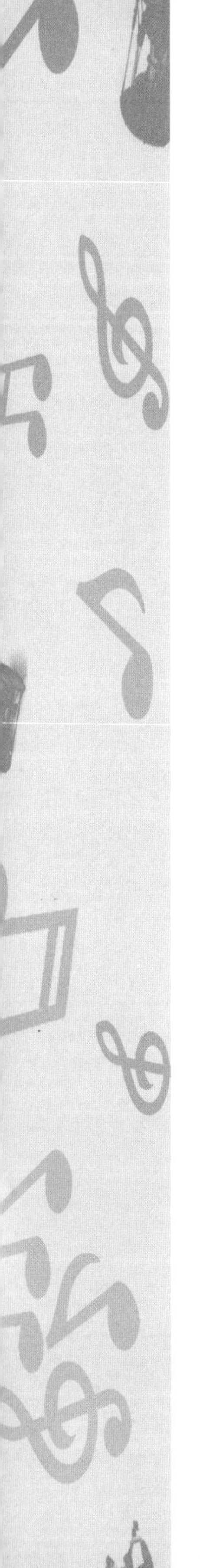

1. 청각에 손실이 있는 사람

- **제2급** : 두 귀의 청력손실이 각각 90데시벨 이상인 사람(두 귀가 완전히 들리지 않는 사람).
- **제3급** : 두 귀의 청력손실이 각각 80데시벨 이상인 사람(귀에 입을 대고 큰 소리로 말을 하여도 듣지 못하는 사람).
- **제4급** : 1호 – 두 귀의 청력손실이 각각 70데시벨 이상인 사람(귀에 대고 말을 하여야 들을 수 있는 사람).

  2호 – 두 귀에 들리는 보통 말소리의 최량의 명료도가 50퍼센트 이하인 사람.
- **제5급** : 두 귀의 청력손실이 각각 60데시벨 이상인 사람(40cm 이상 거리에서 발성된 말소리를 듣지 못하는 사람).
- **제6급** : 한 귀의 청력손실이 80데시벨 이상, 다른 귀의 청력손실이 40데시벨 이상인 사람.

2. 평형기능의 장애가 있는 사람

- **제3급** : 양측 평형기능의 소실로 두 눈을 뜨고 직선으로 10m 이상을 지속적으로 걸을 수 없는 사람.
- **제4급** : 양측 평형기능의 소실 또는 감소로 두 눈을 뜨고 10m를 걸으려면 중간에 균형을 잡으려 멈추어야 하는 사람.
- **제5급** : 양측 평형기능의 감소로 두 눈을 뜨고 10m 거리를 직선으로 걸을 때 중앙에서 60㎝ 이상 벗어나며 복합적인 신체운동이 어려운 사람.

시각장애

■ **제1급**

좋은 눈의 시력이 0.02 이하인 사람(만국식시력표로 측정한 것을 말하며 굴절이상이 있는 사람에 대하여는 교정시력을 측정한 것을 말한다. 이하 같다).

■ **제2급**

좋은 눈의 시력이 0.04 이하인 사람.

■ **제3급**

1호 - 좋은 눈의 시력이 0.08 이하인 사람.

2호 - 두 눈의 시야가 각각 주시점에서 5도 이하로 남은 사람.

■ **제4급**

1호 - 좋은 눈의 시력이 0.1 이하인 사람.

2호 - 두 눈의 시야가 각각 주시점에서 10도 이하로 남은 사람.

■ **제5급**

1호 - 좋은 눈의 시력이 0.2 이하인 사람.

2호 - 두 눈에 의한 시야의 2분의 1 이상을 잃은 사람.

■ **제6급**

나쁜 눈의 시력이 0.02 이하인 사람.

자폐증

■ 제1급

ICD-10의 진단기준에 따른 전반성발달장애(자폐증)로 정상발달의 단계가 나타나지 않고, 지능지수가 70 이하이며, 기능 및 능력장애로 말미암아 주위의 전적인 도움이 없이는 일상생활을 해나가는 것이 거의 불가능한 사람.

■ 제2급

ICD-10의 진단기준에 따른 전반성발달장애(자폐증)로 정상발달의 단계가 나타나지 않고, 지능지수가 70 이하이며, 기능 및 능력장애로 말미암아 주위의 많은 도움이 없으면 일상생활을 하기 어려운 사람.

■ 제3급

2급과 동일한 특징을 가지고 있으나 지능지수가 71 이상이며, 기능 및 능력 장애로 말미암아 일상생활 또는 사회생활을 하는 데 간헐적으로 도움이 필요한 사람.

Q&A 한국에도 음악치료 박사학위가 있나요?

한국에는 2003년 3월부터 숙명여대대학원 산하 음악학과(음악치료학전공 과정)에 음악치료 박사과정이 개설되었다. 미국의 경우는 캔자스대학, 리즐리대학, 뉴욕대학, 탬플대학, 미시간주립대, 서부 미시간대학 등에 각각 개설되어 있다.

72 뇌병변장애

- **제1급**

보행이 불가능하거나 일상생활 동작을 거의 할 수 없어, 도움과 보호가 필요한 사람(뇌성마비, 외상성 뇌손상, 뇌졸중 등 뇌의 기질적 병변으로 인한 경우에 한한다. 이하 동일)

- **제2급**

1호 - 보행이 현저하게 제한되었거나 또는 일상생활 동작이 현저하게 제한된 사람.

2호 - 보행과 일상생활 동작이 상당히 제한된 사람.

- **제3급**

1호 - 보행이 상당한 정도 제한되었거나 또는 일상생활 동작이 상당히 제한된 사람.

2호 - 보행이 경중한 정도 제한되고 섬세한 일상생활 동작이 현저하게 제한된 사람.

- **제4급**

1호 - 보행이 경중한 정도 제한되었거나 또는 섬세한 일상생활 동작이 현저하게 제한 된 사람.

2호 - 보행이 경미하게 제한되고, 섬세한 일상생활 동작이 상당히 제한된 사람.

- **제5급**

1호 - 보행이 경미하게 제한되었거나 또는 섬세한 일상생활 동작이 상당히 제한된 사람.

2호 - 보행 시 파행을 보이고 섬세한 일상생활 동작이 경중한 정도 제한된 사람.

- **제6급**

보행 시 파행을 보이거나 섬세한 일상생활 동작이 경중한 정도 제한된 사람.

제2장 음악치료에 사용되는 악기

1. 기본 악기

 **피아노(Piano)**

■ 소개

피아노는 기타와 함께 음악치료활동 중에 가장 많이 사용되는 기본 악기이며, 강한 음력을 가진 가장 대중적인 악기이다. 피아노는 다양한 음색과 강약, 속도 등을 표현할 수 있으며, 스타카토 등의 음악적 요소를 연주함으로써 환자나 학생들이 가지는 여러 가지 감정들을 묘사하고 표현할 수 있다. 피아노의 크기에 따라 집단과 피아노 연주자 사이의 시선을 가로막을 수도 있기 때문에 주의를 요하는데, 집단을 향하도록 피아노를 위치시키는 것도 간과해서는 안 된다.

■ **역사와 특징**

피아노의 명칭은 '피아노포르테'에서 유래하였다. 건반이 있는 타현 악기인 피아노는 풍부한 음량과 자유로운 셈여림의 변화, 또 긴 여운이 특징이라고 할 수 있다. 피아노가 발명된 것은 18세기경이었다. 1709년 이탈리아 쳄발로 제작가인 바르톨롬메오 크리스토포리(Bartolommeo Cristofori, 1655~1731)가 쳄발로의 몸체를 사용하여 'Piano e forte'라고 명명한 것이 최초의 피아노였으며, 그를 피아노의 최초 고안자라고 칭하고 있다. 이처럼 피아노가 발명된 뒤 많은 사람들이 놀라워한 가장 큰 이유는 화성과 선율 두 가지 요소를 모두 갖추었을 뿐 아니라, 건반 악기이면서도 강한 음량을 가지고 있었기 때문이다.

피아노의 몸체 구성은 울림판기둥, 철골, 울림판, 줄받침, 조율핀, 핀판, 현, 타현기구, 페달, 몸통으로 이루어져 있다. 피아노의 현은 낮은 음은 선이 한 개이고, 중음은 선이 두 개이며, 고음으로 올라가면 한 음에 세 개의 현이 쓰인다. 피아노는 한 옥타브 안의 열두 음을 맞추고 이를 기준으로 하여 전체 88개 음의 상대적 음높이를 맞추며 평균율로 조율되는 작업을 뜻한다.

피아노에는 그랜드 피아노(grand piano)와 업라이트 피아노(upright piano) 두 종류가 있는데, 크기는 매우 다양하다. 쳄발로에서 유래된 그랜드 피아노의 형태는 풀 콘서트 그랜드 피아노로 길이 3m가 가장 컸다고 한다.

오늘날 피아노는 연주회용으로는 물론이고, 가정에서도 매우 각광을 받고 있으며, 대중적인 악기로 자리잡고 있다. 피아노가 이러한 중요한 위치를 갖게 된 데는 몇 가지 이유가 있다. 첫째는 피아노가 대부분의 악기나 성악 연주에 유일무이한 반주악기가 된다는 것이고, 둘째는 피아노는 다양한 표현이 가능하다는 것이다. 셋째는 피아노를 통해 거의 모든 장르의 음악을 연주해낼 수 있다는 것, 마지막으로 피아노가 교육용 악기로 사랑을 받는다는 것이다.

■ 특색

기타는 피아노와 함께 치료활동 중에 가장 많이 사용되는 기본 악기이며, 다양한 기능을 가진 작은 오케스트라라고 할 수 있다.

대부분의 음악치료 세션에서 반주나 즉흥연주와 기타 레슨에 사용된다.

■ 역사와 특징

기타는 오늘날 목이 있는 악기 가운데 가장 대표적인 악기로 꼽힌다. 류트족에 속하는 기타는 현존하는 현악기 가운데 가장 역사가 길다고 할 수 있다.

대개의 경우가 모두 8자 형태이며 앞면과 뒷면이 모두 평평한 것이 특징이다. 기타 몸체의 구성은 줄감개집, 줄감개, 울림구멍, 공명통, 줄받침, 현, 프렛으로 이루어져 있다. 같은 류트족의 악기 가운데 기타 이외에 지금까지도 대중적으로 사용되는 악기는 '류트'와 '만돌린'을 들 수 있다. 기타의 현은 총 6줄로 아래서부터 E, B, G, D, A, E순이며 줄의 질이 음질을 좌우한다고 한다.

나일론줄을 사용하는 클래식 기타는 통기타에 비해 맑고 깊으며 부드러운 음을 내기 때문에 치료에서는 통기타보다는 클래식 기타를 더 많이 사용한다.

이러한 기타를 연주하는 데 사용되는 악보는 오선보와 타블라투라 기보법의 두 가지이다. 여기서 타블라투라 기보법은 지판의 모양을 그림으로 그려 보여주는 표를 말한다.

기타의 이름은 그리스의 기타라(Kithara)에서 유래되었다고 전해진다. 그 옛날 스페인을 지배했던 사라센 제국 사람들의 악기였던 기타라 모리스카와 스페인 토속악기인 라틴풍의 기타가 발전한 것이라고 한다.

기타를 현명하게 구입하는 방법은 다음과 같다. 우선 기타의 가격은

울림판에 사용된 나무의 종류로 따라 정해지기 때문에 값이 쌀수록 나무합판으로 제작한 경우가 많다. 처음부터 비싼 기타를 구입할 필요는 없다. 기타를 구입할 때는 지판 부분이 휘지 않았는지를 꼼꼼히 살펴야 하며 기타의 프렛을 잡고 순수한 음이 나는지도 반드시 확인해야 한다.

2. 타악기

일반적으로 타악기란 '쳐서 소리내는 악기'를 뜻한다. 음악치료 상황에서 환자와 함께 주로 타악기를 가지고 활동하게 되는데, 그 이유는 특정한 악기연주 기술이나 음악적 배경 없이도 비교적 쉽게 다룰 수 있기 때문이다. 타악기는 모양과 크기, 쓰인 재료에 따라 그 종류가 매우 다양하며, 음향상의 원리와 소리를 내는 방법도 각기 다르다. 대부분의 악기들은 쳐서 소리내지만 흔들거나 긁어서, 또는 문질러서 소리내기도 한다. 건반을 이용하거나, 핸들을 돌려 소리내는 것도 있으며, 새소리 호루라기처럼 불어서 소리내는 것도 있는데, 이러한 여러 가지 악기들을 넓은 의미에서 타악기라고 한다.

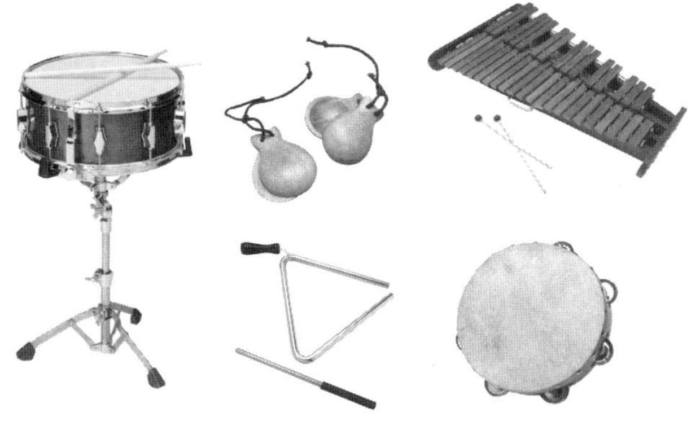

타악기의 분류

1) 박봉석의 분류

박봉석(1988)은 타악기는 크게 두 종류로 나누면서, 음정이 있는 악기와 음정이 없는 악기로 구분하였다. 음정이 있는 타악기에는 팀파니

(Timpani), 실로폰(Xylophone), 글로켄슈필(Glockenspiel), 비브라폰
(Vibraphone), 차임(Chimes, Rohrenglocken) 등을 예로 들었고, 음정이 없
는 타악기에는 작은북(Side Drum), 큰북(Bass Drum), 심벌즈(Cymbals),
탬버린(Tambourine), 캐스터네츠(Castanets), 트라이앵글(Triangle) 등의
일반 아동을 위한 음악교육용 타악기를 포함하여, 탐탐(Tam-Tam), 우드
블록(Wood Block), 톰톰(Tom-Tom) 등을 예로 제시하였다.

2) 쿠르트 작스(C. Sachs)의 분류

작스는 폴시스(C. Forsyth)의 분류를 비판하면서, 악기가 소리를 만드는
원리에 따라 몸울림악기(Idiophones), 막울림악기(Membranophones), 현울
림악기(Chordophones), 그리고 공기울림악기(Aerophones)의 네 가지로 나
누어 제시하였다. 그는 또한 음악적 성격에 따라 고정음정이 있는 악기
(tuned instruments), 고정음정이 없는 악기(instruments of indefinite pitch),
고정음정은 없으나 음높이를 조절할 수 있는 악기로 구분하였다.

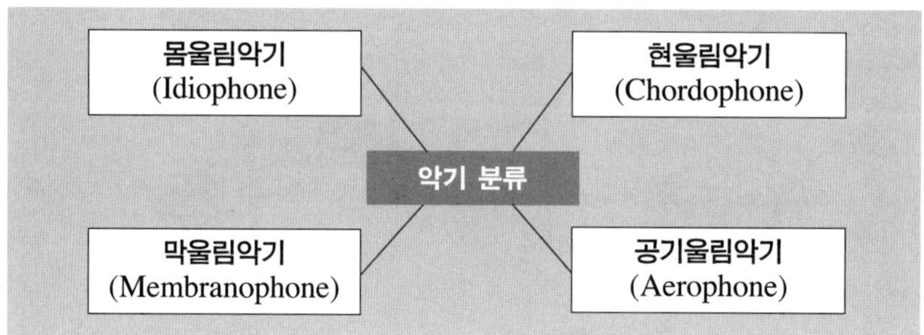

■ 몸울림악기(Idiophones, 몸 자체를 소리내는 악기, 체명악기體鳴樂器)

몸울림악기란 악기 자체의 울림을 통해 소리내는 악기들을 말한다.
예컨대 트라이앵글이나 심벌즈 등을 들 수 있다. 악기의 재료는 나무,
흙, 돌, 쇠, 유리, 플라스틱과 같은 단단한 물체로 만들어진다. 글로켄슈
필(Glockenspiel)이나 튜블러 벨(Tubular bells)과 같이 여러 개의 독립
된 진동체(vibrating body)를 갖고 있는 것도 있으며, 음판 아래에 진공
관을 고정시켜놓은 마림바(Marimba)나 비브라폰(Vibraphone)과 같은
악기도 있다. 대부분의 몸울림악기들은 쳐서 소리를 내지만 음높이 조
절이 불가능한 악기들은 흔들거나 긁어서, 또는 문질러서 소리내기도

한다. 양쪽 방향을 모두 치는 몸울림악기로는 캐스터네츠, 클레브스, 심벌즈 등이 있다. 한쪽 방향만 치는 악기도 있는데, 트라이앵글, 첼레스타, 실로폰, 종, 공 등이 그것이다. 또 징글벨이나 탬버린처럼 흔들어서 소리내는 몸울림악기도 있으며, 다른 물체를 이용해서 켜는 몸울림악기도 있다. 예로서 글라스하모니타, 노래톱 등이 있다. 마지막으로 주둥이 북처럼 퉁기는 몸울림악기 등 여러 가지 형태이다.

• 고정된 음높이를 가진 몸울림악기

건반이 있는 악기		건반이 없는 악기		
Xylophone	Marimba	Tubular bells	Gongs	Crotales
Vibraphone	Glockenspiel	Musical Saw	Flexatone	Glasses
Bell Lyra	Clesta	Steel Drums		

• 고정된 음높이를 갖지 않은 몸울림악기

쳐서 소리내는 악기		흔들거나 긁어서 소리내는 악기	
금속 - Triangle Cymbals			
Tamtam Cow bells		Sistrum	Sleigh Bells
Anvil/Metal Blocks		Washboard	Castanets
나무 - Claves	Wood Block	Maracas	Cabasa
Temple Blocks		Chocola(shaker)	Guiro
Wood Drums		Whip(Slapstick)	Reco-Reco(귀로와 비슷)
Bamboos(또는 Wood) chimes			
유리 - Glass chimes			

■ 막울림악기

(Membranophones, 가죽덮개를 울려 소리내는 악기, 막명악기膜鳴樂器)

막울림악기란 공명통에 팽팽히 조여진 막이나 가죽을 떨리게 하여 소리내는 악기들을 뜻한다. 악기는 목재, 금속, 플라스틱으로 만든 몸통에 막을 씌워 그 막을 두들겨 소리를 내는 것이 보통이다. 일반적으로 북 종류를 연상할 수 있다. 이 악기 종류는 마찰시키거나, 공기를 불어 넣어 소리를 내는 경우도 있다. 연주방법은 손으로 하는 경우도 있고, 채로 치는 경우도 있다. 또한 고정음정을 갖는 경우도 있고, 고정음정을 갖지 않는 악기도 있다. 악기의 떨리는 공명 부분은 공명관의 반대

편이 개방되어 있거나 공명관 재료에 의해 막혀 있는 것도 있고, 다른 막으로 막혀 있는 악기 또한 있다.

고정된 음높이를 가진 막울림악기			고정된 음높이를 갖지 않은 막울림악기		
Timpani	Tablas	Boobams	Drums	Congas	Timbales
			Bongos	Tomtoms	Tambourine

■ **현울림악기(Chordophones, 현을 울려 소리내는 악기, 줄울림악기)**

현울림악기란 현의 떨림과, 공명판이나 공명상자 또는 북 모양의 공명통에 의한 증폭과정을 통해 소리내는 악기들을 뜻한다. 악기의 재료는 주로 동물의 창자, 금속, 섬유, 플라스틱 등으로 만들어진다. 연주하는 방식에 따라 긋는 현악기, 뜯는 현악기, 치는 현악기로 나누어진다. 거의 모든 현악기에는 울림통(공명통)이 달려 있다. 또 현금(玄琴) 종류에는 막대기에 줄만 붙인 현금과 목재에 줄을 걸어 놓은 나무판 현금이 있다. 이 중에는 목재를 가로지르는 지판이 있는 것도 있고 없는 것도 있다. 국악기의 양금과 비슷한 종류의 침발롬(Cimbalom)은 헝가리의 집시 음악에 쓰인 악기이다. 이것은 길이가 다른 현을 평면 위에 팽팽하게 걸어 놓고 넓적한 모양의 채로 쳐서 소리를 낸다.

■ **공기울림악기**

(Aerophones, 공기를 울려 소리내는 악기, 기명악기氣鳴樂器)

공기울림악기란 단절된 공기 기둥(air column)이나 공기의 방(air chamber)을 만들어 진동하게 함으로써 소리내는 악기들을 말한다. 대부분의 관악기들이 여기에 포함된다. 관악기들은 연주자의 입에서 전해지는 공기 호흡을 통해 소리를 낸다. 그러나 오르간이나 손풍금 등은 기계적으로 바람을 공급하여 소리를 낸다. 이 악기들은 대부분 고정음정을 갖고 있지만 어떤 것은 그 음파를 생성시키며 소리를 만들어 내기도 한다. 진동을 만들어 내기 위해서는 리드(reed)와 같은 기구가 필요하다.

공기울림악기			
Whistles	Siren	Bull Roarer	Motor Horns(경적)

3) 일반적인 분류방법

일반적으로 타악기를 분류할 때, 고정음정을 가진 타악기와 음높이가 불확정적인 타악기로 분류하기도 한다. 또는 그 악기의 주요 역할에 따라 건반악기와 같은 선율표현이 가능한 타악기와 리듬을 표현이 가능한 타악기, 독특하고 환상적인 효과를 내기 위한 타악기로 분류할 수도 있다.

4) 폴시스(C. Forsyth)의 분류

폴시스는 타악기를 음악적 소리를 내는 타악기와 비음악적 소리를 내는 타악기로 분류하였다. 여기서 소리는 고정된 음높이 소리로부터 소음까지를 모두 포함한다. 폴시스는 그의 관현악에서 정확한 음고를 갖는 '음악적 소리'와 그렇지 않은 '비음악적 소리'로 나누었다.

5) 악기를 만든 재료에 의한 분류

■ 가죽으로 만든 악기(Drum group)

고정된 음높이를 가진 악기		고정된 음높이를 갖지 않은 악기	
Timpani	Roto toms	Snare Drum Tenor Drum Tom-Tom	Tambourine Bass Drum

■ 나무로 만든 악기

고정된 음높이를 가진 악기		고정된 음높이를 갖지 않은 악기	
Xylophone	Marimba	Wood block Ratchet	Castanets Temple blocks Sand block

■ 금속으로 만든 악기

고정된 음높이를 가진 악기		고정된 음높이를 갖지 않은 악기	
Vibraphone	Crotales	Hand Cymbals	Finger Cymbal
Cellesta	Chimes	Tam-Tam	Cymbal
Glockenspiel		Triangle	Sleigh Bells

6) 몸을 이용한 악기(오르프 방식)

　독일 작곡가이자 음악교육가이기도 했던 칼 오르프(Carl Orff)는 1920년대 독일 귄터학교 음악교육부에서 교편을 잡을 때부터 신체 움직임과 인간의 목소리는 가장 자연스러운 악기라고 극찬하면서 그것에 관심을 가지고 발전시켜 왔다. 그가 멘틀러와 협력하여 만든 아동교육용 작품인 《슐베르크》에서도 달크로즈의 유리드믹스를 도입하여 음악을 교육하면서 음악을 배경으로 한 움직임을 강조하고 있다. 즉 신체의 모든 부분을 악기라고 생각하고, 이러한 신체 각 부위를 이용해서 두드리거나 마주치거나 구르거나 해서 다양한 소리를 만들어 내는 것이다.

　다음은 오르프의 아동교육용 작품집인 《슐베르크》 중에서 대표적인 신체 타악기의 종류를 나타낸 것이다.

　1. 손뼉치기(CL : clapping)
　2. 손가락 튕기기(SN : snapping)
　3. 허벅지 두드리기(P : patschen)
　4. 발 굴리기(ST : stamping)

　오르프의 움직임, 목소리를 통한 음악교육의 실례를 든다면, 학생들은 몸의 움직임, 율동, 목소리 등의 활동을 통해서 단체활동을 배우게 되고, 몸의 각 부분을 타악기처럼 생각하고 연주하며, 걷고 움직이는 동작을 통해 리듬을 몸 전체로 느끼게 된다. 또한 목소리나 언어 등을 통해서 리듬이나 억양 표현, 즉흥적 표현을 배우게 된다. 이렇게 움직임이나 동작에 리듬 붙이기를 반복함으로써 리듬을 쉽게 인지할 수 있으며, 이렇게 체득한 움직임과 리듬을 통해 음악의 한 형식인 론도 형식 등을 배우게 된다. 이처럼 신체 타악기의 활용은 아동들의 리듬학습에 많은 도움이 된다. 전술한 것과 같이 《슐베르크》에서 주로 사용되는 몸을 이용한 타악기는 네 가지지만, 표현하기 곤란할 경우에는 다른 부분을 사용할 수 있다. 예컨대, 엉덩이, 팔꿈치, 손등, 가슴, 팔, 뺨 등을 가볍게 두드리는 표현도 가능하며, 옆사람과 마주보고 등이나 손, 어깨 등을 두드리는 것도 생각할 수 있다. 음악치료 현장에서 오르프의 몸을 이용한 악기학습은 더욱 유용하다. 특히 청각장애 아동에게는 더욱 그러한데, 그것은 청각손실로 리듬학습에 어려움이 있는 장애아동들에게 신체적이고 촉각적으로 리듬학습을 교육할 수 있기 때문이다. 물론 여타 장애영역의 아동들에게도 다양한 경험을 제공할 수 있다.

3. 멜로디 악기(Melody instruments)

실로폰(Xylophon)

실로폰은 환자들의 다양한 감정을 표현하는 데 가장 유용한 악기 가운데 하나이다. 악기의 이름은 'Xylon(나무)'과 'Phone(소리)'이라는 그리스어에서 파생되었다. 흔히 목금(木琴)이라고 불리며 나무로 만들어진 여러 개의 잘 조율된 음판이 피아노 건반처럼 나열되어 있다. 실제 소리는 악보보다 한 옥타브가 높으며 크기는 대형, 중형, 소형으로 나누어진다. 이러한 목판(나무로 된 음판) 아래에 공명통이 붙어 있는 것을 마림바(Marimba)라고 하며, 이 공명통은 나무나 금속으로 만들어져 소리를 크고 부드럽게 해 준다.

실로폰은 아시아나 아프리카에서 오래전부터 존재했는데, 15세기경 아시아 자바 지방으로부터 온음계의 실로폰이 유럽으로 전해졌다.

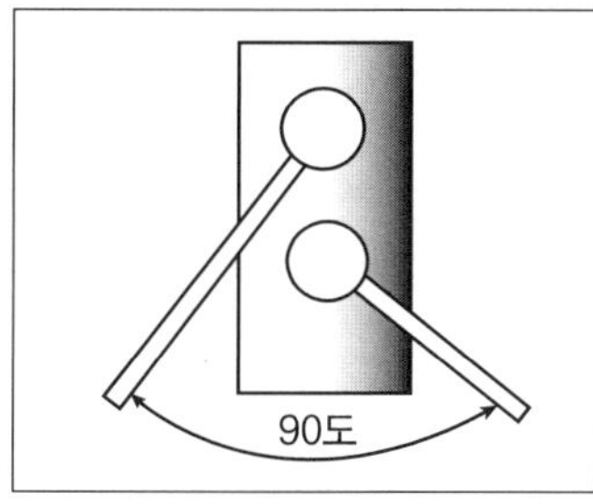

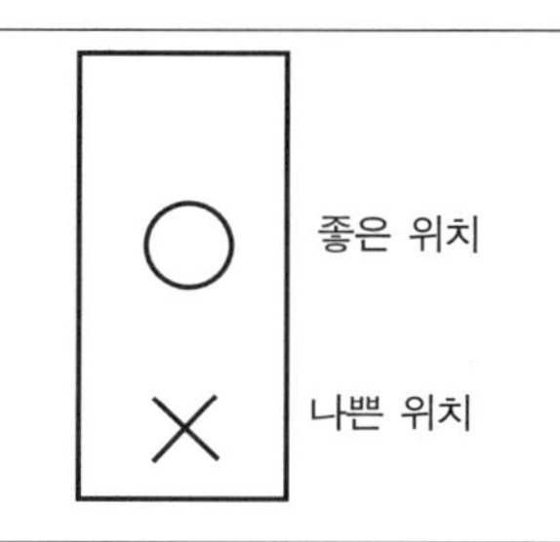

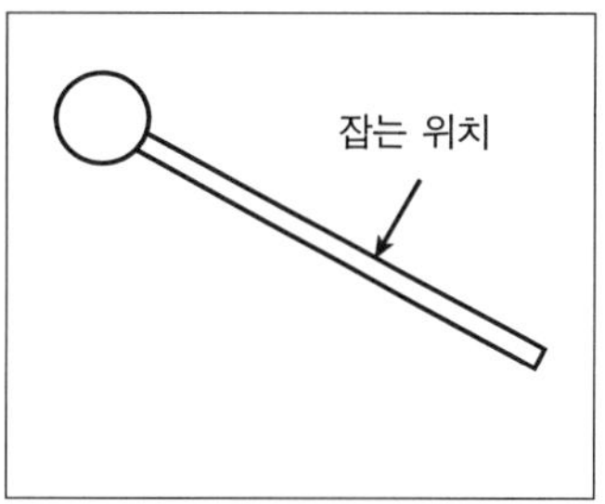

마림바는 중앙 아프리카가 원산지이다. 흑인 노예들에 의해 북·남미 대륙에 전파되었고 그 이후 유럽에 들어온 악기로, 자기 표현을 위해 음악치료 세션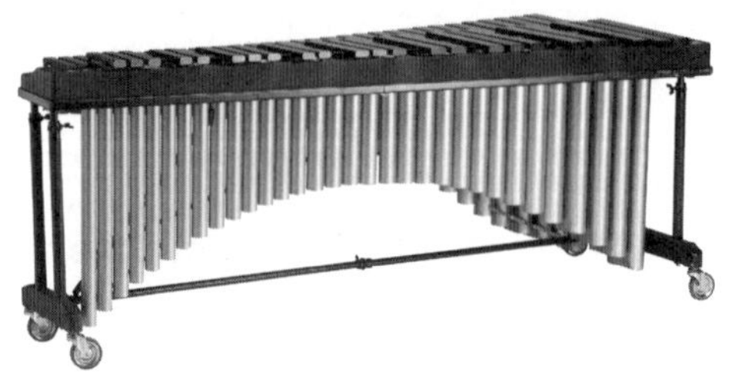에서 많이 사용되는 악기 가운데 하나이다.

공명관이 실로폰보다 한 옥타브 낮게 조율되어 있어 낮은 음량이 풍부하여 음역도 넓다. 실로폰보다 연한 채로 치기 때문에 부드러운 음을 내게 되는데 독주가 가능하다. 따라서 독주곡과 협주곡에 쓰이는데, 이 악기는 최근 리듬앙상블 연주용으로도 사랑을 받고 있다.

비브라폰(Vibraphone)

철금의 일종이고, 실로폰 목판 아래에 공명통이 붙어 있는 마림바와 같은 형태를 가지고 있다. 이러한 목판과 공명통 사이에 모터를 회전시켜 바람을 일으킴으로써 비브라토(vibrato)가 생기게 된다. 비브라폰은 피아노의 페달과 같이 소리를 지속시켜주는 발 페달이 있는데, 소리를 줄여주는 댐핑(damping)페달도 있다. 연주자가 발을 이용해서 이 페달을 밟으면 전기 모터가 작동하여 소리가 긴 여운을 담게 된다.

1920년대 미국에서 개발된 비브라폰은 멜로디와 화성적 요소를 모두 갖추고 있는 것이 특징이다. 비브라폰은 현대에 들어와서는 가벼운 합금강으로 제작되어 부드러운 음색과 지속적인 여운을 갖게 되었다.

이 악기는 장애아동들의 주의력 끌기에 가장 적합한 악기이다. 저음에서 고음, 고음에서 저음으로 활주하여 음을 내는 크롬이나 목재로 만들어진 일종의 피리이다.

악기의 크기는 길이는 32cm 정도, 지름은 2.5cm 정도이다. 악기 본체에 달린 것을 밀어서 음정을 만들어낸다. 장애아동들이 가장 좋아하고 신기해하는 악기 가운데 하나이다.

핸드벨(Handbell)

핸드벨(Handbell)은 색깔악보와 숫자악보 등을 이용하여 환자들의 인지력, 집중력을 향상시키는 데 많이 사용된다. 손으로 벨을 잡고 연주를 할 수 있는 악기로 핸드벨 음악은 신비스럽고 매력적이어서 '천상의 소리', '황금종소리'라 불릴 정도로 아주 아름다운 소리의 악기이다.

핸드벨은 인간의 마음을 평온하게 해주며 모든 사람들이 들어도 싫증이 안 나는 악기이다. 핸드벨은 소리가 아름다운 악기로서 연주자들 간에 협력하여 하나의 완성된 음악을 만들어 내야 한다. 따라서 음악적인 표현을 통해 아름다운 천상의 소리를 만들어 내는 것이 중요하기 때문에 어린이들에게는 협동심을 키울 수 있다.

■ 핸드벨 소리 멈추기(Damping)

- 울린 핸드벨은 반드시 박자의 길이만큼 울리게 한 뒤 반드시 소리를 멈추어야 한다(Damp).
- 소리를 멈추게 하려면 핸드벨을 자기 몸에 대면 된다(Shoulder Damp, Hand Damp, Table Damp 등이 있다).

피리 형태이며 악기의 겉면에 나 있는 구멍을 손가락으로 막고서 입으로 취구를 불어서 소리낸다. 가온음도에서 높은 레까지 연주가 가능하다.

콰이어 차임과 마찬가지로 손잡이 부분을 쥐고 아래로 쳐서 연주하며, 내담자들의 색깔인지능력 향상에 도움을 준다. 총 7가지 색깔로 한 옥타브를 소리낸다.

4. 리듬악기(Rhythm instruments)

■ 기원과 특징

큰북은 18세기경 터키음악과 함께 유럽에 전해진 것으로 알려져 있으며, 19세기에 와서는 서양음악의 중요한 저음 타악기로 발전해 왔다. 북의 크기는 관현악에 사용되는 큰북은 지름이 75cm 정도이고, 두께는 40cm 정도이다. 북면의 팽팽한 정도에 따라 음색의 차이가 나므로 양쪽 면에 부착되어 있는 조율나사를 조정하여 사용한다. 큰북은 받침대 위에 올려놓고 연주하며, 북면의 양쪽 모두를 연주할 수 있지만 오른쪽 면을 치는 것이 일반적이다. 북채는 나무로 되어 있고, 머리 부분은 펠트(felt)로 싸여 있다. 보통 강박에서는 위에서 아래로 비스듬히 내려치고, 약한 박일 경우에는 아래에서 위로 비스듬히 올려친다. 때로는 면의 진동을 최대한 줄이기 위해 왼손을 왼쪽 북면에 대기도 한다. 다른

여러 악기들의 소리를 감싸주며 잘 어울려 관현
악곡에서의 역할이 크며, 군대의 취주악단과 재
즈 밴드에서도 사용된다. 큰북의 역할을 크게 세
가지로 이야기하면 강세의 변화, 리듬꼴의 표현,
음색의 변화를 주는 것이라 하겠다.

　큰북이 사용된 대표적인 작품은 스트라빈스키
의 〈봄의 제전〉, 브리튼의 〈전쟁 레퀴엠〉, 그리
고 말러의 〈교향곡 3번〉 등을 예로 들 수 있다.
큰북은 관현악곡에서 강세의 변화를 주는 데 효
과적으로 사용되기도 한다.

■ **종류**

지름과 테두리의 높이가 조금씩 다르며, 용도
에 따라 모양도 다르다.

① 음악회용 큰북 : 대개 양면 북을 사용하나,
　　때로는 한쪽이 뚫려 있는 것도 사용되며,
　　이를 '공 드럼(Gong-Drum)'이라고 부르기
　　도 한다. 북면의 지름은 70～90cm 정도이
　　고, 테두리의 높이는 35～55cm 정도이다.
② 재즈 밴드용 큰북 : 북면의 지름 45～60cm,
　　테두리의 높이 30～40cm.
③ 군악대용 큰북 : 북면의 지름 25～45cm, 테
　　두리의 높이 25～45cm.

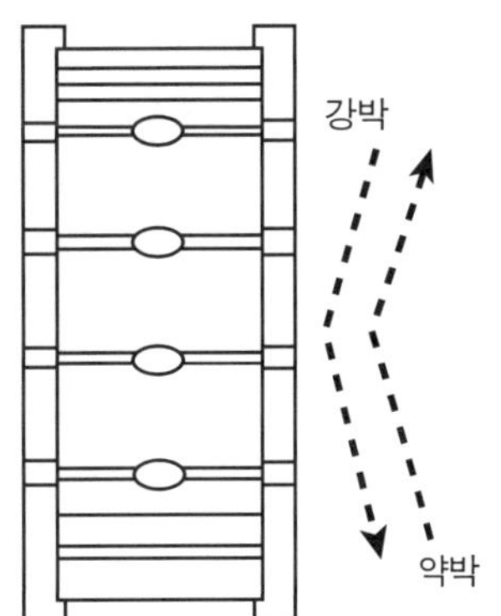

작은북(Snare drum, Side Drum, 소고)

　경음악대나 관악대 등에서 주로 볼 수 있고,
아랫부분에는 쇠로 된 줄(Snare)이 부착되어 쇳
소리가 나기 때문에 '스내어 드럼'(Snare Drum)
이라고도 한다. 사이드 드럼(Side Drum)이란 말
은 행진하며 연주할 때 악기를 옆쪽 허리에 매

달고 연주하는 데서 유래되었다고 한다. 지름은 약 35~37cm 정도이고, 두께는 15cm이다. 몸통은 금속으로 만들어져 있으며, 테너 드럼이라고 하여 쇠줄(snare)이 붙어 있지 않은 것도 있다.

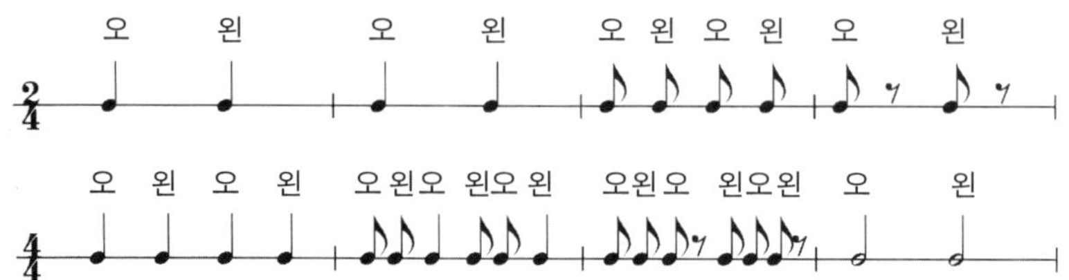

팀파니(Timpani)

관현악에서 쓰이는 북으로는 유일하게 음정이 있는 타악기이다. 일반적으로 2개 이상을 한 세트로 사용한다. 각각의 악기는 크기에 따라 소리의 높이도 다르고, 음높이도 변화시킬 수 있다. 몸체는 구리가 많이 쓰이며, 막은 '헤드'라고 하여 소가죽을 많이 사용한다고 한다. 막의 팽팽한 정도를 연주자가 조정해서 조율하게 된다. 일반적으로 5도 범위에서 음정을 변화시킬 수 있다. 팀파니의 연주자는 페달을 밟아서 글리산도(glissando)를 표현해 낼 수 있다. 음악치료에서는 자주 사용되지 않는다.

탬버린(Tambourine)

탬버린은 가장 오랜 역사를 가진 타악기 가운데 하나이다. 이 악기는 중세부터 중부유럽의 민속악기로 사용되었다. 악기의 형태는 한쪽 면에만 가죽이 달려 있는 작은북 형태를 띠고 있다.

악기의 길이가 25cm 정도이고, 면과 맞닿아 있는 테(hoop)에는 구멍이 여러 개 있는데, 그곳에는 동그랗고 얇은 금속(jingle)이 두 개씩 매

달려 있다. 연주법으로는 탬버린을 위로 높이 들어 방울소리만 나게 할 수 있고, 아니면 주먹이나 손끝으로 북면을 가볍게 칠 수도 있다. 또는 엄지손가락으로 북면을 긁어서 연주하는 '엄지손가락 트릴(thumb trill)'도 중

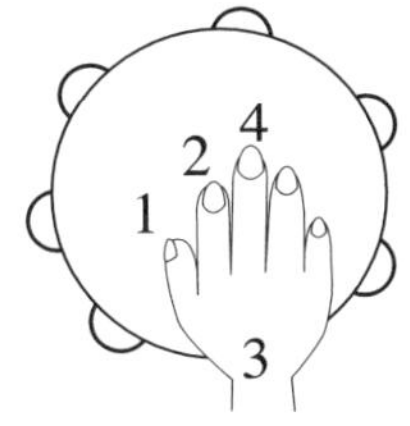

요한 연주법이다. 옆그림은 한마디의 음표를 분할해서 연주할 경우의 연주방법을 나타낸 것이다.

차임 벨(Tubular bell)

교회의 종소리와 비슷한 음색을 가졌다고 해서, 차임 벨(Chime Bell) 또는 튜블러 벨(Tubular Bell)이라고 부른다. 관현악에 쓰이는 유일한 종이다. 이 악기를 연주하는 채는 머리 부분이 동물가죽(生皮)으로 덮여 있다. 공명이 비교적 다른 악기에 비해 길기 때문에 속도가 빠른 곡에서는 적합하지 않다.

톰톰(Tom-Tom)

쇠줄(snare)이 부착되지 않은 작은북으로서 크기가 다양하다. 악기의 모양은 큰북 모양이며, 두 쌍 이상으로 이루어져 있다. 일반적으로 양면에 가죽을 입히지만, 밑면에는 가죽을 입히지 않는다. 손가락이나 채를 가지고 연주하게 되며, 동양음악과 흑인음악에 주로 사용된다. 양면이 모두 가죽

이나 플라스틱으로 막혀 있거나 한 쪽만 막힌 경우가 있다. 악단에서는 큰북과 작은북의 중간 역할을 담당한다. 현재에 와서는 '연주용 톰톰' 과 '반음계적 톰톰'으로 구분되는데, '연주용 톰톰'은 8개의 톰톰을 한 세트로 사용하며, '반음계적 톰톰'은 12개의 톰톰을 이용하여 연주하고 음정이 있는 것이 특징이다.

봉고 드럼(Bongo drum)

봉고는 봉고 드럼의 약자이며, 중앙 아메리카(쿠바)에서 사용된 악기이다. 서로 다른 크기의 북 두 개가 붙어 있는 이 악기는 저음 봉고와 고음 봉고가 한 쌍으로 구성되어 있다.

허리 높이의 스탠드에 걸어놓고 연주하거나 팔 또는 무릎에 끼워서 연주하기도 한다. 북 한 쌍의 음정차이는 5도가 보통이다.

콩가(Conga)

치료세션에서 오스티나토 리듬연주에 주로 사용되는 콩가는 남아메리카와 아프리카에서 유래된 악기로 브라질과 쿠바의 룸바음악에 많이 사용되며, 콩가 드럼(Conga Drum)의 약자이다. 큰 나무를 잘라 윗면은 가죽으로 덮고 옆면은 플라스틱이나 나무로 만든 커다란 북이다. 일반적으로 두 개를 세워놓고 손으로 연주하며, 쿠바에서는 춤곡의 룸바 리듬에 쓰이기도 한다. 양쪽 손바닥을 이용하여 연주하며, 보통 2개와 4개를 한 세트로 사용한다. 봉고와 비교하면 봉고보다 깊고 낮은 소리를 낸다. 또한 연주되는 부분과 연주형식에 따라 음색에 많은 변화가 있다.

손으로 연주하는 것이 원칙이나, 경우에 따라 채를 사용하기도 한다.

클래퍼 드럼(Clapper drum)

우리나라의 소고와 비슷한 이 악기는 박수 치는 듯한 인상을 준다

하여 '클래퍼 드럼'이란 명칭을 갖게 되었다. 작은
북의 양 테두리에 줄을 연결하여 만드는데, 이것을
흔들면 북에 달린 줄 끝의 구슬이 북면을 때려서
'딱, 딱' 하는 소리를 낸다. 음악치료 현장에서 장애
아동들이 좋아하는 악기 가운데 하나이다.

귀로(Guiro)

빨래판을 연상시키는 이 악기는 재질이 나무이
며 형태는 원통 모양, 뿔피리 모양, 물고기 모양 등
다양하다. 악기의 겉면은 빨래판과 같이 되어 있어
서 쇠나 나무로 만들어진 막대를 가지고 긁어서
소리낸다. 겉면에 두 개의 구멍이 나 있는데, 왼손
엄지손가락과 검지손가락을 각각 넣어 쥐고서 연주한다.

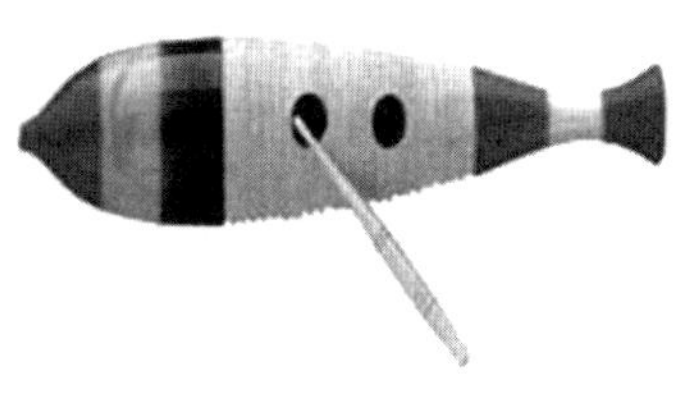

마라카스(Maracas)

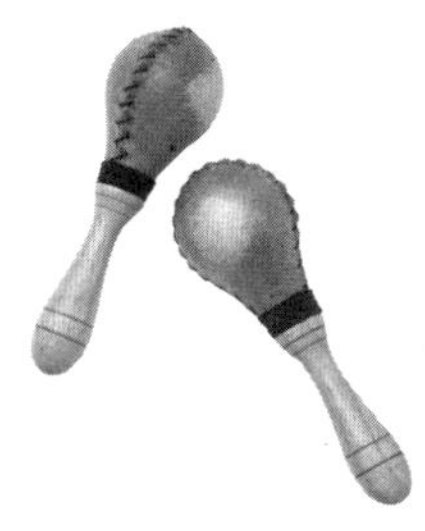

'마라카스'라는 명칭은 원래 2개의 '마라카'를
일컫는 말로서 복수형이다. 호리병을 잘 말려서 그
속에 나무 열매 등을 넣어서 소리낸 기원을 가지
고 있다. 악기의 재질은 나무로 된 것과 플라스틱
으로 된 것이 있으며, 그 속에 말린 콩이나 열매
등을 넣고 흔들어서 소리낸다.

카바사(Cavasa)

포르투칼어로 카바사는 '표주박'이란 뜻이 있다
고 한다. 브라질 음악의 민속타악기의 일종으로서,
마라카스와 마찬가지로 나무 열매를 말려서 속을
파내고 그 속에 돌을 넣은 뒤 곁에는 작은 쇠구슬
을 줄에 꿰어 얽어맨 것이다. 왼손으로 악기를 받

치고 오른손으로 자루 부분을 쥐고 돌리거나 흔들어서 소리를 낸다.

우드 블록은 중국에서 유래되었으며, 다른 명칭으로는 목종(木鐘)이라고도 한다. 이 악기는 두 가지 형태가 있는데, 하나는 '중국식 우드 블록'이고 다른 하나는 '미국식 우드 블록'이다. 중국식은 직사각형 빈 나무상자의 옆쪽에 긴 구멍이 나 있으며, 미국식은 가운데가 움푹 들어간 조그만 통나무와 같은 모양이다. 작은북 채나 실로폰 채 등으로 쳐서 소리를 낸다

트라이앵글은 14세기 때부터 유럽에 있었던 악기이다. 트라이앵글은 정삼각형 모양의 강철로 만들어진 타악기인데, 삼각형의 한 쪽 꼭지점은 이어져 있지 않은 것이 특징이다. 대개의 경우 아랫면을 쳐서 소리를 내게 되며 연주할 때는 악기의 윗면에 달려 있는 끈을 잡고서 소리내게 된다. 트레몰로(tremolo)를 연주할 경우에는 악기의 양쪽 변을 좌우 또는 상하로 계속해서 치게 된다.

크기에 따라 세 종류가 있으며 각각 대, 중, 소로 구별된다.

- 대(大) : 10인치
- 중(中) : 8인치
- 소(小) : 6인치

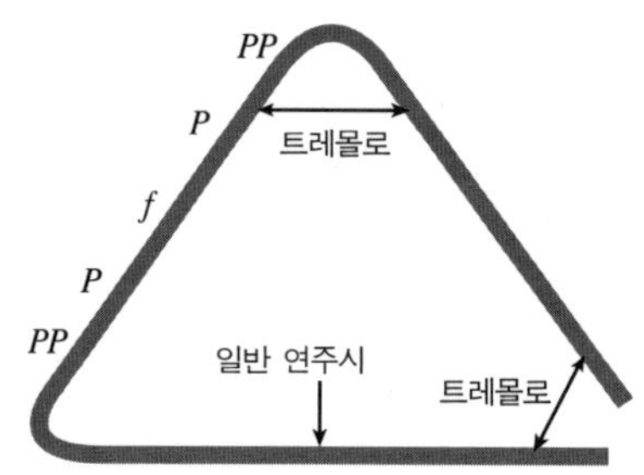

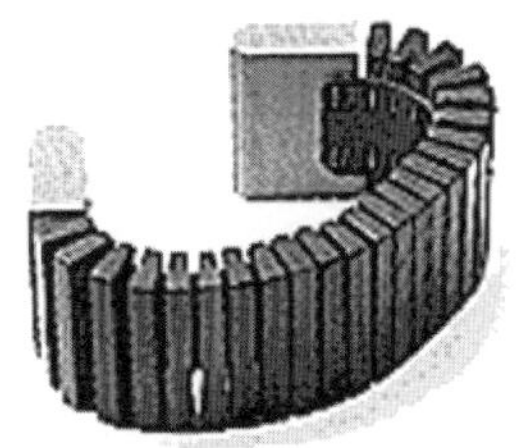

원산지는 일본이고 작은 나무조각들이 강한 끈으로 연결되어 있다. 두 손으로 악기의 양쪽 끝을 쥐고서 흔들거나 비틀어서 소리낸다. 이 악기는 '전악'에 쓰이는 악기이다. '전악'은 농민의 가무와 여흥의 산악(散樂)을 합하여 헤이안(平安)시대에 만들어진 것이다

악기의 크기는 길이 7.5cm 정도이며, 양쪽에는 손잡이 양쪽 손잡이를 잡고 나무부분을 때려서 소리를 낸다. 중국에서는 단판 (약 26cm×5cm)이라는 판을 세 장 연결시켜 위아래로 흔들어 박자를 맞추기도 하여 악기의 형태를 달리하기도 한다.

징글 스틱(Jingle stick)

탬버린용 종(jingle)을 나무판이나 플라스틱판에 붙여, 손바닥이나 엉덩이에 가볍게 쳐서 소리를 내는 악기이다. 판의 크기는 폭 5cm, 길이 35cm 정도이고, 종의 수는 2~5개까지 여러 종류가 있다. 핸들리스 탬버린 (Handless tambourine)과 같은 이 악기는 록이나 포크 음악에 사용되거나 학교현장에서의 리듬교육용 악기로 많이 사용된다.

플랙사톤(Flexatone)

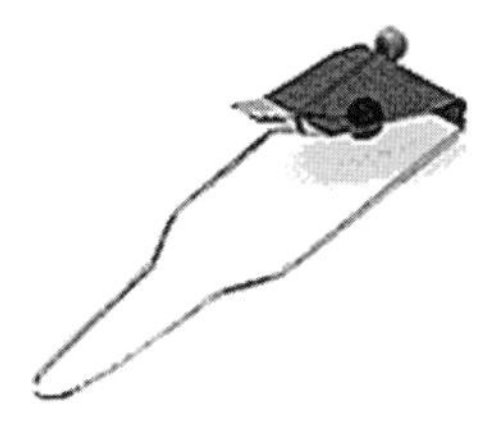

구부러진 강철에 작은 구슬 두 개를 붙여서 만든 악기인데, 투명하고 맑은 소리를 내는 금속 소재 악기이다. 철판은 삼각형 모양을 하고 있으며 넓은 쪽의 길이는 7~8cm 정도이고 전체 길이는 18cm 정도이다. 손 전체가 아닌 손목을 흔들어서 구슬이 철판을

쳐서 소리를 낸다. 이러한 독특한 연주방식 때문에 악기의 소리는 트레몰로와 같은 인상을 주고 스타카토 등의 음을 내기에는 어려움이 있으며, 셈여림 표현 또한 어려움이 있다.

영국에서 이 악기를 발명하여 등록하였고 1924년에는 미국에서 '플랙스어톤'이라는 이름으로 악기명부에 정식으로 등록되었다. 이 악기는 재즈 음악에서 자주 사용되고 있다.

토킹 드럼(Talking drum)

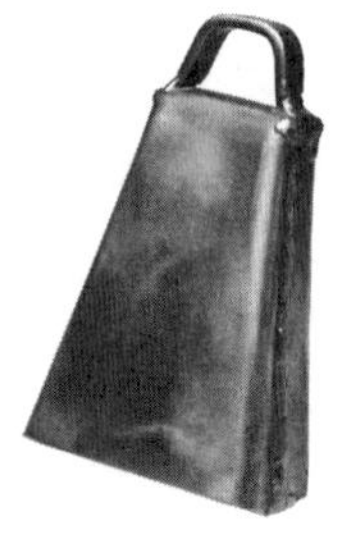

토킹 드럼은 통신을 위해 아프리카 지방에서 사용되어 오던 전통 북이다. 한쪽 면에 가죽을 덮어 고음과 저음의 서로 다른 2개의 북을 이용한다. 연주자는 여러 가지 리듬을 조합하여 단어를 만들어 씀으로써 전화나 전보의 역할을 대신하였다. 주로 출생이나 죽음, 전쟁과 같은 긴박하거나 중요한 소식을 전달하는 데 사용되었다. 북소리가 전달 가능한 거리는 대개 6~10km 정도라고 알려져 있다.

북의 형태와 크기, 모양도 다양하다. 토킹 드럼은 '8'자 형태의 통에 양면의 가죽을 덮어서 끈으로 묶어서 만든다. 연주할 때는 겨드랑이 밑에 북을 끼고 연주하는데, 팔로 줄을 엮어 가면서, 다양한 음색을 만들어 낼 수 있다. 북채는 끝 부분이 직각으로 되어 있고, 채의 끝은 물뿌리개 모양이다.

카우 벨(Cow bells)

명칭에서 알 수 있듯이, 본래 소와 같은 가축의 목에 달아주던 방울에서 전래된 악기이다. 연주를 위해 막대나 멜럿을 가지고 쳐서 소리를 낸다. 손으로 들고 연주할 수도 있지만 스탠드에 고정시켜서 연주할 수도 있다. 이 악기는 레가토적인 선율에 어울리는 악기이다. 최근에는 추를 없애고 대신 멜럿으로 쳐서 소리를 내기도 한다. 흔히 크기에

따라 대·중·소로 구별하여 사용하는데, 음정이 다양하며, 작곡자의
의도에 따라 다양한 멜럿을 이용하여 색다르고 독특한 음색을 낼 수
있다.

비브라 슬랩(Vibra slap)

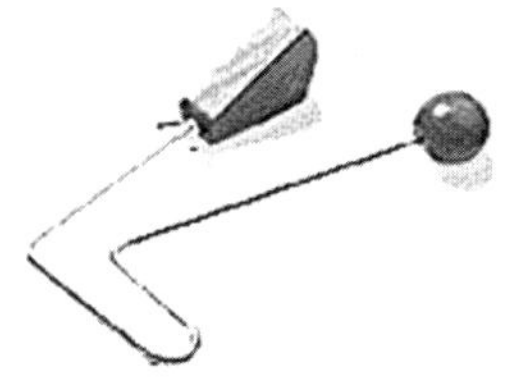

원산지는 남미이며, 주로 라틴 타악기음악
에서 많이 사용한다. 금속이나 목재로 된 공명
관과 둥근 형태의 나무공이 부착된 악기이다.
악기를 잡는 방법은 구부러진 철제 부분을 잡
고 둥근 나무공을 손바닥에 내려침으로써 소
리를 낸다. 특이한 음색 때문에 로큰롤이나 라
틴 음악에 주로 사용된다.

윈드 차임(Wind chime)

이름에서도 알 수 있듯이 바람
에 흔들려 소리나는 악기라고 해
서 '윈드 차임'(Wind chime)이란
명칭을 갖게 되었다. 원래 이 악
기는 여러 조각의 나무, 대나무,
금속관, 유리, 조개껍질 등을 매

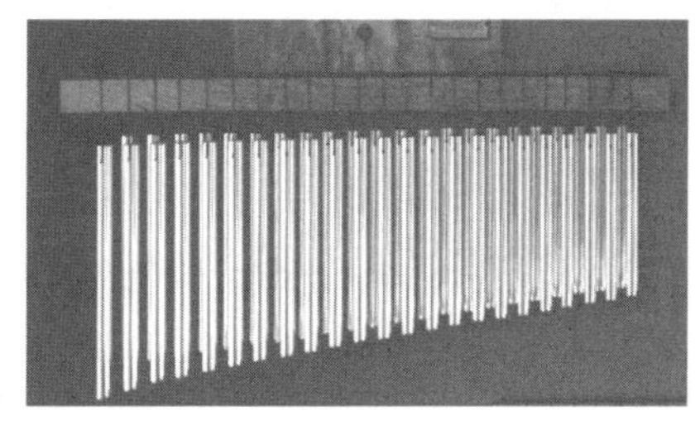

달아 놓고 바람에 흔들려 소리나게 만든 일종의 모빌장식이었다고 한
다. 악기소리가 무척 아름다워서 현재는 타악기로 사용되고 있다. 작곡
자의 의도에 따라 두 손, 한 손, 또는 스틱으로 소리내며 재질에 따라
각기 음색이 다르다. 금속으로 된 것과 유리로 된 것은 그 여운이 길고
소리가 두드러져 사용에 각별히 유의해야 한다.

심벌즈(Cymbals)

터키에서 전래된 악기이며 재료는 놋쇠합금으로 만들어졌다. 두 개

를 한 쌍으로 연주하며 악기의 크기도 다양하다. 길이는 약 40cm 정도이며, 가운데가 완만하면서도 볼록하게 돌출되어 있다. 기본 자세는 오른손을 위쪽에 위치하고, 왼손을 아래쪽에 위치한 채로 두 심벌이 서로 스치면서 부딪치듯 소리낸다. 스타카토 연주 시 연주자는 소리낸 뒤 곧바로 가슴에 대어서 소리를 정지시키면 된다. 약하게 연주하기 위해서는 강하게 치지 말고, 스치듯이 가볍게 연주하도록 한다.

캐스터네츠(Castanets)

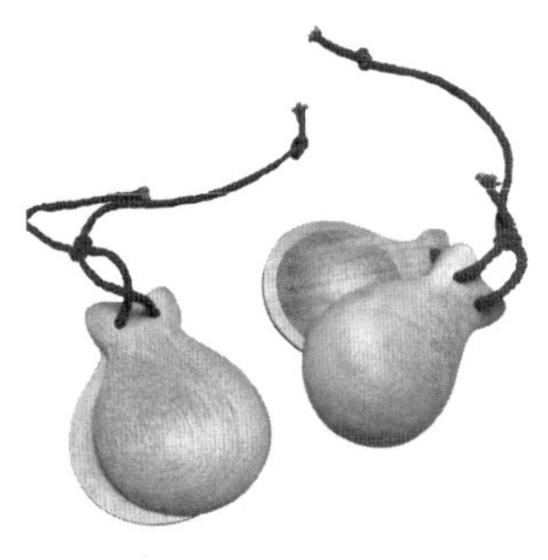

스페인 음악에 자주 등장하는 우리에게 익숙한 악기이다. 16세기 말부터 17세기 중부 유럽에서도 많이 사용하였다. 스페인 고유의 악기로서, 나무토막 사이를 약간 벌어지게 두 개의 나무토막을 끈으로 서로 묶어서 만든 악기이다. 양쪽에 있는 나무를 손가락을 이용하여 서로 마주 쳐서 소리를 낸다. 스페인에서 춤을 출 때는 캐스터네츠를 양손의 손가락에 끼워서 무용음악에 따라 연주하기도 한다.

클라베스(Claves)

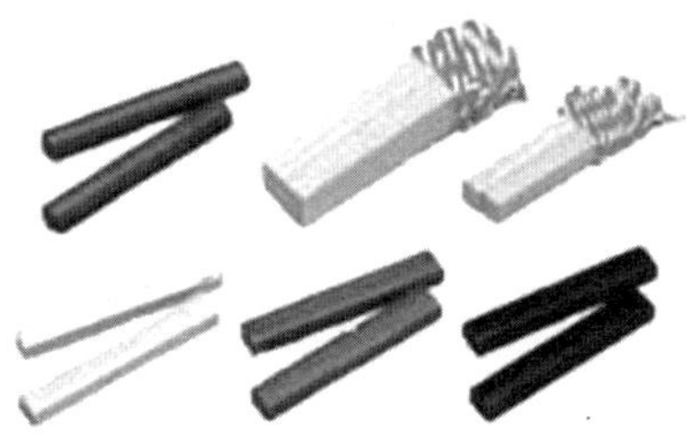

짧고 굵은 나무토막 한 쌍으로 구성된 이 악기는 각이 진 것과 둥근 원형이 있다. 대개의 경우 둥근 클라베스를 많이 사용한다. 악기의 형태가 마치 우리나라의 윷가락과 비슷하게 생겼다. 두 개의 막대기를 서로 쳐서 소리를 내며 공명을 좋게 하기 위해 컵을 쥐는 것처럼 잡고 연주한다

손가락 피아노(Thumb piano)

손가락 피아노는 원산지가 아프리카이다. 이 악기는 현과 공명판으로 이루어져 있는데, 아프리카 원주민들은 악기를 구성하는 재료로서 호리병박 열매들을 가지고 만들었다고 전해지며, 그 명칭도 매우 다양하다. 예를 들어 산사(Sansa), 마림바(Marimba), 카림바(Karimba) 등으로 불린다. 손가락으로 금속날들을 튕기면서 소리를 내 멜로디를 연주한다.

5. 기타 악기

슬레이 벨(Sleigh Bells)

나무막대에 작은 방울이 여러 개 달려 있으며, 밝고 경쾌한 소리를 내는 것이 특징이다.

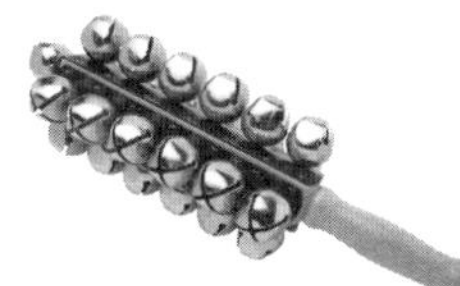

아고고 벨(Agogo bell)

금속이나 목재로 된 두 개의 종이 서로 붙어 있는 이 악기는, 드럼 채나 멜럿 또는 트라이앵글 채를 가지고도 연주한다.

아자쩌(Axatse)

카바사와 비슷하게 생겼으며 흔들어서 소리를 낸다. 나무열매를 끈으로 엮어서 덮어서 만든다.

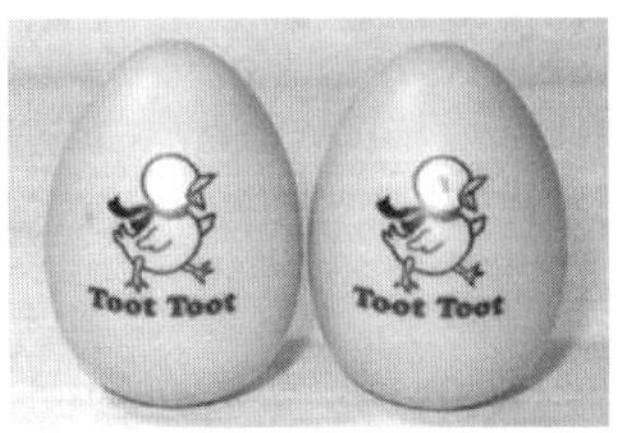

리듬악기 활동에 주로 쓰이며, 노인들을 위한 활동 프로그램인 '리듬활동'(rhythm for life)에 가장 많이 사용된다. 달걀 모양뿐만 아니라 과일이나 채소 모양의 쉐이커도 있다.

핸드 드럼(Hand drum)

한쪽 면만 가죽이 덮여 있는 북의 일종으로, 방울을 떼어낸 탬버린과 같은 형태이다. 드라이버를 이용하여 음정을 조절하며 북면을 팽팽하게 한다. 엄지손가락은 북의 테 바깥쪽에 위치하도록 하고, 나머지 손가락은 북의 안쪽 면에 두고 악기를 쥔다.

제3장 여러 리듬 패턴 - 라틴 리듬

R – 오른손   L – 왼손
D – 아래로 U – 위로

■ 마라카스

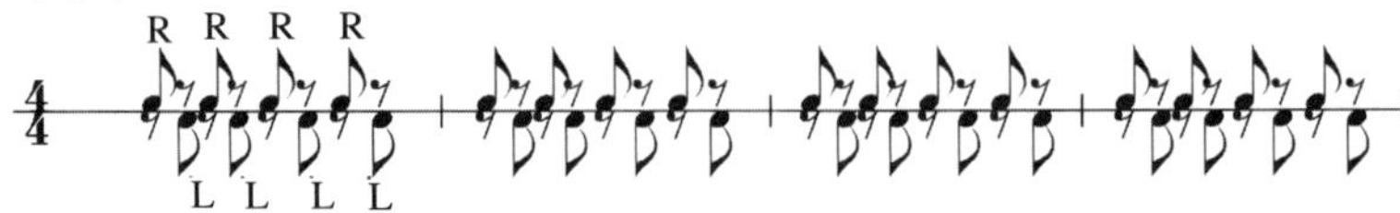

■ 귀로

■ 클라베스

■ 봉고

■ 콩가

■ 팀발레스

■ 귀로

■ 카우 벨

■ 마라카스

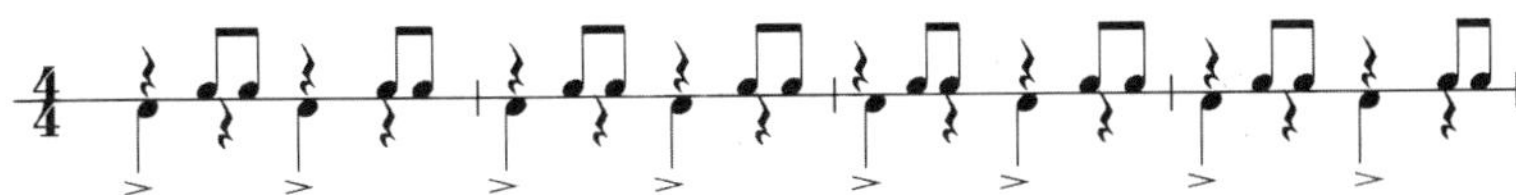

■ 콩가

■ 팀발레스

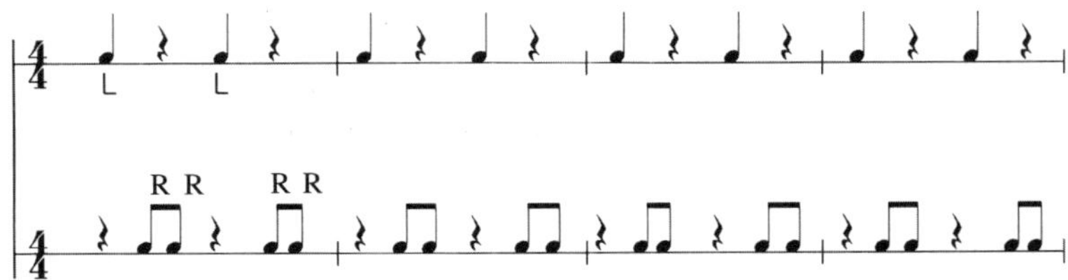

룸바(Rumba)

■ 마라카스

■ 귀로

■ 클라베스

■ 팀발레스

보사노바(Bossa Nova)

■ 귀로

■ 카바사

■ 카우 벨

■ 팀발레스

차차차(Cha-Cha-Cha)

■ 귀로

■ 카우 벨

■ 봉고

■ 콩가

■ 팀발레스

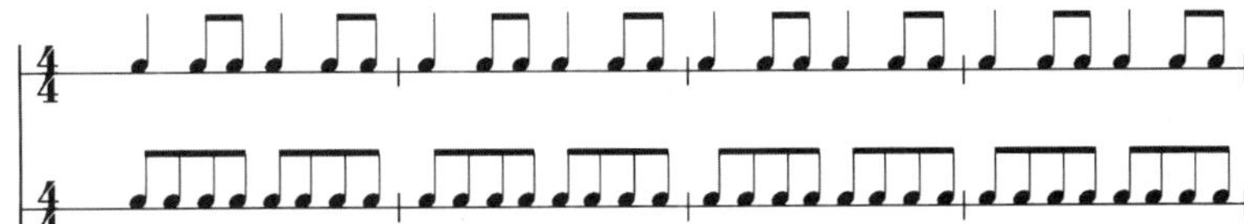

■ 귀로

■ 카바사

■ 마라카스

■ 팀발레스

■ 카우 벨

■ 귀로

■ 콩가

■ 봉고

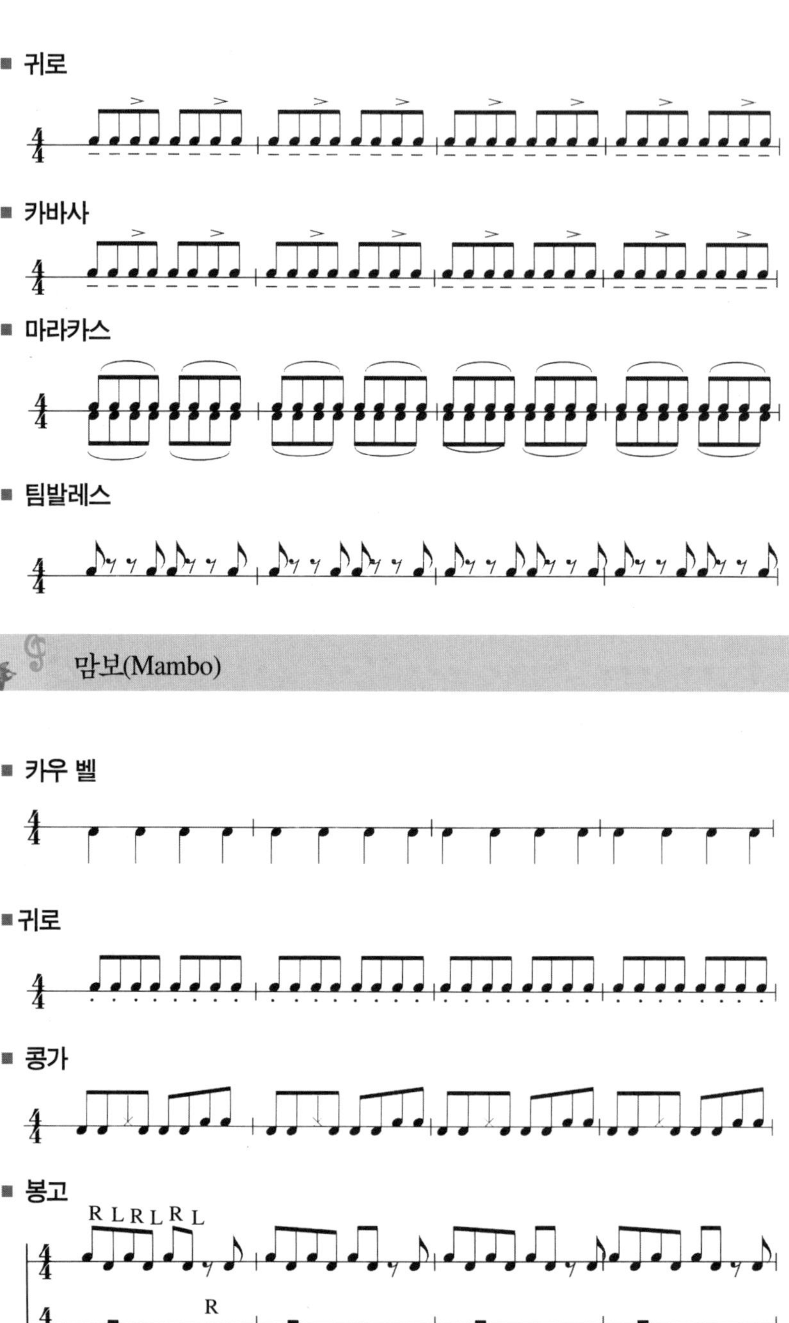

 콩가(Conga)

제3부 음악치료 넓게보기

■ 귀로

■ 카우 벨

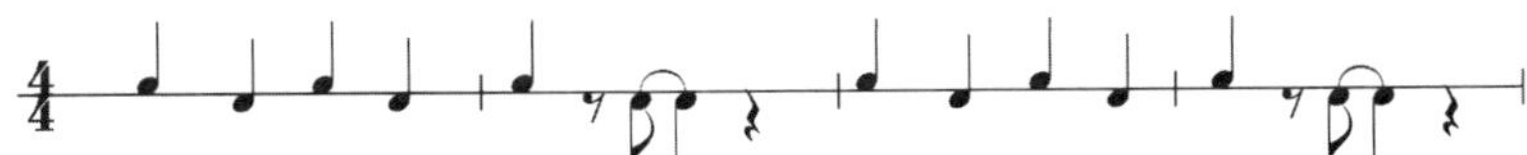

■ 키하다

■ 콩가

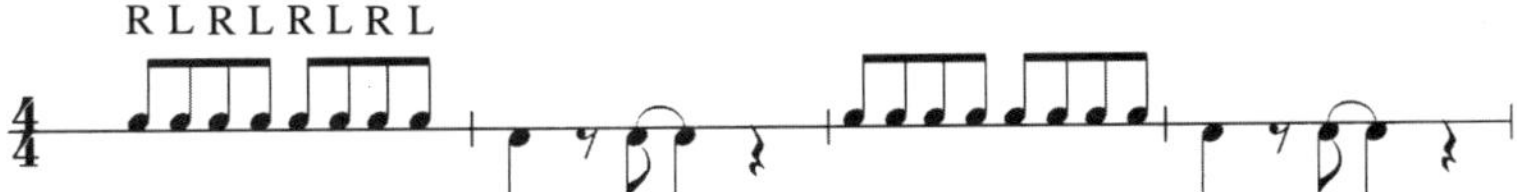

■ 팀발레스

■ 귀로

■ 탕부랭

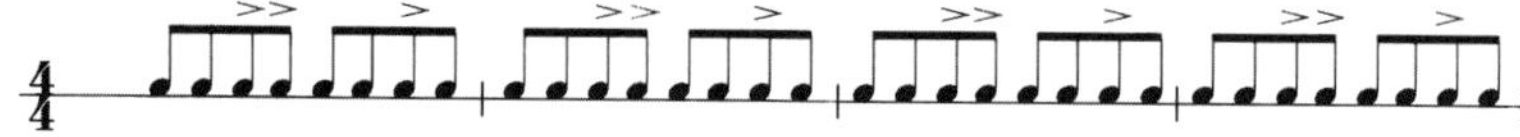

■ 카바사

■ 카우 벨

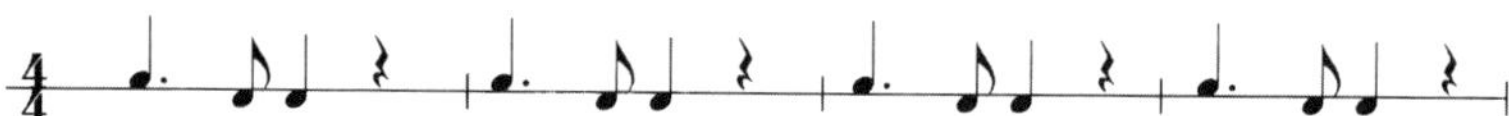

■ 콩가

 구아라차(Guaracha)

■ 귀로

■ 카우 벨

■ 마라카스

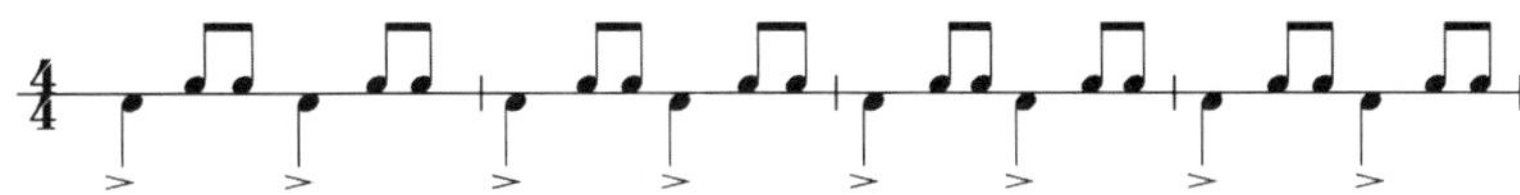

■ 콩가

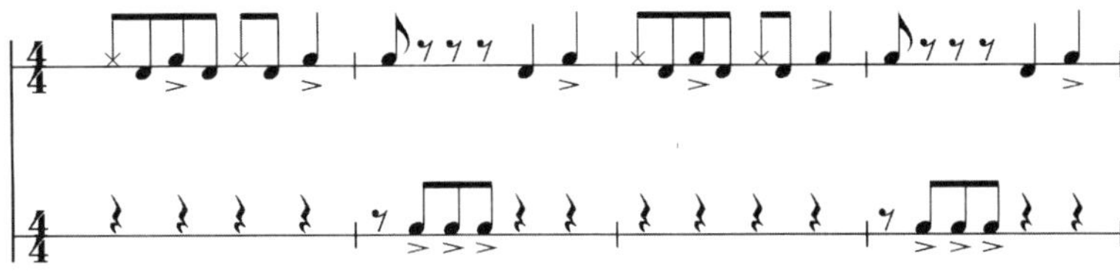

■ 팀발레스

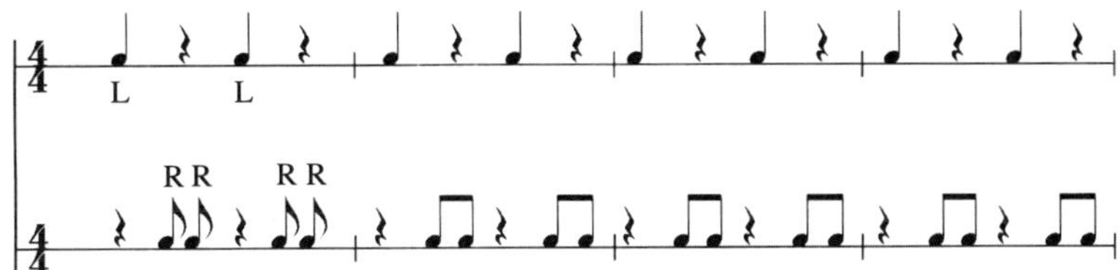

■ 귀로

■ 탕부랭

■ 카바사

■ 카우 벨

■ 콩가

■ 팀발레스

■ 마라카스

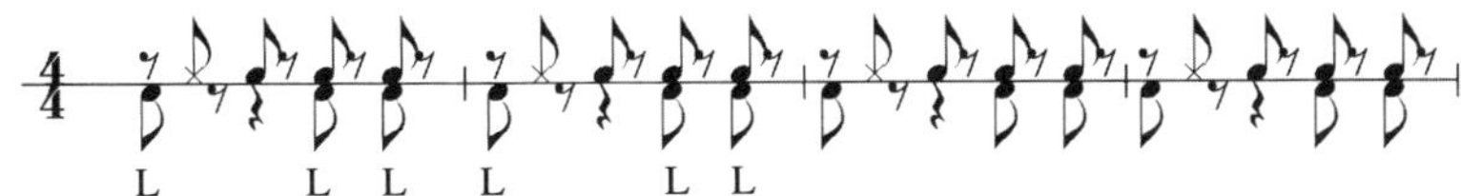

■ 귀로

■ 클라베스

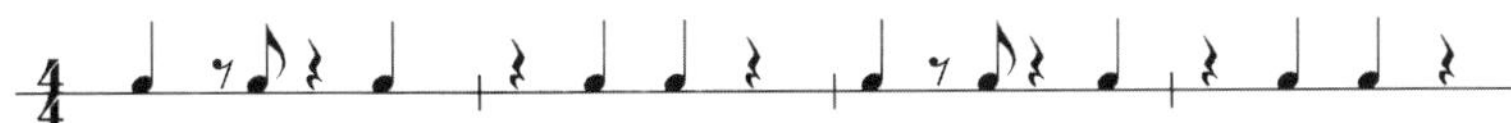

■ 봉고

■ 콩가

■ 팀발레스

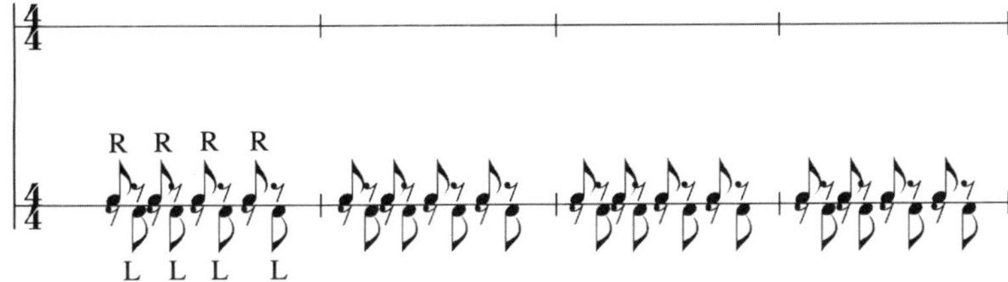

■ 귀로

■ 카우 벨

■ 콩가

■ 팀발레스

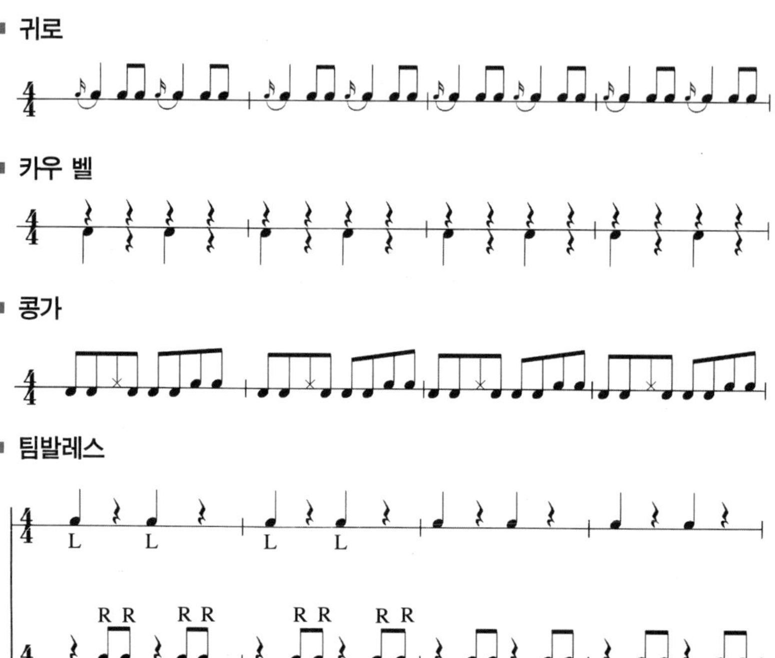

제4장 치료사를 위한 성악 레슨

이 장은 저자가 10년이 넘게 고민하고 노력해 왔던 '노래 부르는 방법'에 대해 정리해 놓은 것이다. 때로는 성악가를 찾아서, 유명 합창단을 찾아서, 여러 성악 관련 서적을 찾아다니며 조금씩 정리해 왔던 내용들이다. 치료과정에서 좀더 나은 발성으로 노래하고자 하는 치료사들이나 교사들 또는 일반인들에게 이 내용들이 분명 도움이 되리라 믿는다. 좀더 알기 쉽고, 친근한 설명을 위해 어려운 발성 관련 용어는 가급적 피했다.

호흡

■ 우리 몸에는 노래를 관장하는 부분이 있다. 먼저 자신의 갈비뼈의 세일 밑 부분을 만져보라. 그러고 나서 배를 만져보라. 자신의 갈비뼈와 물렁물렁한 배가 만나는 경계선이 '횡경막'이다.

■ 좋은 호흡을 하는 방법은 생각보다 간단하다. 이제부터는 호흡할 때마다 잘 생긴 개 한 마리를 연상하자! 개가 혓바닥을 내밀고서 헐떡이고 있는 모습을 상상해 보자. 그 모습처럼 우리도 호흡 연습을 위해 혀를 밖으로 쭉 내밀고서 호흡해 보라. 이상하게도 숨을 내

쉴 때 배는 들어오고, 숨을 들이마실 때는 배가 나오는 것을 알 수 있다. 이것이 바로 **복식호흡**이다.

- **조용하게 호흡하라.** 크게 호흡을 하면 목구멍(인후)을 조이게 되기 때문이다. 좋은 호흡은 횡경막에서부터 시작하여 점차 위로 올라가면서 숨이 채워지는 호흡이다.

- 숨을 들이마실 때는 꽃향기를 맡는다고 생각해 보자. 편안한 마음으로 꽃향기를 맡아보자. 자신도 모르게 뱃속에 호흡이 가득해지는 것을 느낄 수가 있다

- 배(횡경막)를 지나치게 팽창시키지 말아야 한다. 마치 이야기할 때처럼 숨을 들이마시면 된다. 입과 코를 통해서 천천히 고르게 숨을 마시면 횡경막이 팽창되는 느낌을 알 수 있다. 그래도 잘 느껴지지 않으면 두 손을 자기 발에 갖다대고서 호흡을 해보면 횡경막 부분이 쉽게 부풀어 오르는 것을 느낄 수 있다. 이렇게 **편안하게 마시는 것**만으로도 한 프레이즈를 쉽게 부를 수 있다는 것을 알게 된다.

- 노래를 부르면서 호흡이 지속되는 동안에는 **가슴이 아래로 처지지 않게** 조심하라.

- **노래할 때는 항상 반대로 호흡**하면 된다. 올라가는 음에서는 호흡을 내리고, 내려가는 음에서는 호흡을 올린다. 고음을 낼 때는 호흡 내리는 것을 좀더 강하게 쳐주면 된다.

- 원활한 호흡 연습을 위해 누워서 배 위에 책을 올려놓고 호흡을 해본다. 이때 들숨 때 책이 올라가고, 날숨 때 책이 내려오면 된다. 여러 번 연습해 보면 횡경막이 강해짐을 느낄 수 있다.

- 노래의 첫 부분에서 호흡할 때 염두해 두어야 할 것은, 전주를 느끼고서 숨을 쉬어야 한다는 것이다.

- 항상 호흡할 때 잊어서는 안 될 핵심은 '**호흡은 배부터 부풀려져야 한다**는 것이다.' 이것을 절대로 잊어서는 안 된다. 제2의 천성이 될 때까지 연습 또 연습이다.

자세

- **가슴은 편안하면서도 높게** 위치시킨다. 그러기 위해서는 손을 높이 들어올린 다음, 약간 뒤로 젖히고 가만히 아래로 내리면 그것이 노래 부르기에 가장 좋은 자세가 된다.

- 호흡할 때나 발성을 할 때도 가슴은 한결같이 정지되어 있어야 한다. 올라가거나 내려가면 안 된다. 우리가 일반적으로 호흡하는 장면을 연상해 보면 금방 알 수 있다. 어떤 사람도 평소에 호흡할 때, 가슴을 부풀어 올렸다 내렸다 하는 사람은 없기 때문이다.

- 서서 부르는 경우에는, **왼손잡이라면 오른발을 왼발보다 조금 앞에** 위치시키는 것이 좋다.

- 앉아서 부르는 경우라면, 의자 등받이에서 등을 떼고 등줄기가 쑥 들어갈 정도로 펴준다.

- 턱은 당기되, **눈은 30도 전방**을 바라본다. 이렇게 하는 가장 큰 이유는 호흡이 지나가는 길을 시원하게 터주기 위해서이다. 이것은 마치 빨대가 구부러지면 내용물을 먹을 수 없는 이치와 같다.

- **아랫배는 약간 잡아당긴 상태**가 좋다. 노래 부르는 동안에도 역시 아랫배는 잡아 당겨져 있어야 한다는 것을 잊어서는 안 된다.

- **윗배는 항상 유동성**이 있어야 한다. 경직되지 않도록 늘 조심해야 한다. 만약 그렇게 되면 호흡이 원활하지 않아 목에 힘이 들어가고, 음

정이 불안정해지며, 고음이 쉽게 올라가지 않는다.

■ 일반적으로 노래 부를 때는 **오른손잡이의 경우, 오른쪽 다리 뒤에 힘을 지탱**한다. 반대로 왼쪽 다리는 힘을 **뺀다.**

■ 고음에서는 앞다리에 힘을 옮겨서 지탱시킨다.

공명

■ 공명은 '소리 떨림의 정도'를 의미하며, 목의 힘을 **빼면 뺄수록** 더욱 강해진다. 즉, 작은 힘으로 큰 공명을 만들어 내는 것이 관건이다.

■ 자신이 듣기에 거친 소리가 나면, 공명이 잘 되고 있다고 생각해도 된다. 항상 공명과 관련하여 염두에 두어야 할 것은 '**자신에게는 작게 들리고 나오는 소리는 크게**' 하라는 것과 '자신의 귀에는 거칠게 들려야 한다'는 것이다. 물론 이때도 목의 힘은 **뺀** 상태여야 한다.

■ 자신의 입 바로 앞에 메가폰이 있다고 생각하고 크기와 울림에 신경쓴다.

■ 소리의 떨림(공명)은 **음정을 정확하게** 찍고 나서 그 다음에 준다.

■ 좋은 공명을 얻기 위한 연습법은 다음과 같다. 입을 다물고 노래를 여러 번 불러본다. 그러고서 '아'라는 글자만 넣어서 노래를 불러본다. 그런 다음, 노랫말 한 글자 한 글자의 모음 부분만 떼어내어 불러본다. 예를 들면, '학교종이 땡땡땡'이란 노랫말이라면, '아요오이 애애애'라고 부르는 것이다. 마지막으로 원노랫말로 불러보면 된다.

- 발성의 가장 기본은 **소리가 밖으로 뿜어져 나와야 한다**는 것이다. 그러기 위해서는 자신의 5m 앞에 초점을 맞추고 그곳에 내 목소리가 달라붙는다는 생각을 가지고 연습하면 된다. 그리고 멀리 있는 사람을 부른다는 생각 또한 자신의 소리를 밖으로 쏟아내는 데 도움을 준다.

- 발성의 두 번째 기본은 어떤 곡이던 '**레가토적인 생각**'을 갖고 부르는 것이다. 아무리 스타카토 부분이라 할지라도 역시 머릿속은 레가토를 생각하며 부르는 것이다. 첼로 연주를 생각하면 이해하기 쉽다.

- 노래 부르는 동안에 줄곧 코나 입천장이 간지러운 느낌이 들어야 한다. 단어와 단어가 연결되는 부분마다 역시 코와 입천장에서의 특유의 간지러움이 느껴지도록 연습해야 한다.

- **엉덩이로 노래를 부른다고 생각하라!** 이것은 노래하는 중에 가슴에 힘이 들어가는 것을 방지하며 고음을 쉽게 낼 수 있도록 돕는 좋은 방법이다.

- 목의 뒤쪽을 연다는 생각을 가져라!

- 노래를 부르는 동안에는 **호흡이 너무 많이 빠져나가지 않도록** 한다. 연습을 위해 종이를 한 장 준비하고 자신의 입 가까이에 댄다. '학교종'을 부르면서 종이가 흔들리지 않으면 성공적이다.

- 자신이 노래 부를 때마다 음정이 약간씩 내려간다면 다음과 같은 이유일 수 있다.
  ① 입이나 목 주위에 힘이 들어갔을 때
  ② 노래를 부르는 성대지점이 아래에 위치할 때
  ③ 소리를 두껍고 무겁게 낼 때
  ④ 턱에 힘이 들어간 경우

■ 좀더 부드러운 소리를 갖고자 할 때는, 모든 자음 앞에 'ㅎ'을 붙여서 발음한다고 생각해 보라. 훨씬 부드러운 소리를 가질 수 있다. 예를 들어 설명하자면 '학교종'을 부를 경우, (ㅎ)학(ㅎ)교(ㅎ)종(ㅎ)이(ㅎ)땡(ㅎ)땡(ㅎ)땡'과 같이 부르면 된다. 많은 연습을 필요로 한다.

■ 고음을 낼 때도 **항상 레가토적인 선율을 연상**한다. 고음이라고 해서 강제로 무리하게 목에 힘을 주는 일은 없도록 한다.

■ 리듬을 타야 한다. 그러면 숨이 모자라지 않는다.

■ 높은 음을 낼 때는 이마에 주름이 5개 잡히도록 한다. 배에다 힘도 팽팽하게 주고 엉덩이로 받친다. 이것은 고음을 내는 데 필수적인 부분이다.

■ 고음은 그 전음에서 자기가 낼 수 있는 가장 높은 음을 낸다고 생각한다.

■ 안전하게 저음을 내려면, **공명이 유지된 상태에서 차츰차츰 음정이 내려가도록 하라!** 내려가는 부분에서는 호흡을 계속 유지하며 오히려 더 높게 내려고 노력한다. 무리하게 힘들여 저음을 내려고 하지 않는다면 꽤 낮은 음도 소화해낼 수 있다.

■ 자기 소리와 반주가 똑같이 나갈 수 있도록 한다.

■ 프레이즈를 편안하게 하나로 생각하라.

■ 가장 높은 음은 숨을 크게 내뱉는 것같이 낸다. 이때 중요한 것은 아랫배를 당겨주는 일이다.

■ 절대로 납작하게 끝내지 말고 **부드럽게 끝내준다.**

- 걸음의 숫자를 세듯 노래를 부르지 말라.

- 가슴은 텅 빈 공간을 만들어 준다.

발음

- 노래 부르기 힘든 발음인 '이'는 '위'와 비슷하게 발음하면 멀리서 들어도 정확한 발음을 들을 수 있게 된다.

- 'ㅁ'은 '음미-'로 한다. 이렇게 하면, 저절로 강세가 들어가게 된다. 예를 들어 '마음'이라는 단어를 부른다고 하면, '(음)+마음'이라고 발음하면 된다.

- 'ㄴ'은 '은니-'로 발음한다. 훨씬 정확한 발음을 할 수가 있다.

- '-ㅔ'음은 'ㅚ'처럼 발음한다. 이때 중요한 점은 입을 많이 벌리지 않아야 한다는 것이다.

- 이중모음은 나누어서 발음한다. 예컨대, 'ㅕ'는 '이+여'로 발음하고, 'ㅛ'는 '이+요'로 발음하면 된다.

- 'ㅋ'은 앞에 있는 사람이 느낄 정도로 세게 낸다. 종이를 입술 앞에 놓고서 연습해볼 수 있다. 'ㅋ'소리를 발음하면서 종이가 날리도록 하면 성공적이다.

- 긴 음에서는 생소리를 내지 말고 쓰다듬어서 낸다. 좀더 부드럽게 감싸서 소리를 낸다고 생각해 보자.

- 'ㅏ'음은 '어'와 같이 낸다. 그 이유는 'ㅏ'로 발음하면 호흡이 쉽게 빠져 나가버리기 때문이다. 'ㅓ'로 발음하면 훨씬 호흡을 가둬두는

효과를 거둘 수 있다.

- '으'음은 허밍(humming)처럼 생각하라.

- 'ㅎ', 'ㅅ'은 소리내기 힘든 발음이다. 이때 좀더 신경을 써서 과장
되게 소리내야 한다.

- 'ㄹ'발음은 자신이 생각하는 것보다 더욱 혀를 굴려서 소리내야 한다.
그렇게 하면 듣는 사람에게 정확한 발음을 들려줄 수 있다.

- 'ㅜ'발음은 입을 쭉 내밀어서 소리내야 한다. 그렇지 않으면 'ㅡ'발
음과 차이를 구별할 수 없게 된다.

- 'ㅡ'는 'ㅜ'로 발음한다. 'ㅡ'는 참으로 소리내기 힘든 발음이다.
'ㅜ'라고 발음하면 훨씬 분명한 음을 얻을 수가 있다.

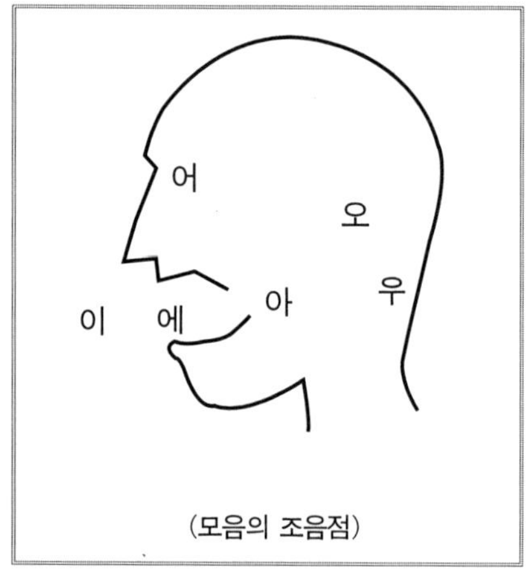

(모음의 조음점)

362

제5장 코드 진행과 반주 패턴

1. 코드 진행

치료하는 이들이 코드 진행법을 잘 알아야 하는 이유는 실제 즉흥연주 치료 중에 많이 사용되며, 갑작스럽게 작곡을 해야 할 경우에도 유용하게 쓰이기 때문이다. 아래의 내용은 기본적인 코드 진행 패턴과 함께, 경쾌함 · 추억을 떠올리는 느낌 · 오음계 · 플라멩코 · 블루스 · 즉흥연주를 위한 패턴도 정리하였다.

기본적인 코드 진행

- **주요 3화음(Ⅰ, Ⅳ, Ⅴ)을 이용한 연결**
    - Ⅰ Ⅳ Ⅰ (C-F-C)
    - Ⅰ Ⅴ Ⅰ (C-G-C)
    - Ⅰ Ⅳ Ⅴ Ⅰ (C-F-G-C)
    - Ⅰ Ⅳ Ⅰ Ⅴ Ⅰ (C-F-C-G-C)

- **주요 3화음과 다른 3화음(ii, iii, vi, vii)을 이용한 진행**
    - Ⅰ Ⅳ ii Ⅴ Ⅰ (C-F-Dm-G-C)

Ⅰ ii Ⅴ Ⅰ (C-Dm-G-C)

Ⅰ vi Ⅳ ii Ⅴ Ⅰ (C-Am-F-Dm-G-C)

Ⅰ Ⅴ iii vi ii Ⅴ Ⅰ (C-G-Em-Am-Dm-G-C)

Ⅰ iv Ⅳ ii Ⅴ Ⅰ (C-Fm-F-Dm-G-C)

Ⅰ Ⅳ vii iii vi ii Ⅴ Ⅰ (C-F-Bdim-Em-Am-Dm-G-C)

■ **부3화음의 교체화음**(Ⅰ→vi, Ⅳ→ii, Ⅴ→iii)

Ⅰ vi Ⅳ ii Ⅴ iii Ⅳ ii (C-Am-F-Dm-G-Em-F-Dm)

■ **부3화음의 대리화음**

Ⅰ-(vi-ii-iii-vi) - Ⅳ-Ⅴ-Ⅰ

[C-(Am-Dm-Em-Am)-F-G-C]

■ **종지할 때의 코드 진행**

완전종지(갖춘마침) : Ⅴ-Ⅰ (G-C)

반종지(반마침) : Ⅰ-Ⅴ (C-G)

위종지(거짓마침) : Ⅴ-Ⅵ (G-A), Ⅴ-vi (G-Am)

변격종지(벗어난 마침) : Ⅳ-Ⅰ (F-C)

경쾌한 느낌의 코드 진행(순환 코드 진행)

■ Ⅰ-vi-ii-Ⅴ7 (C-Am-Dm-G7)
■ Ⅰ-vi7-ii7-Ⅴ7 (C-Am7-Dm7-G7)

추억을 떠올리는 느낌의 코드 진행(역순환 코드 진행)

■ Ⅰ-Ⅴ-vi-iii-Ⅳ-Ⅰ (C-G-Am-Em-F-C)
■ Ⅰ-Ⅴ-vi-iii-Ⅳ-Ⅰ-ii-Ⅲ7-Ⅴ7(C-G-Am-Em-F-C-Dm-E7-G7)

- Ⅰ-Ⅳ-Ⅴ7 (C-F-G7)
- Ⅰ-Ⅳ-Ⅰ-Ⅱ7-Ⅴ7 (C-F-C-D7-G7)
- Ⅰ-vi-Ⅰ-Ⅱ7-Ⅴ7 (C-Am-C-D7-G7)
- vi-ii-vi-Ⅲ (Am-Dm-Am-E)

스페인 민요형식(플라멩코 코드 진행)

- Ⅲ-Ⅳ-Ⅲ (E-F-E)
- Ⅲ-Ⅳ-Ⅴ-Ⅳ-Ⅲ (E-F-G-F-E)
- vi-Ⅴ-Ⅳ-Ⅲ (Am-G-F-E)

블루스 코드 진행(미국에서 생활하는 흑인들이 만들어 낸 음악형식)

- Ⅰ7-Ⅳ7 (C7-F7)
- Ⅰ7-Ⅴ7-Ⅳ7-Ⅰ7 (C7-G7-F7-C7)
- vi-ii (Am-Dm)

즉흥연주를 위한 코드 진행(Ⅰ)

- Ⅰ-Ⅳ-Ⅴ-Ⅰ (C-F-G-C)
- Ⅰ-vi-Ⅴ7-Ⅰ (C-Am-G7-C)
- Ⅰ-Ⅳ-ii-Ⅴ7-Ⅰ (C-Am-Dm-G7-C)
- Ⅰ-iii-ii-Ⅴ7-Ⅰ (C-Em-Dm-G7-C)
- Ⅰ-Ⅵ-Ⅱ-Ⅴ7-Ⅰ (C-A-D-G7-C)
- Ⅰ-iii dim-ii-Ⅴ7-Ⅰ (C-E dim-Dm-G7-C)
- Ⅰ-Ⅰ-ii-Ⅴ7-Ⅰ (C-C -Dm-G7-C)

- Ⅰ - Ⅰ dim- ii - Ⅴ7- Ⅰ (C-C dim-Dm-G7-C)
- Ⅰ - Ⅰ dim- ii - Ⅴ7- i dim(C dim-Dm-G7-Cdim)

즉흥연주를 위한 코드 진행(Ⅱ)

- Ⅰ - Ⅰ7-Ⅳ-iv- Ⅰ (C-C7-F-Fm-C)
- Ⅰ - Ⅰ7-Ⅳ-ivdim- Ⅰ (C-C7-F-F dim-C)
- i -vi7- ii7- Ⅴ7- i (Cm-Am7-Dm7-G7-Cm)
- i - Ⅲ7- ii7- Ⅴ7- i (Cm-E7-Dm7-G7-Cm)
- i - Ⅲ7- Ⅱ7- Ⅴ7- i (Cm-E7-D7-G7-Cm)
- i - i7-Ⅵ7- Ⅴ7- i (Cm-Cm7-A7-G7-Cm)

장조	코드종류	대리코드 (바꿔서 사용 가능한 코드)	보조코드 (보조역할을 해 주는 코드)
다장조	Ⅰ (C)	Am, Em, Em7, C7, Cmaj7	C7, Cdim
	Ⅳ (F)	Dm, Am7, F7, Fmaj7, Bb, G	Fm, E7, Em, C7, Am, Em7
	ii (Dm)	Dm7, Bb, Dm6, Dm7, F	A7, Am, Em
	Ⅴ7(G7)	Em, Bdim, Db7, Abdim, Baug	Dm, D7, F, C#dim

2. 반주 패턴

1) 피아노 반주 패턴

　피아노는 기타와 함께 음악치료의 기본 악기로 분류되어, 치료사가 치료하면서 가장 많이 사용한다. 풍부한 음색·화성을 가지고 있고, 다양한 멜로디 연주와 반주가 가능하기 때문이다. 다음은 피아노를 반주할 때 가장 기본이 되는 반주 패턴을 정리한 것이다.

3/4박자의 반주 패턴

C   F   G7   C

4/4박자의 반주 패턴

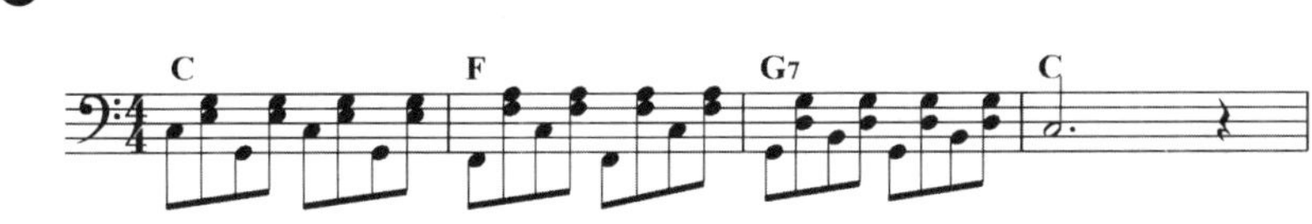

2) 기타 반주 패턴

기타는 피아노와 함께 치료사들이 치료과정에서 가장 많이 쓰이는 악기이다. 다음의 내용은 치료사들이 치료활동을 하면서 환자들과 함께 노래 부르거나 악기 연주를 하게 될 때, 반주로서 사용되는 기타연주 패턴을 정리한 것이다. 왈츠, 슬로 고고, 고고, 슬로 록, 스윙, 트로트, 비긴, 칼립소 순이다.

스트로크1

스트로크2

아르페지오

스트로크

아르페지오

스트로크

아르페지오

스트로크

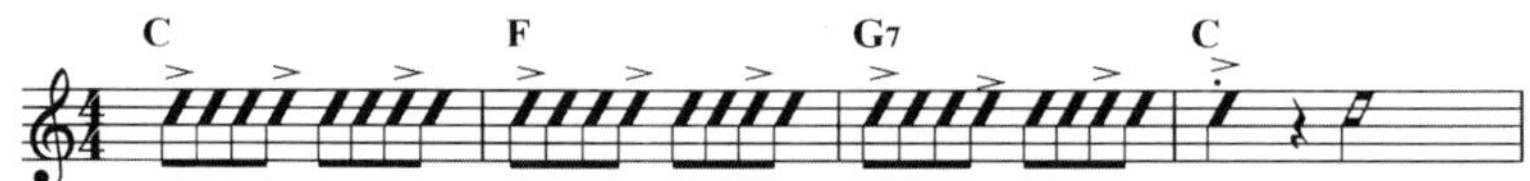

아르페지오

부 록

1. 음악치료 관련 서적 · 논문
2. 음악치료 관련 인터넷 사이트

1. 음악치료 관련 서적 · 논문

음악치료 관련 서적(국내)

김재은 외,《음악치료사를 위한 행동진단 및 평가지침서(Manual)》, 한학문화사, 1999.

김군자,《음악치료 기법연구》, 한학문화사, 2001.

——— ,《음악치료의 이론과 실제》, 양서원, 1998.

——— 외,《음악치료 핸드북(음악치료사를 위한)》, 한학문화사, 2000.

데에스트, 권찬숙 외 역,《음악치료》, 시유시, 1999.

루흐 브라이트(Ruth Bright), 김혜송 역,《음악치료와 치매》, 무수막출판사, 1997.

미쉘(Michel, D. E.), 신현순 역,《음악치료》, 교육과학사, 1997.

박경규,《건강과 음악치료》, 빛샘, 1994.

박실(Boxill, E. H.), 김태련 역,《발달장애인을 위한 음악치료》, 이화여대출판부, 1998.

브루시아(Bruscia, K. E.),《음악치료》 최병철 역, 학지사, 2002.

——— , 김군자 외 역,《음악치료의 즉흥연주 모델》, 양서원, 1998.

——— 외, 권혜경 외 역,《음악치료이야기(음악치료임상사례집)》, 권혜경음악치료센터, 1999.

앨빈(Alvin, Juliette), 김군자 외 역,《자폐아를 위한 음악치료》, 한학문화사, 1997.

임영숙,《음악치료(간호중재로서의)》, 현문사, 2001.

임은희,《음악치료학 입문》, 아시아미디어리서치, 1999.

——— ,《음악 속에 숨은 의학》, 청암, 1992.

최병철,《음악치료학》, 학지사, 1999.

Aldridge, David, *Music Therapy in Dementia Care*, Taylor & Francis, 2000.

──── , *Music Therapy With Children*, Taylor & Francis, 1999.

──── (Ed.), *Music Therapy in Palliative Care*, Taylor & Francis, 1999.

Alvin, Juliette & Warwick, Auriel, *Music Therapy for the Autistic Child*, Oxford Univ. Pr.(Sd), 1991.

Andrews, Ted, *Music Therapy for Non-Musicians*, Partners Pub. Group Inc., 1996.

Ansdell, Gary, *Music for Life*, Taylor & Francis, 1995.

Boxill, Edith Hillman, *Miracle of Music Therapy*, Pathway Book Service, 1999.

Bruscia, Kenneth E., *Defining Music Therapy*, Pathway Book Service, 1998.

────(Ed.), *Case Studies in Music Therapy*, Pathway Book Service, 1991.

Davis, William B. & Gfeller, Kate E. & Thaut, Michael H., *An Introduction to Music Therapy*, McGraw Hill College Div., 1998.

Heenan, Patricia, *Kevin and Me*, Hope Pr., 2000.

Hibben, Julie, *Inside Music Therapy*, Pathway Book Service, 1999.

Horden, Peregrine(Ed.), *Music As Medicine*, Ashgate Pub. Co., 2000.

Peters, Jacqueline Schmidt, *Music Therapy: An Introduction*, Springfield, IL.: Charles C Thomas Pub. Ltd., 2000.

Priestley, Mary, *Essays on Analytical Music Therapy*, Pathway Book Service, 1994.

Ruud, Even, *Music Therapy*, Pathway Book Service, 1998.

──── , *Music Therapy and Its Relationship to Current Treatment Theories*, Mmb Music, 1980.

Scheldt, Kathryn & McClain, Frances, *Guitar Songbook for Music Therapy*, Mel Bay Pub., 2000.

Smeijsters, Henk, *Multiple Perspectives*, Pathway Book Service, 1997.

Wheeler, Barbara L.(Ed.), *Music Therapy Research*, Pathway Book Service, 1995.

Wigram, Tony & De Backer, Jos (Ed.), *Clinical Applications of Music Therapy in Psychiatry*, Taylor & Francis, 1999.

Wigram, Tony & Backer, Jos De & De Backer, Jos (Ed.), *Clinical Applications of Music Therapy in Psychiatry*, Taylor & Francis, 1999.

음악치료 관련 논문(숙명여대 대학원)

권태인, 〈자폐, 정신지체, 일반아동의 즉흥연주를 통한 반응성에 관한 비교 연구〉, 2001.

김경숙, 〈음악치료에 대한 정신과 영역 전문인들의 인식도 조사〉, 2001.

김상아, 〈아동의 음감청취력과 선율윤곽표현에 대한 비교연구〉, 2001.

김선녀, 〈아동의 시각적 보존능력과 청각적 보존능력간의 상관연구〉, 2001.

김성희, 〈음악치료가 정신분열병환자들이 지각한 삶의 만족도에 미치는 영향〉, 2001.

김연정, 〈템포와 소리 크기를 중심으로 한 자극성 음악과 침체성 음악에 대한 청소년의 선호도〉, 2001.

김유하, 〈개인의 음악 선호도에 영향을 미치는 음악의 정보량과 훈련과의 관계 연구〉, 2001.

김은주, 〈Journal of Music Therapy(1987~1998)에 수록된 논문의 내용분석 연구〉, 2001.

김이현, 〈리듬적 음악활동이 자폐성 아동의 상동행동 감소에 미치는 효과〉, 2001.

김주연, 〈정신지체학생의 음역과 음고판별능력에 관한 연구〉, 2001.

김혜란, 〈고전음악 감상이 공간지각 능력에 미치는 영향〉, 2001.

김혜정, 〈연주불안 증상과 심리적 요인에 관한 연구〉, 2001.

김희정, 〈정신과 환자가 인식한 음악치료의 목적영역〉, 2001.

나미희, 〈노인의 우울척도와 자아존중척도를 통해서 본 치료적 음악활동의 효과〉, 2001.

남은정, 〈Music Therapy Perspectives(1982~1998)에 수록된 연구물의 내용분석〉, 2001.

노혜선, 〈노래 부르기가 정신지체아동의 조음개선에 미치는 효과〉, 2001.

문지영, 〈음악적 자극이 자폐성 장애아동의 의사소통 반응에 미치는 효과〉,
　　2001.

박소영, 〈정신과 음악치료에 나타난 Yalom의 집단치료적 요인〉, 2001.

박연주, 〈아동의 기억전략으로서 멜로디 사용에 관한 연구〉, 2001.

박진아, 〈음악치료가 뇌졸중 환자의 폐기능 향상에 미치는 영향〉, 2001.

성인영, 〈음악활동이 정신지체아의 부적응행동 감소에 미치는 효과〉, 2001.

손훈희, 〈음악활동이 뇌성마비아동의 상지의 근력과 운동능력에 미치는 영
　　향〉, 2001.

양은아, 〈음악치료중재에 대한 대상아동부모의 반응에 대한 연구〉, 2001.

원종석, 〈감정상태를 유도하는 배경음악이 회상기억에 미치는 영향〉, 2001.

음승희, 〈시각적 자극에 대한 청각강화가 기억회상에 미치는 영향〉, 2001.

이경숙, 〈집단음악활동이 정신분열병 환자의 감정표현력과 정신병적 행동
　　에 미치는 영향〉, 2001.

이난복, 〈멜로디 억양치료(M.I.T.)가 비유창성 실어증환자의 언어재활에 미
　　치는 효과〉, 2001.

이드보라, 〈멜로디의 사용이 정신분열병 환자의 언어성 기억력 향상에 미
　　치는 영향〉, 2001.

이　숙, 〈음악적 강화가 정신지체 아동의 지시 따르는 행동의 향상과 자해
　　행동의 감소에 미치는 영향〉, 2001.

이유진, 〈음악활동이 정신지체 청소년의 사회 생활 능력 향상에 미치는 효
　　과〉, 2001.

이은재, 〈알츠하이머형 치매환자의 인지기능과 음악적 잔존능력 간의 관련
　　성 연구〉, 2001.

이주영, 〈음악의 리듬이 뇌졸중 환자의 균형적 보행에 미치는 영향〉, 2001.

정신실, 〈M-PACD에 의한 정상아동과 정신지체아동의 인지능력 평가〉,
　　2001.

정혜원, 〈국내 음악치료사의 음악적, 임상적 훈련내용에 대한 논고〉, 2001.

조영희, 〈음악감상의 발치환자의 발치전 불안에 미치는 효과〉, 2001.

최호경, 〈초등학교 학생의 음악적 배경과 선호도간의 관련성 연구〉, 2001.

최희선, 〈음악적 중재전략이 정신지체학생의 쌍연합 단어학습의 보유력에

미치는 효과〉, 2001.

음악치료 관련 논문(국내 기타 대학)

고영길, 〈음악치료에 관한 연구〉, 제주대 석사논문(예술), 1997.

국립특수교육원 편, 〈장애학생을 위한 음악치료〉, 국립특수교육원 일반도서
　　　(사회), 1997.

김경숙, 〈음악치료에 대한 정신과 영역 전문인들의 인식도 조사〉, 숙명여대
　　　석사논문(예술), 1999.

김경희, 〈보육시설 아동의 정서.사회적 발달을 위한 음악치료 프로그램의
　　　효과에 관한 연구〉, 서울신학대 석사논문(사회), 1999.

김미완, 〈정신과적 음악치료에 관한 연구〉, 연세대 석사논문(예술), 1989

김세은, 〈자폐아의 음악치료에 사용된 음악의 연구〉, 숙명여대 석사논문(예
　　　술), 1997.

김창곤, 〈정신과 입원환자의 음악선호성향과 음악치료에 관한 연구〉, 숭실
　　　대 석사논문(사회), 1992.

김창무, 〈음악치료에 관한 연구〉, 영남대 석사논문(예술), 1999.

문장원, 〈자폐아를 위한 음악치료에 관한 고찰〉, 대구대 석사논문(사회),
　　　1985.

박영란, 〈음악치료의 역사적 고찰〉, 동아대 석사논문(예술), 1993.

박종임, 〈음악치료의 역할과 적용에 관한 이론적 연구〉, 연세대 석사논문(예
　　　술), 1996.

박종호, 〈스트레스에 대한 음악치료학적 고찰〉, 관동대 석사논문(기술),
　　　1997.

박선영, 〈음악치료의 구조와 치료실체에 대한 연구〉, 서울대 석사논문(예
　　　술), 1994.

서경아, 〈적극적인 음악치료프로그램이 비행청소년의 공격성 감소에 미치
　　　는 영향〉, 계명대 석사논문(사회), 1996.

손창옥, 〈음악치료의 역사와 방법에 관한 이론적 연구〉, 조선대 교육대학원
　　　석사논문(기술), 1998.

신현동, 〈음악 치료의 이론과 실제〉, 건국대 석사논문(기술), 1993.

───── , 〈음악 치료의 이론과 실체〉, 건국대 석사논문(예술), 1994.

───── , 〈음악치료의 이론과 실제〉, 건국대 대학원 석사논문(예술), 1993.

어수희, 〈음악치료의 교육적 효과〉, 경희대 석사논문(예술), 1995.

오혜란, 〈음악치료에 관한 문헌적 소고〉, 영남대 석사논문(예술), 1997.

유미경, 〈20세기 음악치료 방법에 대한 고찰〉, 전북대 석사논문(예술), 1998.

이은주, 〈음악치료의 이론적 고찰〉, 건국대 예술 석사논문(예술), 1997.

이광재, 〈음악치료에 대한 목회상담적 고찰〉, 총신대 석사논문(종교), 1999.

이명은, 〈입원한 알코올중독 환자를 대상으로 한 음악치료의 효과성 연구〉, 이화여대 석사논문(사회), 1999.

이선희, 〈음악치료가 정신분열병 환자의 음성증상에 미치는 효과 연구〉, 계명대 석사논문(예술), 1995.

이은주, 〈음악치료에 대한 이론적인 접근〉, 서울대 석사논문(예술), 1991.

임은희, 〈불안·우울증세를 호소하는 클라이언트의 반응 연구〉, 숭실대 박사논문(사회), 1997.

───── , 〈정신질환자를 위한 음악치료효과에 관한 연구〉, 숭실대 석사논문(사회), 1985.

임진아, 〈장애아 음악치료교육의 실태연구〉, 단국대 석사논문(사회), 1999.

전화연, 〈현대의학에서 사용되는 음악치료에 관한 이론적 연구〉, 숙명여대 석사논문(예술), 1991.

정윤희, 〈음악치료에 대한 이론적 연구〉, 조선대 석사논문(예술), 1998.

정은정, 〈음악치료의 이론적 고찰〉, 연세대 석사논문(예술), 1994.

정의관, 〈음악치료의 개관〉, 경희대 석사논문(예술) 1995.

정혜란, 〈음악치료방법의 이론적 고찰〉, 연세대 석사논문(예술), 1993.

진세령, 〈음악치료의 이론과 실제〉, 연세대 석사논문(예술), 1998.

최승의, 〈음악치료가 정신과적 치료에 미치는 영향에 관한 연구〉, 연세대 석사논문(예술), 1992.

하경분, 〈Orff-Schulwerk 음악 치료에 관한 고찰 및 임상사례〉, 부산대 석사논문(예술), 1993.

허 원, 〈음악치료를 통한 자폐아의 행동수정에 관한 연구〉, 목포대 석사논문(사회), 1996.

황화영, 〈음악치료의 이론적 고찰〉, 전북대 석사논문(예술), 1996.

음악치료 관련 논문 · 서적(국외)

Alvin, J., *Music Therapy for the Autistic Child*, London: Oxford University Press, 1978.

────, *Music Therapy for the Autistic Child*, London: Oxford University Press, 1969.

────, *Music Therapy*, London: John Baker Publishers Ltd., 1966.

────, *Music for the Handicapped Child*, London: Oxford University Press, 1965.

──── & Warwick, A., *Music therapy for the autistic child,* New York: Oxford University Press., 1991.

Boxberger, R., "A historical study of the national Assococation for music therapy", (Doctoral dissertation)The University of Kansas, 1963.

Boxill, E. H., *Music therapy for the developmentally disabled,* An Aspen Publication, 1985.

Cohen, G. & Averbach, J. & Katz, E., "Music therapy assessment of the developmentally disabled client", *Journal of Music Therapy*, Vol.15, No.2, 1978.

Cohen, G. & Gericke, O. L., "Music therapy assessment: Prime requisite for determing patient objectives", *Journal of Music Therapy*, Vol. 9, 1972.

Cook, D., "The therapeutic use of music: A literature review", *Nersing Forum,* Vol.20, No.3, 1981.

Cooke, R. M., "The use of music in play therapy", *Journal of Music Therapy,* Fall, 1969.

Dolan, M. C., "Conditioning music and approval as new reinforcers for imitative behavior with the severely retarded", *Journal of Music Therapy*, Vol.12, No.1, 1975.

────, "Music therapy: An explanation", *Journal of Music Therapy.* Vol.10,

No.4, 1973.

Duerksen, G. L., "Music for exceptional students", *Focus on Exceptional Children*, December, 1981.

Fisher, s., & Greenburg, R., "Selective effects upon women of exciting and calm music", *Perceptual and motor skills*, 34, 1972.

Gaston, E. T., *Music in Therapy,* New York: Collier-Macmillan, 1968.

——— , "Dynamic music factors in mood change", *Music Educators Journal,* 1951.

——— , "Music education for health", *Music Educators Journal.* Vol.13, 1945.

——— , "Functional aspects of Music In hospitals", In H. N. Morgan(Ed.), *Music Education source Book,* Chicago: Music Educator Notional Conference, 1947.

Gfeller, K., "Music therapy theory and practice as reflected in research literature", *Journal of Music Therapy,* Vol.24, No.4, 1987.

Goldstein, C., "Music and creative arts therapy for an autistic child", *Journal of Music Therapy,* Vol.1, No.4, 1964.

Goodman, K. D., "Music Therapy Ins Arieti, H. Keith & H. Brodie", *American Handbook of psychiatry*, New York: Basic Books, 1981.

Greenfield, D. G., "Evaluation of music therapy practicum competencies: Comparisons of self-and instructor ratings of videotapes", *Journal of Music therapy*, Vol.15, No.1, 1978.

Harvey, Hill, "Music Therapy Moves in to the Community News Letter", *Great Lakes Regional Chapter of the National Association for the Music Therapy*, 1969.

Hollander, F. M., & Juhrs, P. D., "Orff-Schulwerk, an effective treatment tool with autistic children", *Journal of Music Therapy*, Vol.11, No.1, 1974.

Herth, K., "The Therapeytic use of Music", *Supervisor Nurse,* 9, 1978.

Hudson, W. C., "Music: A physiologic language", *Journal of Music Therapy,* 10, 1973.

Jellison, J. A., "The music therapist in the educational setting: Developing and implementing curriculum for the handicapped", *Journal of Music*

Therapy, Vol.16, No.3, 1979.

Krout, R., "Evaluating software for music therapy applications", *Journal of Music Therapy,* Vol.24, No.4, 1987.

———, "Music therapy with multi-handicapped students: Individualizing treatment within a group setting", *Journal of Music Therapy,* Vol.24, No.1, 1987.

Lathom, W., *Role of music therapy in the education of handicapped children and youth,* Lawrence, KS: The National Association for Music Therapy, 1983.

Lathom, W. B. & Eagle, C. T., *Music Therapy for Handicapped Children: Emotionally Distrurbed,* Washington D.C.: National Association for Music Therapy, 1982.

Mahlberg, M., "Music therapy in the treatment of an autistic child", *Journal of Music Therapy,* Vol.10, No.4, 1973.

Metzler, R. K., "Music therapy at the behavioral learning center, St. Paul public schools", *Journal of Music Therapy.* Vol.10, No.4, 1973.

Michel, D. E., "Music therapy", *An introduction to therapy and special education through music*(4th ed.), Springfield, IL.: Charles C Thomas Pub. Ltd., 1981.

Nordoff, P. & Robbins, C., *Creative Music Therapy,* New York: The John Day Company, 1977.

———, *Music in Therapy,* New York: Macmillan Publishing Co., 1965

Ponath, L. H. & Bitcon, C. H., "A behavioral analysis of Orff-Schulwerk", *Journal of Music Therapy,* Vol.9, No.2, 1972.

Reid, D. H., "The use of contingent music in teaching social skills to a nonverbal, hyperactive boy", *Journal of Music Therapy,* Vol.12, No.1, 1975.

Richard, M. G., *Music for the Exceptional child,* Restorn, V.A.:MENC, 1975.

Saperston, B., "The use of music in establishing communication with an autistic mentally retarded child", *Journal of Music Therapy,* Vol.10, No.4, 1973.

No.4, 1973.

Schulberg, C. H., *The Music Therapy Sourcebook*, New York: Human Sciences Press Inc., 1981.

Solomon, A. L., "Music in special education before 1930: Hearing and speech development", *Journal of Research in Music Education*, 28, 1980.

Unkefer, R. F., *Music therapy in the treatment of adults with mental disorders: Theoretical bases and clinical interventions*, New York: Schirmer Books, 1990.

Wasserman, N. M., "The musical background of a group of mentally retarded psychotic patients", *Journalof Music Therapy,* Vol.10, 1973.

——— , "Music therapy for the emotionally disturbed in a private hospital", *Journal of Music Therapy*, Vol.9, No.2, 1972.

Wasserman, N. M. & Plutchik, R. & Deutsch, R. & Taketomo, Y., "A music therapy evaluation scale and its clinical application to mentally retarded adult patients", *Journal of Music Therapy,* Vol.10, No.2, 1973.

——— , "The musical background of a group of mentally retarded psychotic patients: Implications for music therapy", *Journal of Music Therapy*, Vol.10, No.2, 1973.

櫻林仁 · 貫行子 共譯,《音樂療法》, 東京: 音樂之友社, 1981.

櫻林仁 · 森井惠美子 共譯,《音樂の精神分析》, 東京: 音樂之友社, 1969.

櫻林仁 · 山田和子 共譯,《心身障害兒の音樂療法》, 東京: 日本文化科學社 , 1973.

淸野美佐緖 譯,《障害兒敎育のための音樂療法入門》, 東京: 音樂之友社, 1982.

山松質文 · 谷嘉代子 共譯,《心身障害兒のための音樂療法》, 東京: 岩崎學術出版社, 1979.

山松質文 · 堀眞一郎 共譯,《自閉症兒のための音樂療法》, 東京 : 音樂之友社,1982.

音樂之友社 編《障害兒の成長と音樂》, 東京: 音樂之友社, 1984.

2. 음악치료 관련 인터넷 사이트

- 대한음악치료학회 http://www.kamt.com
- 세종대 예술치료학교 http://www.sejong.ac.kr
- 숙명여대 음악치료대학원 http://sookmyung.ac.kr/~mtherapy
- 숙명여대 음악치료대학원 부설 음악치료센터
    http://sookmyung.ac.kr/~mtherapy/center.htm
- 숙명음악치료센터 http://sookmyung.ac.kr/~mtherapy/center.htm
- 열린음악치료모임 http://cafe.daum.net/openMT
- 원광대 예술치료대학원 및 한국예술치료학회
    http://www.artstherapy.or.kr
- 이화여대 대학원 음악치료학과 http://home.ewha.ac.kr/~mtherapy
- 캔자스 한인학생회 http://www.ukans.edu/%7Ekmtsa
- 한국심상음악치료연구소 http://www.ahaicm.com/ahaicm.html
- 한국예술치료협회 http://www.kaat.or.kr
- 한국음악치료학회 http://musictherapy.or.kr
- 한빛음악치료(미공인 음악치료사 곽은미)
    http://www.hanvitmtherapy.com

개인홈페이지

- 권혜경음악치료센터 http://www.mtherapist.com/top.htm
- 김수진(음악치료사) http://myhome.naver.com/soojin06/
- 김종인 – 음악치료세상(음악치료사) http://jongin20.hihome.com
- 손훈희 – Music in city http://move.to/music35
- 송정주(음악치료사) http://www.me2u2.co.kr/mtjj/
- 오은하(음악치료사) http://myhome.netsgo.com/eunhaya
- 이현주(음악치료학박사, 이화여대 교수) http://home.ewha.ac.kr/~hju/

- 정은이(음악치료사) http://home.hanmir.com/~mteunyi
- 조영수(음악치료사) http://myhome.naver.com/ouimoi
- 하은경 음악치료 임상연구소 http://www.hamtherapy.com
- 현수경 음악치료원(음악치료사) http://musictherapy.gazio.com
- 황지연(음악치료사) http://my.netian.com/~jymusic

뇌성마비 관련 사이트

- http://www.barrom.com
  - 뇌성마비장애인 삶의 개선을 위한 연구 및 일반인들의 장애에 대한 올바른 인식의 확보를 위한 연구단체.
- http://www.kscp.net
  - 복지회 알림, 행사 및 정보 게시판 수록, 후원회 가입안내.
- http://poodoong.hihome.com
  - 대구의 뇌성마비 장애인 모임으로서 뇌성마비에 대한 일반정보 및 단체 활동사항, 후원안내 수록.
- http://www.jape.co.kr
  - 자폐증, 뇌성마비 교육기관. 각 장애별 특징과 장애극복 사례 소개, 상담안내.
- http://my.dreamwiz.com/kimyp
  - 지체장애아 교육, 재활에 관한 정보를 소개.
- http://www07.inticity.com/doongji7
  - 뇌성마비 2급 장애인으로 장애우 복지소식, 사영리 자료 수록.
- http://www.kccips.or.kr/jaramte
  - 언어장애, 자폐아, 학습장애 치료교육, 지체부자유, 심리 및 뇌성마비아 등 발달장애에 대한 정보, 보육안내.
- http://www.ottogi.or.kr
  - 뇌성마비아동 부모회 사이트. 상담실, 자료실, 관련 사이트 링크.

- 김연심리상담소 http://myhome.thrunet.com/~kimyon
- 서울시립청소년쉼터 http://user.chollian.net/~restkya
- 성신여대 부설 심리검사연구소 http://www.sungshin.ac.kr
- 아동, 청소년상담연구회 http://plaza.snu.ac.kr/~kaykim
- 아주행동수정센터 http://my.netian.com/~littlebg
- 원광아동상담센터 http://www.wkcc.co.kr
- 이성민의 사이버상담실 http://yism37.ink.cc
- 이화발달놀이치료연구소 http://www.paideia.co.kr
- 자원봉사전산망 http://bbs.vtnet.org/public/default.htm
- 한경숙인터넷청소년상담실 http://www.myrest.co.kr
- 한국상담 및 심리치료학회 http://members.iworld.net/kcpa
- 한국심리치료연구소 http://myhome.netsgo.com/koreatherapy/default.htm

치매

- 알츠하이머 http://www.alzhima.com
- 알츠하이머 http://www.alzheimer.co.kr
- 임영주 – 노인학자료실 http://myhome.hananet.net/~godder
- 한국치매가족협의회 http://www.alz.or.kr
- 한국치매협회 http://www.silverweb.or.kr

자폐증 관련 사이트

- http://home.taegu.net/~kpsec/emot.htm
    - 자폐아와의 의사소통 지도, 정서장애아의 특징, 정서장애아의 놀이, 자폐증 학생의 교육방안, 정서장애유아의 행동특성 등 수록.
- http://www.autismcenter.or.kr/new/center.htm

– 한국인지과학연구소 부설 자폐증 클리닉센터.
• http://members.tripod.lycos.co.kr/tmkim/index.html
– 자폐아 관련 사이트 모음 안내.
• http://ksedld.taegu.ac.kr/journal/jour13/13_1_7.htm
– 자폐유아의 주시행동 향상을 위한 형제자매 중재효과(신혜정의 자
폐증 검사연구에 관한 논문).
• http://myhome.shinbiro.com/~cardhome/index.htm
– 자폐증 개요, 진단법, 자폐아 이야기 수록, 한사랑회 안내.
• http://ksedld.taegu.ac.kr/jou_main.htm
– 정서 및 학습 장애아와 자폐성 장애아동에 관한 학회 회원들의 논
문 수록 학술논문, 보고서, 관련 학회 및 협회 소개.
• http://www.autism.pe.kr/
– 자폐아 백우현의 아버지가 운영하는 사이트.

예술치료/심리치료

• 댄스 및 동작치료 http://www.erols.com/leopold/DanceMovement.htm
• 드라마치료 http://www.nadt.org
• 미술치료 http://www.erols.com/leopold/Art.htm
• 사이코드라마치료 http://www.erols.com/leopold/Psychodrama.htm
• 질병에 관한 의학 정보 http://www.dreamdoctor.pe.kr/main.html
• 창조적 예술치료와 일반심리에 관한 사이트
http://www.erols.com/leopold/cat.htm

장애우 또는 장애우의 부모님들의 사이트

• 다운증후군아동의 부모님 사이트 http://www.eureem.pe.kr
• 한국뇌성마비 부모회의 홈페이지 http://www.ottogi.or.kr/main.asp

그외 국내 유용한 사이트

- 남광재가노인복지관 http://my.netian.com/~nk5814
- 노인건강 http://www.medcity.com/noin.html
- 대전노인전문병원 http://www.hanilhospital.com
- 북부노인종합복지관 http://my.netian.com/~bookbu
- 서초노인종합복지관 http://www.seochosenior.co.kr
- 시립 중계노인복지관 http://user.chollian.net/~dempa
- 이상일 신경정신과 http://psy.koreahospital.co.kr
- 장애인 전문 포털 사이트 http://www.abledata.co.kr
- 치매의 모든 정보 home.kosha.net/~h1415c
- 한국노인병연구소 http://kitel.co.kr/~krig/index.htm

국외 음악치료 관련 사이트

- 미국음악치료협회(AMTA) http://www.musictherapy.org
- 뉴욕대학 음악치료학과 http://www.nyu.edu/education/music/mtherapy
- UnCover-다양한 음악치료 관련 저널 검색 가능 http://uncweb.carl.org
- Music Therapy Info Link-음악치료 정보를 위한 네트워크.
    http://members.aol.com/kathysl
- Music Therapy Link-음악치료 관련 사이트 링크.
    http://www.erols.com/leopold/music.htm
- Canadian Association for Music Therapy http://www.musictherapy.ca
- Music Therapy in the Netherlands - in Dutch and English.
    http://www.gironet.nl/home/kjk97/home.html
- Prelude Music Therapy http://home.att.net/~bkbrunk/index.html
- Music Therapy: Medicine for the Body, Mind and Soul
    – Developmental Delayed Adults, Autism, Special Education,
    Hearing impaired 등에 대한 음악치료 적용 사례 소개.
    http://www.unitedthrumusic.com

- The Pavarotti Music Centre
    - 장애아동에 대한 인도적인 음악치료적 접근을 시도하는 기관.
        http://www.warchild.org/projects/centre/centre.html
- healthgate MEDLINE
        http://www.healthgate.com/medline/search-medline.shtml
- UMI – 미국 석박사 학위논문 검색 가능. 초록도 열람 가능함.
        http://www.umi.com
- ERIC – 교육이나 심리학 관련 저널 검색가능. 음악치료와 관련된 내용,
    논문 또한 검색 가능.
        http://ericir.syr.edu
- MMB Music - 음악치료 관련 서적 검색.
        http://www.mmbmusic.com
- West Music Online
    - 음악교육, 음악치료, 세계의 음악상품 관련 전문 사이트.
        http://www.westmusic.com
- International Journal of Art Medicine
    - 음악치료를 비롯한 창조적 예술치료에 대한 저널 열람 가능.
        http://www.mmbmusic.com/ijam_home.html
- Expressive Therapies & Conference '97 info
    - 창조적 예술치료를 위한 비영리조직, 음악, 댄스, 미술, 시, 드라마,
    사이코드라마 등의 관련 과정, 워크숍 정보, 국제학술대회 정보,
    음악치료와 바이오피드백 관련 논문 등.
        http://www.expressivetherapy.org
- DEPARTMENT OF MUSIC & PERFORMING ARTS
    - 뉴욕대학 음악치료학과.
        http://www.nyu.edu/education/music/drama/dramther.html
- National Coalition of Arts Therapies Associations (NCATA)
    - *Exceptional Parent*라는 잡지사의 홈페이지. 아동들에게 필요한
    새로운 정보와 필요한 책이나 도구, 기자재에 대한 안내.

http://membrane.com/ncata

http://www.eparent.com

- 인지, 감각, 언어 발달을 위한 특별한 교육 기자재들을 판매하는 회사.

  http://www.enablingdevices.com

- 선천성, 후천성 질병의 원인과 특징, 그리고 치료법과 관련 기관 사이트

  http://www.familyvillage.wisc.edu

참 고 문 헌

고영희 외,《심리학》, 양서원, 1990.

금수현 외,《표준 음악사전》, 세광음악출판사, 1986.

김군자,《음악치료의 이론과 실제》, 양서원, 1998.

――――,《음악치료 기법연구》, 한학문화사, 2001.

―――― 외,《음악치료 핸드북(음악치료사를 위한)》, 한학문화사, 2000.

―――― 역,《자폐아를 위한 음악치료》, 한학문화사, 1997.

―――― 역,《음악치료의 즉흥연주 모델》, 양서원, 1998.

김재은 외,《음악치료사를 위한 행동진단 및 평가지침서(Manual)》, 한학문
　　　　화사, 1999.

김숙원, 〈코다이의 음악교수법〉.《실천특수교육》, 1997년 7월호.

김춘미,《음악 프로그램》, 정음사, 1987.

박봉석,《관현악의 이론과 실제》, 세광음악출판사, 1988.

성경희,《음악과교육》, 갑을출판사, 1989.

송상천 외,《장애의 진단과 판정-재활전문요원교육교재Ⅱ》, 서울장애인종
　　　　합복지관, 1993.

송인섭,《연구방법론》, 상조사, 1997.

숙명여대 전문대학원 편,《숙명여대 편람》, 숙명여대 출판부, 1999.

신현순 역,《음악치료 – 특수교육과 음악》, 교육과학사, 1997.

원호택,《이상심리학》, 법문사, 1997.

이성삼,《음악교수법》, 세광출판사, 1982.

이석원,《음악심리학》, 심설당, 1997.

이태영 · 김정권,《특수교육학》, 형설출판사, 1986.

임영숙,《음악치료(간호중재로서의)》, 현문사, 2001.

임영옥 · 이성희 · 이순례,,《율동 및 놀이지도》, 양서원, 1997.

최병철,《음악치료학》, 학지사, 1999.

――――, 〈발달장애자를 위한 음악치료〉,《객석》, 1991년 4월호.

――――, 〈외국의 예술요법 실태〉,《객석》, 1993년 4월호.

최병철 · 방금주 역, 《음악심리학》, 학지사.2001,

최종진, 《음악과 교육론》, 선일문화사.1984,

한국신경인지기능연구회 역, 《신경심리평가》, 하나의학사, 1995.

Adler, R. & Davis, L., *Target on Music*, Rockville: MMB Music, 1988.

American Music Therapy Association n.d., *Music Therapy as a career, brochure*, Washington, D. C.: American Music Therapy Association Inc.

Bonny, H. & Savary, L. M., *Music and your mind: Listening with a new consciousness*, New York: Collins Associate Publishing Inc., 1983.

Cohen, G. & Averbach, J. & Katz, E., "Music therapy assessment of the evelop-mentally disabled client", *Journal of Music Therapy*, Vol.15, No.2, 1978.

Cohen, G. & Gericke, O. L., "Music therapy assessment: Prime requisite for determing patient objectives", *Journal of Music Therapy*. Vol.9, 1972.

Gaston. E. T., 1968, *Music in Therapy*, NewYork: The McMillan Company.

Bruscia. E. Kenneth, *Defining Music Therapy*, Gilsum NH: Barcelona Publishers, 1989,

────── (Ed.), *The Dynamics of Music Psychotherapy*, Gilsum NH: Barcelona Publishers, 1998.

────── (Ed.), *Case Studies in Music Therapy*, Gilsum NH: Barcelona Publishers, 1991.

Nordoff, P. & Robbins, C., *Creative Music Therapy*, New York: The John Day Company, 1977.

Radocy, R. E. & Boyle, J. D., *Psychological foundations of musical behavior*(2nd ed.), Springfield, IL.: Charles C Thomas Pub. Ltd., 1988.

Robbins, Clive & Robbins, Carol M., *Music for The Hearing impaired*, St. Louis, Missouri: Magnamusic-Baton., 1980.

Standley, J. M., *Music Techniques in Therapy, Counseling and Special Education*, St. Louis, MO: MMB Music Inc., 2002.

저자 | 김 종 인

춘천교육대 음악교육과 졸업.
강원대 교육대학원 음악교육과 졸업.
숙명여대 음악치료대학원 졸업(4기생).

숙명여대 음악치료센터 자폐성 아동 참관실습.
신촌세브란스병원 정신과 폐쇄병동 임상실습.
청운요양원 노인질환대상 임상실습.
연희신경정신과병원 정신질환대상 임상실습.
초등학교 ADHD(주의력결핍 · 과잉행동장애)성향 아동대상 인턴.
신촌세브란스병원 정신과 폐쇄병동 방문음악치료.
소아정신과 관련 장애아동 개별음악치료.
사단법인 한국음악치료학회 인증 음악치료사.
숙명여대 음악치료대학원 주관 '유, 초, 중등, 상담, 특수교사를 위한
　　음악치료방법연수' 강사.
경상대 음악교육과 워크숍 강의.
서울교대 교육대학원 특강.
현 숙명여대 음악치료대학원 출강.

■ 논문
〈음악활동이 인체 면역글로블린(IgM)의 변화에 미치는 영향〉
　　(숙명여대 음악치료대학원, 2001)
〈한국과 미국의 음악치료석사학위 교육과정의 비교분석〉
　　(강원대 교육대학원, 2000)